CHANGANKE

長安客

北溟魚 著

聞道長安似弈棋，百年世事不勝悲。
王侯第宅皆新主，文武衣冠異昔時。
直北關山金鼓振，征西車馬羽書遲。
魚龍寂寞秋江冷，故國平居有所思。

唐代長安城

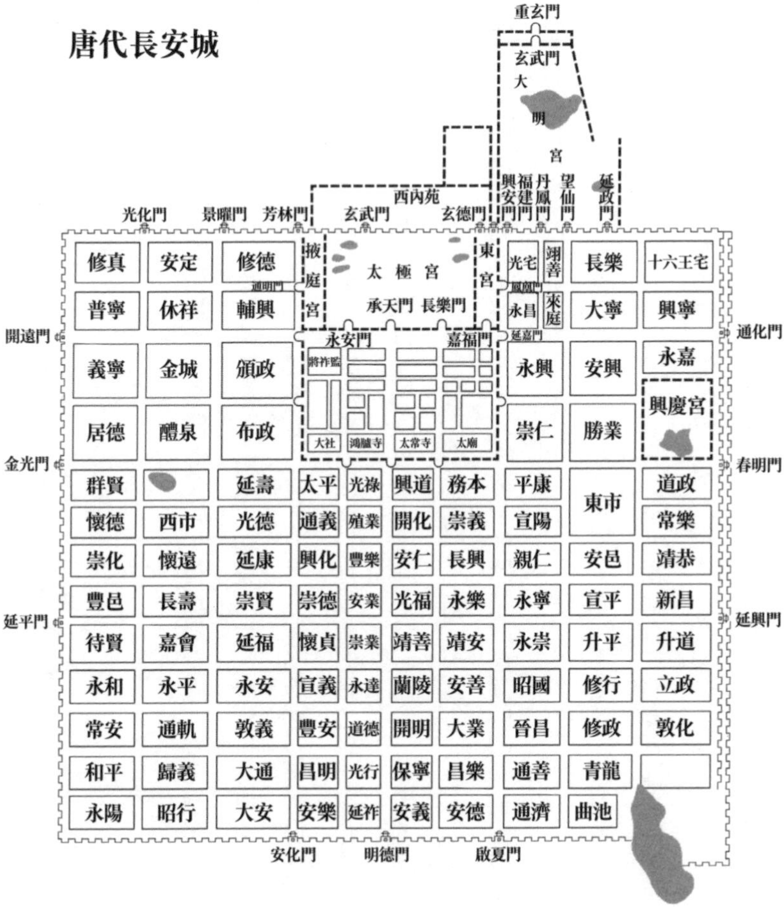

重玄門
玄武門
大明宮
興安門
福建門
丹鳳門
望仙門
延政門
西內苑
光化門
景曜門
芳林門
玄武門
玄德門
修真
安定
修德
掖庭宮
太極宮
東宮
光宅
翊善
長樂
十六王宅
通明門
承天門
長樂門
鳳凰門
普寧
休祥
輔興
永昌
來庭
大寧
興寧
開遠門
永安門
嘉福門
延嘉門
通化門
義寧
金城
頒政
將作監
永興
安興
永嘉
興慶宮
居德
醴泉
布政
大社
鴻臚寺
太常寺
太廟
崇仁
勝業
金光門
春明門
群賢
延壽
太平
光祿
興道
務本
平康
東市
道政
懷德
西市
光德
通義
殖業
開化
崇義
宣陽
常樂
崇化
懷遠
延康
興化
豐樂
安仁
長興
親仁
安邑
靖恭
豐邑
長壽
崇賢
崇德
安業
光福
永樂
永寧
宣平
新昌
延平門
延興門
待賢
嘉會
延福
懷貞
崇業
靖善
靖安
永崇
升平
升道
永和
永平
永安
宣義
永達
蘭陵
安善
昭國
修行
立政
常安
通軌
敦義
豐安
道德
開明
大業
晉昌
修政
敦化
和平
歸義
大通
昌明
光行
保寧
昌樂
通善
青龍
永陽
昭行
大安
安樂
延祚
安義
安德
通濟
曲池
安化門
明德門
啟夏門

前言：當意志與命運逆行，你一生的故事

大雁塔始終是長安城最討人喜歡的名勝，特別是春天。春風漸暖，行道兩旁的槐樹返青，在蓬蓬綠色裡，桃花、辛夷，次第開放，連風也被染上花香。進士科考試湊在初春二月放榜，在躍躍欲試的春華中，功成名就的得意也翻倍。

白居易二十八歲那年，終於迎來這樣一個春天。他滿心想著從此在長安城裡做個受人尊敬的大官，為朝廷出力，並買一套屬於自己的房子。武則天神龍年間開始，新進士在杏園宴會之後，都要去慈恩寺中大雁塔下題名。白居易也不例外。他的好友元稹也許曾提示他，四十八年前，他們共同喜歡的那個窮困潦倒、不甚出名的詩人杜甫也曾經登塔作詩。

也許並沒有。這座城市裡迎送過太多才華橫溢的年輕人，數不勝數。他們都曾經滿懷希望，來到這個國家最繁華的都市，相信會在這非富即貴的城市裡一覽眾山小。那時候他們都年輕，都擁有卓絕的詩才，光明的未來彷彿觸手可及。

年輕的杜甫跳著腳在小酒館賭博，他對自己的才華太有信心，從沒想過往後

歲月的大雨裡他會病在啟夏門邊的破屋中，積水成塘。天寶十五載（七五六年）的夏天，王維依然像往常一樣進宮早朝，並不知道自己很快將會成為安史之亂裡的一名俘虜。李白得意地寫詩描述他在玄宗的宮殿裡坐有象牙席，宴有黃金盤的恩寵，錯愕萬分地，他很快被皇帝放棄。

命運最叛逆，從不輕易滿足人的心意。這幾乎是這本書裡所有故事的核心。得意的李隆基自以為心想事成，江山與愛情盡在掌握。太子被自己的鐵腕手段嚇得甚至不敢大聲說話。他不知道的是，當他沉浸在華清池水霧迷濛的霓裳羽衣曲中時，漁陽戰鼓正動地而來。這是西元七五六年夏天，城市在細雨中傾倒。在這場始料未及的安史之亂中，他的兒子抓住機會，謀畫著對老父親二十年壓迫的報復。

漁陽戰鼓傳至華清宮的那幾天，一個在長安蹉跎十年的倒楣詩人正越過驪山，他新得了八品官位，要把寄居異地的妻子兒女接到長安來住。黑夜裡，當他把凍僵的手指揣進懷裡，在山頂的北風中分辨出華清宮的樂曲聲時，他不知道，他的小兒子沒有等到他回家已經餓死了。他也不知道，這一次離開長安，就是他與這座記憶裡繁華富足的城市的永別。當他再次回來，它已經同這個國家的尊嚴一道被摧毀。但是，在這之後無盡的漂泊裡，他總費盡心力想要回到這座對他並不友好的城市，這是他的責任。這是杜甫的「長安奧德賽」。

杜甫在安史之亂中被安祿山的軍隊抓回長安。他實在太不重要了，甚至可以在城裡四處走動。不同的是，他敬仰的詩人王維已經被反綁雙手，刀鞘搗嘴，從長安押解到洛陽。戰爭剛開始時，王維像許多老實的朝官一樣信賴他們的皇帝，在長安城裡大家族紛紛舉家南遷時選擇留在城裡。天寶十五載（七五六年）六月十三日，他像往常一樣進宮早朝，當宮門打開，只有一地狼藉。這已經不是他第一次被拋棄了。這是王維「天之驕子的隕落」。

與此同時被押進牢房關著的，還有李白。他被遠遠地關在潯陽，罪名是「從賊」。他知道自己在別人眼裡是個瘋子，但他不在乎。他想做官，想飛黃騰達，想要黃金盤子、碧玉酒杯。但是與身世清白、家族顯赫的小朋友杜甫不同，他甚至沒有參加考試的資格。所以，只有「佯狂」，只有鋌而走險。這是李白「賭徒」的故事。

後來人總愛叫李白「李翰林」。翰林學士象徵著文采、皇帝的信任、與政治中心的親近。李白曾經做過翰林待詔。貞元年間，監修國史的宰相韋執誼在翰林院的材料裡發現，「翰林學士」與「翰林待詔」有天壤之別。不過，此時他還沒心情理會這細微的差別，他年輕的同事柳宗元和劉禹錫，背靠著皇帝的支持，擁有風光無限的權力。貞元二十一年（八〇五年），他們將發動一場變革。他們想除去安史之亂後國家的弊病，成為這個時代的英雄。在他們看不見的暗處，已經聚集起不滿、嫉妒和報復。這是柳宗元與劉禹錫「詩人的旅途」。

柳宗元、劉禹錫及積極支持永貞革新的朝官被流放，偌大的朝堂一下子空了出來，機會落在了白居易與元稹的頭上。風水輪流轉，現在，由他們來承受嫉妒與報復，但白居易想不到的是，報復的方向，是家庭裡一樁誰也不願意提起的隱私。這是「去他的〈長恨歌〉」的故事。

白居易晚年住在洛陽，拿工資，不幹活，他對國家的責任感消磨成對大宅子、漂亮姑娘和替自己編文集的強烈興趣。當然，他還熱情地吹捧後輩詩人。老朋友令狐楚第一次把自己的幕僚李商隱介紹給白居易，一把年紀的白居易對面前十七歲的天才驚為天人，連連說「我來生給你做兒子」。李商隱後來生了一個兒子，小名取作「白老」。那時候，李商隱有文壇領袖的提攜，還有一個無話不談的好朋友——令狐綯。他滿以為他們的友誼可以延續前世今生，超越時間。沒想到，一生太長，已夠變卦許多次。這是李商隱與令狐綯「最後時過境遷，再回想誰的臉」。

李商隱一次次徒勞無功地去長安參加進士科考試的同時，沒有獲得通行許可的日本請益僧圓仁偷偷留在了中國。一次又一次被拒絕不能動搖他在大唐求法巡禮的決心。當他終於進入長安城時，交了好運：左街功德使仇士良是虔誠的佛教徒，他管理長安縣一切寺院，也擁有控制皇帝與朝廷的權力。在他的庇佑下，圓仁萬事順意。但他不知道，新近登基的武宗皇帝與他的宰相李德裕正在醞釀一件大事，不僅要殺了仇士良，還要把佛教徒與寺院毀滅。這是「圓仁的最後旅行」。

唐代是後世最願意提起的時代：最繁華，最驕傲，最有包容與進取心。但這本書裡的故事，大多發生在繁華之後：安史之亂帶給這個國家毀滅性的打擊，但在這場戰亂之後，這個朝代依然延續了一百四十多年。與我們的常識相反，最偉大的唐代詩人們，我們最熟悉的那些名字，其實大多出現在這個並不常常被提起的、日漸熄滅的「唐朝」。在這裡，盛唐飽滿多汁的自信漸漸乾癟下去，釀出一點兒苦澀。

國家不幸詩家幸，賦到滄桑句便工。

詩句曾經是他們用來炫耀才華、交換功名，鋪展開自己人生地位與財富的籌碼。在時代的懸崖上，詩句與文章，找到它更有價值的位置：它擁抱人心的無助，叩問命運的規則，向漸漸駛離的歷史丟出最後求生的繩索。

在這些故事裡，我們跟隨史籍與傳說各不相同的敘述角度，試圖回到微妙不同的歷史現場。但是，在每一個關鍵的岔道口，總能找到截然不同的敘述，每一種都振振有詞，彷彿抓住你手掌的手相占卜者。我也只能在這些迷茫的分岔點選擇相信某種敘述，跟隨它走下去。幸運的是，詩人們慎重流傳下詩集與文集，如同篇幅巨大綿長、喋喋不休的獨白，穿過時間迷霧重重的遮蔽，邀請我們進入某個瞬間他們動盪的內心。

意在被銘記的，都在被忘記——古老的城市被時間和戰爭摧毀，成為平原上一座土丘。宮殿傾頹，紀念碑摧毀，盛名與功績都化為塵埃。但詩句流傳，如同一個奇蹟，帶著千年前日常生活的艱辛，和詩人的一部分靈魂。

哪怕它屢屢成為考試的題目、比賽的內容，詩歌從來不是任何時代的必需品，在我們的時代更不例外。但因為這一部分陌生人交付陌生人的靈魂，在少數人那裡，它將永遠存在。

目次

公元七五六年夏天

城市在細雨中傾倒

一

老皇帝李隆基收到光復長安的捷報，是至德二載（七五七年）的九月，成都竹葉枯落的季節。他也許感覺到這個冷雨不斷的秋天比以往更冷一些。季風與洋流帶來的溫暖潮濕曾經讓這裡的年平均溫度高出一度，從七世紀起持續了一個多世紀。但現在，它將與唐王朝的國運一樣，慢慢進入一個寒冷期。甚至有地理歷史學家認為正是氣候變冷使得游牧民族向南方發展，促成了安祿山這場來勢洶洶的叛亂。但李隆基來不及理會天氣冷熱這樣的小事，寒冷的天氣無法影響他的好心情。

天寶十四載（七五五年）十一月，兼任范陽、平盧、河東三鎮節度使的安祿山率領十五萬將士與奚、契丹[1]等少數民族聯合，號稱二十萬眾，從范陽起兵，反叛朝廷。所過州縣，幾乎沒有像樣的抵抗，叛軍很快打到河南河北，向著唐帝國最重要的兩座城市——長安、洛陽打來。朝廷派出十一萬軍隊，沒有守住東都洛陽，安祿山在洛陽稱帝。之後，安祿山的軍隊又攻破朝廷二十萬軍隊駐守的潼關。長安無險可守，暴露在叛軍面前。後來被稱作「唐玄宗」的當朝皇帝李隆基被迫倉皇離開長安，在逃跑的路上草草安排太子做天下兵馬元帥，負責收復國土。沒過多久，老皇帝乾脆退位，將皇位讓給了太子。

現在，新皇帝李亨不負眾望，奪回了帝國的中樞，長安終於回到了李唐皇室的手上。老皇帝很欣慰，他以為他丟失在天寶十五載（七五六年）夏天的尊嚴也將一併重建。

他的這個兒子仁懦溫暾。曾經，得寵的朝臣們揣摩聖意，以為他不愛太子，便總想著去欺負太子，討好老皇帝。太子只能忍耐，三十多歲的時候便兩鬢斑白。朝臣不知道，父親愛孩子，各有不同的愛法。玄宗曾經問太子少傅蘇瓌（同「瑰」），讓他推薦做中書舍人的人選。中書舍人草擬詔書，是皇帝近臣，競爭殘酷，大詩人李白奮力求了一輩子沒能求得的位置。蘇瓌回說，別人我不知道，我

---

1 奚、契丹：唐時東北出塞交通要道上的少數民族部落。漁陽往東北，經過盧龍鎮，再六百里到奚王帳，又東北行五百里至奚、契丹衙帳，又北百里，至室韋帳。（《中國東北與東北亞古代交通史》，《新唐書．地理志》）

兒子蘇頲可以。但朝野皆知，蘇瓌嫌棄他這個兒子。傳說蘇頲不得父愛，常與僕夫雜役混在一起，夜裡蜷在馬廄吹起灶中火光讀書。蘇瓌偶爾見他，也是讓蘇頲青衣布襦跪在床下，露出脖子讓爹用榎楚[2]抽。後來玄宗見蘇頲才藻縱橫，詞理典雅，草擬詔書、應制作詩，援筆立成。玄宗對蘇頲喜愛非常，甚至親自摘了花別在蘇頲的頭巾上，直到送他以紫微侍郎同平章事，做了宰相。

知子莫若父。嚴厲，也是一種教子有方。老皇帝甚至有一絲得意：現在，他這個懦弱的兒子終於在嚴厲的教育之下長成了棟梁。

老皇帝李隆基喜悅的心情沒有維持太久。與捷報一同來的，還有一封信。信裡說：您趕緊回到長安來，我把皇帝位置還給您，我還是做我的太子。他這個兒子現在是「天子」了。皇帝是天的兒子。他成為天子的前提，是這人間已經沒有一個父親擋在皇帝與天之間。他把父親當作一個競爭對手，這封信，在試探老皇帝奪回皇位的決心。老皇帝的回信有一點兒出錯，他這個仁懦溫暾的兒子，必將報以他二十多年隱忍窩囊的太子生涯裡向老皇帝學來的雷霆手段。

老皇帝夜不能寐。他早該明白，等天下太平，這一天就一定會來。

二

十五個月前，天寶十五載（七五六年）的六月，安祿山攻破潼關。長安失去了最後的保護，帝國的政治中心岌岌可危。但攻破潼關太過容易，安祿山大軍來不及集結向長安發動進攻，只能原地等待。這十天的等待給了玄宗逃跑的機會。六月十三日的清晨，老皇帝只帶著高力士、楊貴妃、太子等少數幾人悄悄從延秋門離開長安。天有微雨。

日出前的天色曖昧不明，似乎預兆老皇帝逃亡道路的狼狽艱辛。

那天中午，在咸陽望賢宮休息，官吏逃散，無人管理。皇親國戚們饑腸轆轆，沒有吃喝，楊國忠去已近四散逃離的街市上給老皇帝買了兩只胡餅充饑。當地百姓知道皇帝逃難到此，都爭著獻上最好的飯食。沒有餐具，皇子王孫用手捧著夾

2 榎楚：榎，喬木名；楚，灌木名。榎楚，指用榎木荊條製成的刑具，這裡指用木條或棍棒抽打。

雜麥豆的糙米飯狼吞虎嚥。供給飯食的父老指著老皇帝一通大罵：氣他糊塗，恨他把報告安祿山有反心的人都殺了，人人自危，才落得今天這個地步。皇帝無言以對，只能喃喃點頭：是朕的錯。

自望賢宮西行四十五里，出逃的第二夜宿在金城縣。縣令早已逃跑，驛中無燈，漆黑的夜裡辨不出文明與野蠻、貴與賤。皇帝、太子、宮女、太監，胡亂躺著，相互枕著睡了一晚。六月十四日，到了馬嵬驛。在這個後來太過有名的驛站，發生了一場血腥、語焉不詳因而充滿疑點的變亂：跟隨玄宗四十多年的禁軍首領陳玄禮，忽然率軍反叛，殺死楊國忠一家，逼迫楊貴妃自殺。玄宗不願處死貴妃，說自己需要想一想。陳玄禮問他：群情激憤的將士們等得了嗎？年過七十的老皇帝將全部重量壓在手裡的那根拐杖上，他與陳玄禮四十多年的情分也只為他爭取到一聲嘆息的時間，老皇帝最後對高力士說：你去請貴妃自殺吧。

失去愛情的玄宗很快發現，這一天的艱難並沒有在此結束。命高力士草草將楊貴妃葬下之後，玄宗的隊伍繼續啟程西去。在整場變亂裡都沒有露臉的太子到此時還不見蹤影。玄宗派人去催，只等來太子身邊報信人：百姓擋路，拽著他的馬，圍著太子不讓他走，誓要殺回長安去。太子說，他不跟您走了，他要帶兵去奪回長安。

玄宗愕然：在他原先的計畫中，太子會與他一起去成都，從小被太子養大的永王李璘下江南，與太子相善的潁王去西北靈武，與朝廷相互配合平亂。變故陡生，玄宗甚至來不及追究這一切是不是太子有意的策畫。他在潼關損失了四十萬唐軍，此時能夠仰仗的除了艱難調集的各地軍隊，還有在他五十年漫長統治裡為天下樹立的行事準則：忠誠和孝順。安祿山享受他給的一切榮華富貴卻起兵反叛，是不忠。他還擁有天下對法統的忠誠。作為皇帝丟失國都，他已經丟了李唐皇室的臉，此時追究太子不孝的行為，是打他自己的臉。

記下歷史的人並不能如此細緻地共情老皇帝的內心，他們只能把體察到的百感交集，放進老皇帝的一個動作中：老皇帝「仰天嘆息」。最後他只說，這是天意啊。而後，命令高力士將太子的家眷衣物一併送回去，分給他兩千軍士。對太子說：你好好珍惜百姓的屬望。西戎北狄，我對他們都不錯，你好好利用。

太子帶走的除了人馬，還有忠誠跟隨玄宗的民心。再後一天，夜宿扶風縣。六月燠熱，睡不安穩。夜裡有雜遝的腳步，低聲的吵鬧，是護送他的士兵陸陸續續離開——安祿山從范陽起兵到占領長安不過七個月，唐軍兵敗如山倒，他這個老皇帝狼狽地逃離都城，出城時甚至連住在宮外的兒孫也來不及通知。現在太子也走了，跟著他，又有什麼未來呢？夏夜寒冷如隆冬雪夜。老皇帝輝煌的一生似乎就要如此畫下不隆重、不體面的句號。

清晨時，山窮水盡的老皇帝忽然等到了自己的運氣：去蜀郡迎接貢品的崔圓押運著車隊連綿而來，帶來十萬匹蜀郡進貢的春彩[3]。老皇帝命令將春彩一一排開，召集僅剩的衛士，對他們說道：「朕年紀大了，託任非人，造成了安祿山叛亂，不得不遠避其鋒芒。我知道你們都在倉促間跟隨我，不得與父母妻子告別，跋涉到此，極度勞苦。我很慚愧。蜀郡偏狹，路遠，恐怕不能供應周詳，我只帶著子孫中官往前走。就在此與諸位訣別，這些春彩分給你們，作為回程資糧。你們回家見到父母與長安父老，為朕致意，各自保重。」老皇帝孤注一擲，利用了他五十年太平天子積攢下的威嚴。他放下身分的動情演講博得了隨行士兵的忠誠和同情——他們都願意護送他走下去。

而後，他慢慢振作起來。接近一個月之後，過劍閣至普安縣。終於從恍惚中回過神來的老皇帝頒布詔書，封太子李亨為天下兵馬元帥，命他收復長安。七月二十八日，老皇帝到達成都。僅僅三天之後，老皇帝便整理好落魄的心情，打起精神，來到蜀都府衙，向天下頒布詔書，表明他對國家的歉意，以及重整河山的決心：

朕以薄德，繼承皇位，每天小心翼翼，勤念生靈，一物失所，無忘罪己。四十多年來，國家小康，與大臣推心置腹，無所懷疑。現在奸臣凶豎，棄義背恩，割剝黎民，擾亂華夏，都是我不能明察秋毫的過錯。現在，朕在巴蜀，訓厲師徒，命令太子諸王發兵重鎮，誅夷凶醜，以謝昊穹。朕將與群臣一道重弘理道。因此，大赦天下。

老皇帝指望著太子雖然走了，依然是他的兒子。在這樣危急存亡的時候，太子將與他同心協力，重整山河。玄宗在成都頒下大赦詔書的第十天，太子的使者到達成都，帶來的卻是一則令玄宗驚愕的新聞：七月十二日，太子已經在靈武繼位為帝，改元「至德」（也就是後世所謂的「唐肅宗」）。使者送來的冊命中，他已經被稱為「上皇」。先斬後奏，沒有商量的餘地，只是知會他一聲。

3　春彩：「彩」舊寫作「綵」。有五色紋彩的絲織品。唐代的一種貢賦。

老皇帝十天前剛剛發布的那一通誠懇威嚴的詔令，立刻成了自作多情的過期廢紙。

三

老皇帝沿著嘉陵水谷道西行入蜀的路上，嘉陵江與白水江合流處，有一處長滿桔柏的渡口。他需在此渡江去益昌縣城。渡河的時候，有雙魚夾舟而躍，編纂《舊唐書》的史官們寫這一節的時候已經知道，唐王朝的命運並沒有終結在這場元氣大傷的動亂裡，便埋下伏筆，說躍起的並不是魚，是龍。是吉兆。

史官們只負責對國家命運的預告，正常情況下，國家的命運也就是皇帝的命運。但在老皇帝逃亡的旅途上，他個人的命運與國家的命運漸漸分道揚鑣。書寫這段歷史的史官們心照不宣地對此表示沉默。

面對兒子自立為皇帝的「噩耗」，捧著靈武送來尊他「上皇」的冊命，老皇帝不願接受，也不能扔，一連三天沉默不語。按著玄宗一向的脾氣，任何覬覦他皇位的念想都會遭到最殘酷的鎮壓。老皇帝心裡知道，稍微一點兒姑息，都是把自己的命運拱手讓人，哪怕是讓給兒子：他的家族裡，提前退休上演過許多次，都是被逼——當時還是秦王的唐太宗李世民在玄武門殺了太子李建成，老皇帝唐高祖李淵被逼退位，遷往太極宮。李隆基自己年輕的時候，在與太平公主的爭權奪利中勝出，立刻逼迫父親唐睿宗李旦讓出了皇位。皇帝是一個必須幹到死的工作，提前退休，換來的只有懷疑、監視，抑鬱而終。哪怕繼任的是自己的兒子。

老皇帝年紀大了，有時糊塗，有時過分自信。但此時，使國家陷入動亂的責任一直將「愧疚」二字壓在他心上。離開長安的那天，楊國忠請示：府庫裡的絲綢財貨，安祿山攻打進來，也是被賊所得，不如燒了吧？玄宗搖了搖頭：叛軍得到了財貨，大約會對城裡的百姓好一些，留著吧。通過渭水上的便橋時，楊國忠又問：為防叛軍追上來，把橋燒了吧？玄宗又搖頭：我們倉促離開長安，許多朝臣都不知情，等他們知道了，也許要經過這條路來找朝廷，還是留著吧。

太子的繼位，缺乏法理和程式。老皇帝還有在外領兵的兒子，按著他的脾氣，總要調集兵馬狠狠給太子吃個教訓。但太子在靈武正指揮平叛，老皇帝的「愧疚」讓他再次退讓——拿到新皇帝「冊命」的第四天，老皇帝臨軒授冊，發布作為皇帝的最後一道詔令：

從今天起，改制敕為誥。給老皇帝的表、疏[4]改稱他作上皇。四海軍國大事，先讓皇帝決定，然後告訴老皇帝。等長安收復，老皇帝就徹底退休。

發布詔命之後，老皇帝立刻命令身邊代表朝廷的朝臣韋見素、房琯、崔渙帶著傳國寶璽、玉冊到靈武去，替新皇帝把這個空口白話的皇位坐實。

沒想到，老皇帝的每一次讓步都把自己陷於更逼仄的境地。現在，他替太子坐實了皇位。太子收回帝京，立刻問他：您趕緊回到長安來，我把皇帝位置還給您，我還是做我的太子。

成都其實很像長安。郫江和檢江繞城而過，城內有摩訶池，如同長安曲江。東西南三市貨貿繁華，榆柳交蔭下市肆裡蜀錦、藥材、香料應有盡有。城內道路兩旁遍植芙蓉，在芙蓉花重重疊疊掩映下是五十七佛寺、二十一宮觀高聳的佛塔與朱漆闕門。河南河北在安祿山叛軍鐵蹄下成為廢墟，成都還算繁華安靜。少不入蜀，老不出川，老皇帝可以在此安度晚年了。

在這場倉促逃亡發生之前，老皇帝已經在長安住了七十多年。他熟悉秋天長安城朱雀大街沿途槐樹結實的氣味，他居住的興慶宮有「花萼相輝樓」臨街，登樓便可以望見往東市趕集的子民。哪怕越到年老，去驪山華清宮的時間越來越長，回到長安，也是如吃飯喝水一樣，自然而然的事情。但現在，老皇帝只能決定老死他鄉，叫新皇帝安心。老皇帝招來使者，給新皇帝回了一封信：長安，我不回去了。你把劍南道劃撥給我，我就在此終老。

沒過幾天，老皇帝很快收到了來自長安的第二封信：我十分想念您，請趕快

---

4 制、敕、誥、表、疏：根據內容和功能的不同，唐代皇帝作為國家領袖的「王言」有七種格式。籠統來說，分為「制」和「敕」兩類。「制」包括制書、冊書、慰勞制書等，是關於國家的重大軍事、政治、制度變革等行動的指令。「敕」包括敕旨、敕牒、發日敕等，用於相對「制」的應用範圍而言更日常和繁瑣的事件，比如官府增減官員、廢置州縣、徵發兵馬、除免官爵、授六品以上官等。（《唐六典》卷九，李錦繡《唐「王言之制」初探》）「誥」在唐代並不常用，一般在皇帝退位為上皇之後發布命令時使用，以區別皇帝的「王言」。「表」是臣下陳述事情，對皇帝有所請求，或是舉薦人才時使用。「疏」在使用時，一般是陳述政見，特別是勸諫或表達不同意見。（《文心雕龍．章表》）

回到長安來，讓我盡人子的孝道。

新皇帝在智囊團的點撥下很快發現自己上一封書信裡對父親覬覦皇權的擔憂過於直白，不體面。亡羊補牢，為老皇帝規畫線路，並親自到咸陽望賢宮備下天子法駕迎接父親。

老皇帝沒有拒絕的權利，新皇帝遞出怎樣的招，他也只能接著。不能翻臉，不能生氣，不能父子不和。都城之外，安史之亂遠未平息，不能叫天下觀望戰局的人看笑話。

四

老皇帝再次回到扶風縣是至德二載（七五七年）十一月。官道上塵土飛揚，新皇帝派來的精騎在此迎上了老皇帝的隊伍。老皇帝李隆基還沒來得及細細分辨做「上皇」與「皇帝」的微妙不同，三千精騎已經將老皇帝的隊伍團團圍住。竟然有冠冕堂皇的理由：陛下命我們來保護上皇，護送您的甲兵便不必要了。立地解散，兵器歸庫。

帝國的驛道由長安為中心輻射開來，三十里有一驛。離長安越近，驛站間隔越短，驛站中的柳槐綠竹越整齊，甚至驛站井邊還有薔薇花架、櫻桃樹。驛站的牆壁向來是遊子的留言板，離長安越近，牆壁上的詩句也越來越多。長安好像是巨大的磁石，源源不斷吸引出詩人們心裡的百感交集。去年老皇帝的隊伍離開之後沒多久，安祿山的前鋒到達扶風縣，驛站被毀壞。雜草瘋長，煙熏傾頹的牆上還有模糊的詩句，新的覆蓋舊的，親人的思念與寄望執著地在戰火裡倖存下來。去年老皇帝在這裡分散春彩獲得士兵保護他走向蜀地的決心，現在他不得不解散這支軍隊，打消新皇帝的疑心。

在《資治通鑑》裡，司馬光用上了史官不動聲色的敘事技巧：「上皇命悉以甲兵輸郡庫，上發精騎三千奉迎」——對老父刀兵相脅，以多對少，以精銳騎兵對常規護衛，肅宗必須讓玄宗選擇命令護衛放棄抵抗。而玄宗被迫的放棄被《資治通鑑》描畫成主動的計畫。肅宗的逼迫過於直露，甚至連三百多年後的講述者，也怕它成為不良樣本，要替肅宗百般掩飾。開了頭，下面的掩飾便簡單起來：

十二月初，被三千精騎「護送」的玄宗來到咸陽，肅宗在望賢宮備下天子法駕，隆重迎接。

舟車勞頓，風塵滿面。七十二歲的老父親站在望賢宮南樓上，憑欄望著樓下由精騎護衛簇擁的兒子。肅宗脫下黃袍，穿著做太子時的紫袍，信馬由韁，款款而來。冬日的太陽淡薄地掛在遠遠的天上，肅宗在樓前下馬，望樓而拜。站起來時，揚臂跺腳跳起了舞，而後跪地再拜。

再拜稽首間的「拜舞」，是皇帝才有資格接受的禮儀。他以行動再次強調了他往成都寄的第一封信：這個皇帝，我可以還給你。肅宗熱氣騰騰地跳著，旋轉著，催促著，伏地俯首的節奏像是挑戰的鼓點。而他心滿意足地知道，這一回，老父親必須拒絕他盛情真摯的提議，沒有其他選擇。

玄宗果然下樓來。肅宗膝行幾步，雙手抱著玄宗的鞋子，低頭去嗅他的靴頭，嗚嗚大哭。「捧足嗅靴」與「拜舞」，新皇帝的每一個禮儀都向圍觀的士兵父老昭示著他對於老皇帝的臣服。玄宗撫著賣力表演的兒子的背，竟然無言。他在三千精兵包圍中接受著兒子退還帝位的決心，甚至不能表現出一點兒不悅——國家還在戰亂，為了結束戰亂忍耐一切，是他的責任。他只能陪兒子哭一會兒，然後招來左右，親自把黃袍披回肅宗身上，對著四周圍觀的父老兵士大聲說，天命人心都在你這邊，你好好做皇帝吧。

有父親的承諾還不夠。肅宗不僅需要毫無挑剔的法統，也需要一個孝順的好名聲。他按著計畫繼續表演：皇帝是天子，理應居住正殿，但肅宗把望賢宮正殿讓給玄宗居住，又親自為父親準備坐騎。從咸陽離開的時候，肅宗拽著玄宗的馬龍頭，彷彿要為父親牽著馬一路走回長安去。

但表演總有終結的時候。

五

肅宗收復長安之時，安史叛軍正大敗。他最信任的謀士李泌立刻建議：應該乘勝追擊，直搗安祿山的老巢范陽。但肅宗更擔心他皇位的合法性，在他心目中，比徹底消滅叛軍更重要的有兩件事：第一件，是徹底把王權從父親手裡奪下；第二件，是處置陷敵投降的官員，建立自己的威嚴。但那都是玄宗朝任命的官員，為了表現他的孝順與恭敬，新皇帝必須請老皇帝親手處置。開始時，肅宗都要先把處置官員的決定報給玄宗，請父親定奪。直到處置投降安祿山的張均、張垍兄弟，玄宗說，我待這兩兄弟不薄，張均、張垍兄弟投降叛軍，還在叛軍處八卦我們家的家事，罪不能赦。肅宗磕著頭替兩兄弟求情，自陳自己做太子時屢屢被陷害，如果不是因為兩兄弟的保護，他不能有今天，如果他不能救張均、張垍兄弟的命，沒法對他們死去的父親交代。一邊陳詞，一邊痛哭流涕。玄宗無奈只能讓步，張垍流放嶺南，張均必須死。不要再說了！

司馬光在《資治通鑑》裡記下這場景，但在紀實上更可靠的《舊唐書》卻說，張垍早在長安光復前就死了，張均的處置，也全由肅宗和他的智囊團決定，全沒有玄宗一錘定音的份兒。司馬光採用這一段，彷彿要為玄宗保留父親做最後決斷的威嚴。但除去這一場真假不定的交鋒，可以確定的是，回到長安之後，新皇帝住在大明宮裡處理國政，玄宗很快搬回了興慶宮：與最高權力畫下道來，保持距離。

沒有了權力，他至少還能有一個快樂的晚年。

老皇帝從小就愛玩，吹笛子、打羯鼓、鬥雞、走狗、打馬球，樣樣在行。老皇帝年輕時做臨淄王，那會兒吐蕃遣使迎娶金城公主，帶來一支馬球隊，與大唐隊打比賽。大唐隊屢戰屢敗，最後李隆基看不過，換上窄袖錦衣、短靴，緊束腰帶，拉著平時的玩伴下場挑戰，一舉贏了比賽。

做了皇帝總有更多正經事要做，甚至做夢的時候也在辦公。開元中，宰相平均任職只有四年左右，他屢屢要為下一任宰相的人選操心，甚至夢裡也在想。曾經有中書侍郎在值班時，半夜裡被人叫醒，說是陛下終於想起來屢屢思慮而不得的那個該接替宰相一職官員的名字。中書侍郎來到寢殿，玄宗已經正襟危坐等著他。於是在長安萬籟俱寂的夤夜，宮人持燭，中書侍郎跪在玄宗身前，記下皇帝在夢裡終於記起的名字。草擬詔書完成，已經晨光熹微，玄宗便和衣坐著，等待曖昧的夜色漸漸淡去，等待丹鳳門打開，門下省上班簽發詔書。他小心翼翼地約束著自己，做個好皇帝。稍有懈怠，便有諫官章疏規勸，老皇帝把其中道理、文筆都好的文章裝在金函中，有空時就讀一讀，如同對著鏡子整理衣冠。

現在被逼退休，他有大把的時間可以留給自己：興慶宮馬廄裡有三百匹馬，有一塊平整寬闊的球場，他還有樂隊與伶人。可以打球，可以作曲，可以把被政事耽誤的興趣都再撿起來。

但老皇帝沒想到，隨著權力一道失去的，還有享受的肆意。

六

平涼（今甘肅平涼）夜寒，滴水成冰。這僅是大唐與吐蕃邊境之間的一座小城，沒幾條像樣的街道，也沒有太多房屋錯落的遮擋，風更肆無忌憚地扯動門窗，讓人不得安眠。

張良娣又一次在外間鋪設寢具，如同護衛。太子忍不住走出去說：你一個女人，做不了抵擋壞人的事。張良娣卻微笑搖頭：假如有人對您不利，倉促時，我可以拖住他，您就可以從後門逃走。太子心下惻然，他山窮水盡了，還有一個女人對他全副忠誠，願意用生命保護他。

天寶十五載（七五六年）六月，在馬嵬驛與父親分開，太子走了一段回頭路。他們必須回到咸陽才能借道北上。過渭水時，水暴漲，便橋已斷。無論尊卑，都必須下馬涉水過河。幾千人的隊伍緩慢跋涉，心裡卻很著急：潼關是整個關中平原的最後一道天險，安祿山攻破潼關，隨時可能趕上他們。每天都有派出的探子回報，安祿山叛軍的前鋒就在前面。沒多久，果然遠遠有軍馬揚塵而來，像是騎兵。倉皇間列陣，短兵相接，死傷慘重。一通自相殘殺之後才發現，對方是哥舒翰戰敗後，從潼關退下來的唐軍散兵。再點兵，太子手裡只剩兩千人與廣平王、建寧王兩個兒子。從咸陽往西北，經過奉天（今陝西乾縣）、永壽（今陝西永壽）到新平郡（今陝西彬縣）。原想在此補給，新平郡和附近保定郡的太守聽說安祿山兵鋒已至，都已經棄郡逃跑。太子且怒且懼，帶領手下晝夜奔馳三百餘里，武器、衣物甚至士兵都在奔逃中亡失過半，直到彭原太守在烏氏驛迎上太子，破衣爛衫一路逃亡的太子一行才有熱菜熱飯、乾淨衣服。從彭原（今甘肅慶陽市寧縣）再折向西，到了平涼，才算暫時安全。

走到平涼，下來往哪裡走，太子猶豫了好幾天。平涼的西面是隴山。隴山（今六盤山）以西是舊稱隴西的渭州，與吐蕃交通，附近固原草場有自太宗以來便繁盛的馬場，可以提供軍馬。再往西是靈武（今寧夏靈武一帶），朔方軍的大本營。玄宗朝改府兵為募兵，外重內輕，軍隊多集中在邊鎮節度使手中。天下十大軍鎮，安祿山占有范陽、平盧、河東。安西、北庭、嶺南山高路遠，哥舒翰經營的隴右、河西已經投降安祿山。老皇帝帶人去了劍南，太子再回頭，以父親的疑心一定會懷疑馬嵬驛兵變是他安排的。條條是死路，不管他願不願意，面前只剩下一條路：去朔方。

朔方軍有兵十萬、戰馬三萬，實力僅次於范陽、隴右與河西。哥舒翰兵敗之後，朔方軍立刻成了主力。正在河北與安史叛軍激戰的朔方節度使郭子儀聽說太子要來靈武，立刻派朔方留後杜鴻漸帶人迎接。杜鴻漸一邊帶領步騎千人迎接太子，一邊又派了好幾撥人說服太子跟他們去靈武：朔方軍武器兵員充足，是做大本營的最佳地點。

但太子拿不準，去靈武投奔朔方軍究竟是不是自投羅網。本來，靈武是太子的地盤，太子做忠王時，遙領朔方節度使、單于大都護[5]。朔方軍算是太子的軍隊，太子便借機與當時的朔方軍統帥王忠嗣交好。但老皇帝深恨太子在朔方發展自己的羽翼，在李林甫的提議下罷黜了王忠嗣，從此，靈武便從太子的勢力範圍內被割裂出去，畫給了太子的敵人安思順。李林甫一向在朝廷裡熱愛為太子羅織罪名，現在，代替王忠嗣的就是李林甫的心腹安思順。安思順做朔方節度使經營靈武五年。天寶十四載（七五五年）十一月，安祿山引兵打向長安，留在長安的安祿山的兒子、兒媳都被皇帝殺死。儘管早已向朝廷奏報過安祿山的反心，因為

5 遙領朔方節度使、單于大都護：為了加強中央對邊疆的統治，開元四年（七一六年），唐玄宗下制封自己的幾個兒子為安西、北庭等幾個重要的都護府大都護。當時被封大都護的幾個兒子都十分年幼，並沒有實際到任，因此一直都是「遙領」大都護，日常工作全部由「副大都護」實際負責。從此開創了玄宗朝皇子「遙領」地方的先河。開元十五年（七二七年），唐玄宗封當時是忠王的太子為朔方節度大使、單于大都護。太子當時已經十六歲，雖然是遙領，但依然多少過問邊防重鎮朔方的情況，並趁機培養自己的勢力，因此遭到了唐玄宗的忌憚。

是安祿山的「堂兄弟」，安思順被召回長安。下一年二月，與安姓兄弟常年不睦的哥舒翰帶兵鎮守潼關，為了借機除掉與他分庭抗禮的這對安姓兄弟，派人偽造安祿山給安思順的書信呈現給玄宗，陷害安思順與安祿山裡應外合妄圖謀反。安思順立刻被下詔賜死。

原先的朔方右廂兵馬使郭子儀在安思順離開後升任朔方節度使。直到安思順死了好久，郭子儀也為他的死憤憤不平，一直想找機會替安思順申冤，從來不掩飾他對安思順的忠心。郭子儀如今正率領朔方軍在河北與安祿山交戰，太子很不放心——郭子儀是安思順的心腹，安思順是李林甫的心腹，而李林甫，從來就挖空心思陷害他這個太子。哪怕郭子儀忠於李唐皇室，也未必忠誠於李亨。去靈武投奔朔方軍，也許是死路一條。

太子在父親的羽翼與陰影下生活了四十多年，戰戰兢兢，鬢髮斑白。在馬嵬驛趁亂與父親分道，只差撕破臉。硬著頭皮也只能往前，再沒有退路。太子帶著在平涼馬場與農家募集到的軍馬數萬匹去了靈武。在他近二十年的太子生涯，遭遇背叛是常有的事情。太子不知道西北軍究竟有多少忠誠的人，戰戰兢兢中，只信任跟在身邊伺候的太子扈從——宦官李輔國。一直攛掇太子到靈武借朔方軍鞏固自己勢力的李輔國再次替他想了一個主意：立刻稱帝。

為了鞏固跟從將士的忠誠，好日後論功行賞，也為了自己徹底從玄宗的陰影中獨立出來，剛到靈武沒幾天，七月十二日，太子繼位為帝，改元天寶十五載，也是至德元載。

太子後來才知道，在他繼位三天以後，老謀深算的父親也頒下詔書：命令皇太子做天下兵馬元帥，統率朔方、河東、河北、平盧等節度兵馬，收復兩京；永王李璘做江陵府都督，統率山南東路、黔中、江南西路等節度大使；盛王李琦為廣陵郡大都督，統率江南東路、淮南、河南等路節度大使；豐王李珙為武威郡都督，領河西、隴石、安西、北庭等路節度大使，帶兵勤王。不久，老皇帝再次發布詔令，任命永王李璘為江淮兵馬都督、揚州節度大使。

太子在馬嵬驛抓住機會逃離了父親的掌控，但老皇帝很快不動聲色地反手將軍：他再次把他的兒子們放在了同一起跑線上——天下的所有權被分給了五個兒子。在這場戰爭中，誰立功最大，誰才是皇帝。他甚至允許他們自由征辟「文武奇才」，建立自己的「小朝廷」。一個「天下兵馬元帥」的虛銜，只不過是對他這個「太子」的名義禮遇。

七

太子（現在是新皇帝了）的弟弟默契地明白了父親的意思：永王李璘接到詔書，立刻南下江陵，聲勢浩大。甚至「天子呼來不上船」的大詩人李白，也被招募做江淮兵馬都督從事，為他寫了《永王東巡歌十一首》。開頭是「永王正月東出師，天子遙分龍虎旗」。「元年春，王正月」是《春秋》開篇所記第一句話。自漢代開始，皇帝以年號紀年，再沒有以王號紀年的事情。李白卻出口就扔出「王正月」，很難不讓人聯想到王號紀年的肇始——周代，歷史上最理想的年代，也是後來所有叛逆上位者一再要比附的年代。最近的一次是肅宗的曾祖母武則天，立國為「周」，用周曆。這樣的詩篇傳到新皇帝那裡，句句隱喻，字字驚心。

韋見素和房琯送來的老皇帝的退位詔書也讓新皇帝骨鯁在喉。父親在至德元載（七五六年）八月十二日發布的這道退位詔書，表面上很好看，底下暗藏玄機：

老皇帝一邊同意太子做皇帝，一邊又補充說：四海軍國大事，皇帝先決定，然後奏給上皇。寇難未定，皇帝在西北靈武，距離長安遙遠，奏報難通的時候，上皇以誥旨先處置，然後奏給皇帝。等到長安克復，上皇才真正退休。

新皇帝立刻讀懂了父親的意思：但凡老皇帝想做決定的事情都不會讓給他決定。他這個新皇帝，手裡也只有一個名義的天下。至德二載（七五七年）正月，老皇帝接連任命蜀郡長史、劍南節度使，甚至同中書門下平章事[6]。劍南道長官與朝廷宰相都是新皇帝「奏報難通」的所在，新皇帝憎恨這架空他權力的做法，卻不敢與父親撕破臉，老皇帝的誥旨，他只能無奈認可。

老皇帝的掣肘並沒有從情感上打擊到新皇帝，他早就對這個父親失去了孺慕與信賴。新皇帝李亨是玄宗的第三個兒子，剛出生的時候叫李嗣升，開元十五年

---

6 同中書門下平章事：唐代實行三省六部制。三省為中書省、尚書省和門下省。中書省負責行政命令的草擬，尚書省負責具體的行政事務，門下省負責審核。三省的最高長官中書令、尚書令或者侍中都是所謂宰相。中書省和門下省的長官因為意見不統一，常有爭論。唐初設置政事堂，作為中書省和門下省長官商量軍政大事和相關文書（即所謂「平章事」）的場所。政事堂在唐玄宗開元年間改名「中書門下」，所以宰相又稱「中書門下平章事」。唐代中後期，宰相成為一種「使職」，越來越多的宰相並非中書令、尚書令或者侍中，而是在本官後加「同中書門下平章事」，這些宰相本官的品級由三品到五品不等。

（七二七年）改名叫李浚，後來又改名李璵。為了集中管理兒子，玄宗建造了十王所，皇子們集中居住。除去不斷改變的名字，李嗣升還知道一件不變的事情：雖然大哥李瑛是皇太子，但最受寵的是弟弟李瑁。他旁觀李瑁的母親武惠妃一次次計畫除掉李瑛，扶自己兒子做太子，明目張膽。

他的弟弟鄂王、光王忍不住聚在一起抱怨武惠妃。開元二十五年（七三七年），武惠妃藉口宮內有盜賊而召喚太子、鄂王和光王帶兵入宮禁，她轉頭卻對玄宗說三兄弟兵變，老皇帝怒極，廢三個王子為庶人，很快，他們都不明不白地死了。李林甫和武惠妃按著計畫，向老皇帝極力推銷李瑁。人人都知道，壽王李瑁做太子的路已經鋪平，只等良辰吉日。開元二十六年（七三八年），老皇帝果真立了新太子，卻是李璵。作為太子，當年的李璵享有了比兄弟們更多的兩次改名的機會：李璵先改名為李紹，最終定為李亨。

李亨的母親早早死了，不能幫助他。他的父親把他作為一支平衡朝政的力量，樹在李林甫的勢力邊上，成了一個靶子。玄宗先是縱容太子在西北軍發展勢利，又提拔太子的大舅子韋堅做了水路轉運使，主管一部分財政收入，太子手上掌握著軍權與財權，眼見是與宰相李林甫分庭抗禮的朝上新勢力。皇帝有意縱容太子勢力發展壯大制衡李林甫，而後，李林甫瘋狂找茬，企圖扳倒太子的時候，老皇帝沒有任何給兒子撐腰的意思。

天寶五載（七四六年）正月十五，太子的大舅子韋堅失權，在家閒坐。太子在西北軍的屬下隴右節度使皇甫惟明打敗吐蕃，入朝獻捷，韋堅與皇甫惟明兩人約了在景龍觀發牢騷聊天。這天夜裡，太子也出遊看燈，碰見了韋堅。這同一夜的兩次見面被李林甫報去皇帝那裡立刻變成太子的黨羽深夜密謀，要內外夾擊，扶持太子繼位。在玄宗這裡，想要奪權篡位，是最惡毒的罪行，幾乎沒有審查案情，玄宗立刻貶韋堅為縉雲太守，剝奪皇甫惟明軍權，並下制警戒百官。沒想到，不久，韋堅的弟弟韋蘭和韋芝覺得哥哥委屈，向皇帝申冤，更在申冤時拉上了太子（太子也說韋堅是冤枉的）。皇帝勃然大怒——這不是結黨是什麼？韋家三兄弟一律貶黜，韋堅一貶再貶，幾天之後貶成了巴陵太守。他的親戚因為這件事情流貶的有數十人。太子像是孤身在風暴眼裡，看著外面風雲變色，不知何時撕扯到自己。驚懼之下，被迫立刻與太子妃離婚，與韋氏撇清干係。

這一年還沒有過完，李林甫故技重施。太子沒有了太子妃，只剩下良娣杜氏位分最高。杜良娣的姊夫柳勣跟杜家關係不好。他結交了北海太守李邕、著作郎王曾等人，告發岳父與太子勾結，搞祥瑞迷信，說太子該做皇帝——這太熟悉了：當年武惠妃想要廢太子瑛，便也來過這麼一齣。玄宗下詔令禦史台與京兆府共同審理，審訊的結果是誣告。但在李林甫的指示下，京兆士曹吉溫為了坐實這件事情，將王曾、李邕等人一道關進了禦史台，羅織罪證，最後誣告變成了鐵證如山。本年十二月到次年一月間，被告杜有鄰、原告柳勣，柳勣的朋友王曾、李邕等不是被杖死就是被賜死。太子的眼前一片血色。為了再次撇清自己，太子出杜良娣為庶人，再次「被離婚」。

長安城有俗話說：「城南韋杜，去天尺五。」這兩族是長安最有勢力的大族，與皇室互為助力。現在，太子為了保命，不得不連連離婚，與韋、杜劃清界限。他自己也成了孤家寡人一個，再也沒有勢力可以妄想父親的皇位。

玄宗得意地貫徹著自己的「權力平衡」的馭下之術，但他沒想到，與他的臣子不同，太子也是他的兒子，在危難時總想得到父親的支持。現在太子知道了，與別家父子不同，他的父親永不會幫助他。甚至在老父親的眼裡，這個當太子的兒子總對他的龍椅圖謀不軌，恨不得父親趕緊死了好取而代之。父親的年紀越大，看他越不會順眼。

太子在父親身邊時戰戰兢兢，只敢唯唯諾諾表現成一個窩囊廢，但他時時刻刻學習父親殘酷的統治藝術。現在他飛出父親的掌控，再沒有顧慮，可以放開手腳「以彼之道，還施彼身」。

北海太守賀蘭進明適時帶來河北戰場的消息，為肅宗打開了思路。賀蘭進明在河北作戰失敗，老皇帝知道了大怒，派了宦官帶刀促戰：失地收不回來，立即斬殺。後來還是平原太守顏真卿可憐他，放他去尋找新皇帝的朝廷。賀蘭進明緊緊抓住這個機會，他對新皇帝說：老皇帝正時時刻刻盯著您，準備擄奪您的權力。您看，從成都送來老皇帝傳國寶璽、玉冊的房琯正是老皇帝派來的間諜——向老皇帝建議讓各位皇子各自領兵，將您依然放在靈武沙塞空虛之地的，就是這個房琯！

為獎勵賀蘭進明的忠誠，肅宗立刻任命賀蘭進明做河南節度使。假裝不記得在安史之亂開始時，玄宗已經任命過河南節度使。洛陽被安祿山攻陷後，玄宗先後命令吳王李祗和虢王李巨成為新的河南節度使。老皇帝的戰略很清楚：他需要李姓宗室代替邊將成為統兵將領，誰都不能信任的時候，還是只能信任親人。但是，由同樣姓李的皇親國戚們帶兵卻是新皇帝最不願意看到的情景——沒有人可以在此時代表老皇帝來爭奪他手上來之不易的權力。

八

至德二載（七五七年）二月，永王李璘到了廣陵。在肅宗看來，這就是老父親慫恿的叛亂。在老皇帝這裡，事情還有另一個版本：李白在為永王寫的十一首《永王東巡歌》裡多少揭示了這個計畫。「我王樓艦輕秦漢，卻似文皇欲渡遼」——揚州，是唐朝的水運中心，海運可以經東海渤海直達幽州。唐太宗年間征高麗，就已經在揚州建造大戰船五百艘，載甲士三萬泛海入鴨綠江。從揚州運兵往幽州，可以直接進攻安祿山的後方大本營范陽。

在相信與懷疑之間，玄宗對肅宗未有言傳，但有身教：新皇帝可以容忍平叛時出兵失敗，但不能容忍有人覬覦他皇帝的寶座。他在等一個有說服力的人，率先提出他的看法：肅宗最信任的謀士李泌沉默。與永王李璘率兵下江南幾乎同時，李泌也向肅宗提過，應該在中原戰場僵持時派一支精銳部隊直取安祿山老巢范陽。肅宗直讚好計，卻從來沒有動作。很快，肅宗等來了從成都飛馬而來的高適。高適對他說：之前上皇下詔令諸王分鎮，我就再三說不可以。現在永王「叛亂」，他一定會敗。我願為您分憂，平定永王。

高適立刻被封為御史大夫、揚州大都督府長史、淮南節度使，平江淮之亂。高適沒有告訴皇帝，他曾經與永王李璘的謀士李白攜手漫遊，為他寫過「李侯懷英雄，骯髒乃天資。方寸且無間，衣冠當在斯」。皇帝也沒有告訴高適，永王李璘，幼年喪母，是他每晚抱著睡覺，親自養大的孩子。

高適在十二月時到達廣陵，開始訓練將卒與永王李璘在潤州的水軍前線隔江對峙。他沉淪草澤四十多年，直到四十五歲才考中進士，但進士之後依然毫無建樹。快五十歲那年，他放棄了在長安的官職到哥舒翰軍中做了掌書記。從此，別人的跌宕起伏都成了他險中求富貴的機遇。天寶十五載（七五六年），哥舒翰兵敗潼關，被迫投降安祿山，高適卻回到了長安，沿駱谷道找到了往成都去的玄宗，說明哥舒翰兵敗緣由，並由此升任侍御史。肅宗繼位之後，高適又跑去靈武，說玄宗分封諸王子的不妥，於是再升御史大夫。

天寶三載（七四四年），四十出頭的高適還是無所事事的一介白衣，與李白、杜甫在河南開封、商丘一帶射獵論詩，飲酒觀妓，同是天涯淪落，一度引為知己。但那都是從前的事情了。記憶可以隨結果篡改，他必須劈開過去的自己走向妄想了一輩子的輝煌。

至德二載（七五七年）的二月十日，在潤州準備渡江的李璘忽然看見江對面揚州江邊樹起「討逆」大旗，延綿江岸。他驚懼非常——去年十二月，他率水師下揚州是老皇帝玄宗的命令，按肅宗登基的冊命約定，「奏報難通」的江南地區，依然歸玄宗管轄，他下揚州的事情，父親也必定已經通報哥哥。他的水軍在抵達當塗時曾經遭到吳郡採訪使平牒回信——在官方文書上不敬稱，直呼其名。他原以為這只是地方勢力的不遜，沒想到，是皇帝鎮壓「叛亂」的前奏。永王李璘還沒反應過來，他的部將已經率士兵反叛，歸順朝廷。李璘一路逃向長江上游，最後在江西大庾嶺被亂箭射死。高適甚至還沒來得及動用他的水軍。

遠在成都的玄宗聽說肅宗與永王起了衝突，急急降下誥書，順著肅宗的意思痛罵永王，將他貶為庶人。只希望能攔住肅宗，保下李璘一條命，但依然晚了一步。

李璘死後，新皇帝用實際行動將老皇帝那道「奏報難通」時由上皇處理朝政再通知皇帝的誥書扔進了垃圾桶。李亨知道，他既然殺死了李璘，就再也沒有回頭路：他必須牢牢保有這頂天子的冕旒，除去擋在他和上天之間的任何人——特別是他的父親。老皇帝拿回權力的任何可能，都是他的死路。

至德二載（七五七年）九月，肅宗在回紇騎兵幫助下收復長安。又有人建議，應該乘勝追擊，直搗安祿山老巢范陽、平盧。肅宗思索良久，沒有點頭。他還有更重要的事情要做。

很快，老皇帝在成都收到兒子收復長安的捷報，還有一封信。信裡說：您趕緊回到長安來，我把皇帝位置還給您，我還是做我的太子。

九

李隆基一生中大半的時間都住在興慶宮。登上興慶宮東南角落的花萼相輝樓，可以俯視市民來往鬧市，可以聽見岐王家裡玉簾叮咚作響。甚至暮色降臨後依然可以看見寧王宮中彩繪木雕矮婢手執徹夜不滅的華燈，自昏達旦。

唐代皇帝在長安，要麼住在大明宮，要麼住在太極宮，只有他破例住在鬧市裡的低窪吵鬧的興慶宮。在大明宮裡，他的祖母武則天殺死了他的幾個叔叔伯伯，伯母韋氏殺掉了丈夫唐中宗李顯，受盡中宗萬千寵愛的安樂公主很有可能也是同犯。他做太子的時候，姑母太平公主曾經打算殺掉他，但被他搶先一步，趕去蒲州。而他的父親睿宗皇帝冷漠地旁觀自己的妹妹與兒子生死相搏。重重疊疊的家族記憶如同鬼魅，遊蕩在那兩座冰冷宮殿每一寸空氣裡。

他不同。他是生機勃勃的長安城裡的一部分，被他的兄弟們圍繞。繼位之後，把自己在隆慶坊的舊宅改成了興慶宮，在勝業坊賜寧王、薛王宅邸，賜申王、岐王住在安興坊，如此，幾個兄弟便環繞興慶宮住著。他將興慶宮的東南角樓取名「花萼相輝樓」，寓意兄弟之間如花萼與花瓣一般同氣連枝，相親相愛。

李隆基還做臨淄王時，他的伯伯唐中宗李顯蹊蹺死亡，韋皇后專權。為了替李唐皇室奪回政權，他帶著兄弟們策畫「唐隆政變」。進宮誅殺韋皇后的那天夜裡，李隆基與兄弟們躲著等待時機。二更鼓後，仰頭望去，「天星散落如雪」。司馬光在寫作《資治通鑑》時在這裡放慢速度，選擇這一夜作為李唐皇室最宏大一段歷史展開前浪漫的轉場。

李隆基定下決心，這個父子相殘，兄弟鬩牆的「傳統」必須終結在他手上。

薛王生病，李隆基親自煮藥，不小心燎著了鬍鬚，並不以為意，他想著，只要薛王喝了藥能痊癒，幾根鬍鬚不算什麼。開元十三年（七二五年）十月李隆基泰山封禪。一般的封禪程式有三次獻禮：皇帝「初獻」，公卿大夫「亞獻」與「終獻」。「亞獻」與「終獻」的人選代表了權力與朝野的尊重。這一次封禪，李隆基選定「亞獻」為他一輩最長的堂哥李守禮，「終獻」是他的大哥寧王李成器，以顯示他對兄弟們的友愛。玄宗朝，在學校開儒學，講父慈子孝，兄友弟恭，並成為科舉考試的必考內容。天寶二年（七四三年），詔令規定天下民間必須家藏《孝經》一本。

但親情與背叛已經纏繞過緊，掛在牆上的弓，盤在井邊的繩，都是蛇的影子。他愛女兒，想給她最盛大的婚禮。他預想那夜長安城裡坊門洞開，從皇宮的興安門起，她裝飾著鮮豔雉羽的翟車經過的每一條街道都將被巨大的燈籠照亮，過於明亮的燈火燃起夜色，甚至道旁成片的樹蔭也因此乾枯。他的朝臣們激烈反對：陛下想仿照太平公主當年婚禮的規格，這恐怕是不祥的預兆。他想立寵愛的武惠妃做皇后，朝臣們依然激烈反對：陛下，武惠妃是武則天的侄孫女，李唐與武氏不共戴天，怎麼可以再有武氏女人做國母？太子又不是她的兒子，如果惠妃做了皇后，太子怎麼辦？他最終沒有立惠妃為皇后，但也沒有保住他的第一個太子李瑛。

李家的家事不是宮苑圍牆內的祕密。記在實錄，皆成國史。研修官場發達祕笈的有心人自然知道，皇家父子間的罅隙，便是他們的機會所在。開元八年（七二〇年），駙馬都尉裴虛己帶著預言天命的禁書去找岐王。開元九年（七二一年），岐王和薛王在一夜之間全部被趕往封地；皇帝嚴厲地下發禁令，禁止諸王與大臣交遊。與岐王、薛王交好的大臣先後被貶。天寶五載（七四六年），太子與大舅子韋堅密謀要篡位。天寶十五載（七五六年），太子利用席捲整個國家的叛亂，把他從皇帝的位置上「請」了下來。李隆基終其一生最用力想要保留的親情，總是最快離他而去。

至德二載（七五七年）的冬天，玄宗從成都回到長安，避開大明宮裡的新皇帝，住回了興慶宮。他再次登上花萼相輝樓，煙雲滿目，曾經圍繞興慶宮的寧王、薛王宅，草樹空長，人去樓空。

十

西元七六〇年閏四月，肅宗改元「上元」。八十多年前，他的曾祖父唐高宗已經用過這個年號，按道理，不應該重複使用；但肅宗一定要再用一次。在他的改元赦文中，肅宗一再強調「上元」的革故鼎新意味，他要與玄宗的時代徹底劃清界限。

這一年，興慶宮勤政務本樓東的五龍壇在本該享祭的時節格外冷清。肅宗改元上元的同一個月，廢止了玄宗登基後不久創立的「龍池祭」。興慶宮從此被從國家的禮儀地圖裡劃了出去，這座宮殿與他的主人一道，再也不是李唐政權的組成部分。同時，肅宗又把天文機構司天監的地址由祕書省南面搬遷到永寧坊張守珪故宅，司天監建有高七丈、周長八十步的觀天台——靈台。站在高大的靈台上，可以觀雲物星象，更可以清楚地看見地勢低窪的興慶宮內的一舉一動。

玄宗曾經最得意的，是他的聰明與仁慈。他以為自己必定與他的長輩們不同，他以為自己必能夠在權力的屠場裡既保有權力也保存家庭。現在他知道了，這是他對自己也做不到的事情。曾經有最出色的詩人為他寫應制詩，讚美「雲裡帝城雙鳳闕，雨中春樹萬人家」，「雲想衣裳花想容，春風拂檻露華濃」，現在，那些華美熱鬧的歌頌都想不起了，他總不自覺對著他眼前的木偶喃喃自語：刻木牽絲作老翁，雞皮鶴髮與真同。須臾弄罷寂無事，還似人生一夢中。

總還有故人吧？都叫來吃飯。劍南道奏事官上京來進貢，經過長慶樓，對著樓上的皇帝拜舞，玄宗一高興，讓玉真公主代為張羅，做東請客吃飯，羽林軍大將軍郭英乂巡城經過，也叫上來吃飯。

久雨初晴的晌午，玄宗站在樓上透透氣，街上過路的百姓見到了，下拜高呼萬歲，聲動天地。長安城外安史之亂還遠未平息，為了軍資，朝廷只能通過通貨膨脹的方式搜刮民間財富——兩年前，官方開始發行大面值貨幣「乾元重寶」，一文當十文開元通寶。國亂民貧。這一年鹽價每斗一百一十文，開元年間是十文；米價每斗七千文，開元年間，只要數十文。從八品上的左拾遺杜甫喝一頓酒都要先當衣服換錢。物價飛漲，平民大量餓死，百姓們依然在樓下山呼「今日再見我太平天子」。他無言以對，只能讓人在樓下備下酒食，賜給過路人。

結交外官，與禁軍將領私交甚密，施恩百姓……司天監的星官們站在靈台上，仰天看雲霧星象啟示的革舊鼎新，低頭便替新皇帝看見老皇帝對權力流連不去。已經是郕國公的李輔國對肅宗說：「上皇在興慶宮，總是與外人來往。陳玄禮、高力士這些人都在攛掇？上皇謀畫不利於您的事情。現在六軍將士都是從馬嵬驛時跟著您走的，聽說這些十分不安。不如把上皇遷到大明宮來住，大內森嚴，不通外臣，是他老人家居住的好地方。」

肅宗不語。這是他二十多年太子生涯的習慣，極謹慎，不表態，但善於揣測他心意的人知道，不表態也是一種態度。馬嵬驛兵變，眾將去請他領頭，他沉默不語，但他的心意實在很好猜。張良娣、李輔國，因為替他謀畫自立為帝，跟隨他一路吃苦，一個做了皇后，一個短短幾年，從殿中監[7]兼閑廏、五坊使[8]、宮

7 殿中監：殿中省的最高長官，從三品。統領尚食、尚藥、尚衣、尚輦等局，管理皇宮內的衣食住行。（《唐六典》卷十一）

8 五坊使：皇家動物雕、鶻、鷹、鷂、狗各有一使管理，管理這五坊的總使叫五坊使。五坊使和宮苑、閒廏使一般由一人兼任。（《唐會要》卷七八《五坊宮苑使》）

苑、營田、裁接、總監使[9]，又兼隴右群牧[10]，到開府儀同三司[11]，因為親近皇帝，甚至有了宰相都不能妄想的權柄。這兩人都視玄宗為隱患，一拍即合，立刻開始熱情謀畫將玄宗遷進大明宮。

玄宗剛回到長安，肅宗偶爾來興慶宮看望他，現在也不來了。李輔國倒是常來。李輔國年輕的時候，想巴結高力士，好在玄宗身邊謀個差事；但高力士看不起他，李輔國無奈只好轉去伺候那時候很倒楣的太子。現在他發達了：專掌禁軍，百官奏事，三司決獄通通都要李輔國先決定，制敕必經李輔國押署，然後施行。李輔國耀武揚威來到興慶宮，命人把馬廄內三百匹馬全部拉走，只留十匹。

看著空蕩蕩的馬廄，玄宗對高力士說：「我兒子身邊有李輔國這樣的人，不能終孝了。」七月，李輔國又來了：皇帝有命令，請上皇去大明宮內遊玩。不想去，也不能說不。玄宗一行人剛出興慶宮睿武門，至德二載（七五七年）初冬的一幕再次上演：五百名騎兵擋住玄宗車駕，拔刀露刃。李輔國騎在馬上，狐假虎威道：「興慶宮低窪，陛下請上皇您還是住回大明宮吧。」玄宗甚至沒有多餘的力氣來咒罵李輔國，在這場驚變中，他必須用盡全力才能阻止自己從馬上墜下。

高力士大罵：「李輔國何得無禮！下馬來！」又對將士們傳誥：「上皇問你們

好。」玄宗做皇帝五十多年，士兵們多聽過他的故事：開元元年（七一三年），玄宗在驪山閱兵，親自在馬上講武，二十萬士兵山呼萬歲。猶在目前。於是包圍著玄宗的士兵們猶豫著收起刀兵，跪拜，呼萬歲。李輔國氣勢洶洶而來，最後卻被高力士呵斥著與他一起牽著玄宗的馬走進了大明宮。

玄宗遷居大明宮的事情從此成為事實。沒幾天，伺候他的熟人都被趕了出去：陳玄禮被勒令退休，玉真公主搬去了玉真觀，高力士流放巫州。

二十三年前，李瑛廢死，太子未定，玄宗悶悶不樂。他人到中年，正願下一

---

9 總監使：掌管皇家園囿栽接及管理事務。總監使有時也兼掌京城太倉出納。（杜文玉《唐代內諸司使考略》）

10 隴右群牧：唐代管理馬場的官員。唐代以馬匹數量為標準將管理馬場的「牧監」分為上監、中監和下監。牧場由監牧使管理，監牧使又對群牧使負責。隴右最早開始實行群牧制度，也是規模最大的馬場之一。（馬俊民、王世平著《唐代馬政》）

11 開府儀同三司：唐代的職官稱謂中一般包含職事官、散官、勳官和爵號四個部分。職事官是官員具體的職務，代表權力。散官用來確定官員的官階，代表地位。勳是賜給有功之臣的榮譽稱號，一共十二級，稱為「十二轉」。爵號是皇帝對功勳貴戚的封賞頭銜。「開府儀同三司」是唐代文散官的最高等級，從一品。

代成為左膀右臂，卻一下死了三個兒子。李林甫一次又一次勸他定下壽王李瑁做太子，但如此殷勤，李隆基直覺警惕。吃不下，睡不著。久了，高力士問：「陛下不高興，是因為太子未定吧？」玄宗說：「你是我家老奴了，我想什麼你不知道嗎？」高力士於是說：「您不必如此勞心呀，選年長的兒子，這是天經地義，誰還敢說三道四？」李亨於是在高力士的幫助下成為太子。

開元二十六年（七三八年）六月，李亨被正式冊為太子。按制度，太子在冊立典禮上，穿與皇帝一樣的絳紗袍，有與天子相同的禁衛禮儀，稱為「中嚴」「外辦」。但太子認為與皇帝同禮，是不恭敬。從此「外辦」改成「外備」，「絳紗袍」改為「朱明服」。從前，太子乘輅車至宣政殿門，但李亨選擇從自己宮裡步行至宣政殿受冊。那時候玄宗看這個兒子，仁孝恭謹。他對自己選李亨做太子十分滿意。二十二年之後，他這個仁孝恭謹的兒子知道他念舊，愛熱鬧，好玩樂，但依然把他一個人送進大明宮冰冷的甘露殿，舊識皆去。

玄宗從此食睡都越來越少。寶應元年（七六二年）的四月，天氣回暖，雨水增多。柳絮飛落，杜鵑夜啼的春夜，玄宗孤獨地死在長安城一年裡最好的時候。李輔國折騰老皇帝的時候，新皇帝也已經生了重病。重病的肅宗聽到父親去世的消息之後再十三天，病死在大明宮長生殿。

繼位為代宗皇帝的廣平王李俶面對著一地零碎的難題：河南河北節度使擁兵自重，大太監李輔國「理所當然」地把國政從他的面前挪走，對他說：「大家宮中坐，外事老奴處置。」從此，方鎮割據與宦官專權成了唐帝國揮之不去的夢魘。

代宗即位後很快為永王李璘平反。他還要在史官的記錄裡塗塗抹抹，把父親與祖父間的齟齬塗抹到波瀾不驚。作為史料來源的實錄與起居注，在這段歷史的記載中大面積地缺失，語焉不詳。

《二十四史》中《南史》、《北史》、《晉書》、《梁書》、《陳書》、《北齊書》、《周書》、《隋書》都成書於唐代，是後世所謂的「唐八史」。唐人以他們完備嚴肅的修史制度為傲。他們又總喜歡記下史官故事，彰顯編修國史面對政治壓力時的直言不諱。

不幸的是，當時代需要以懷古的方式追尋曾經光明的面孔，它有意繞開的，一定是當下的沉沉黑暗。

十一

後來有一則傳說，收錄於兩百多年後的《太平廣記》。

傳說裡肅宗是一個本不該來到世上的人。肅宗的母親楊妃懷孕的時候，正是中宗李顯的喪期。國喪期間齋戒禁欲。造出個孩子，是李隆基失德破戒。他的姑姑太平公主正權傾朝野：宰相七人，五出其門。廢掉太子李隆基的陰謀層出不窮，甚至曾經與宮人合謀在送給李隆基的赤箭粉中下毒。大大小小的間諜遍布東宮，唯恐抓不住他的把柄。楊妃此時懷孕，被太平公主知道，李隆基的太子一定做不成了。

李隆基的好兄弟太子侍讀張說悄悄替他買來三服打胎藥。李隆基不敢假手他人，親自熬藥。奇怪的是，熬著熬著便睏倦難忍，睡了過去。夢中有仙人，金甲長戈，一把打翻了正熬著的打胎藥。玄宗醒來，藥罐早已翻倒在地。如是者三。玄宗便知道，這孩子是上天命他降生。天意不可違背。

肅宗很願意這個都市傳說盛行於世。古來的皇帝，都要給自己安排一個有神仙與天意參與的出生，這是他們權力的正統性最好的證明。但在他們遭受的禍亂裡，神仙卻又保持了集體的沉默。假如我們把這些只在最無關緊要時出現的天神們剝離出這個故事，可以看見一個簡單到讓人心生懷疑的事實：在宮闈動輒性命相搏的纏鬥中，在血親窺伺的眼光裡，年輕的李隆基想要冒一個險。他想留下這個孩子。

王維

天之驕子的隕落

一

入了秋，靠近皇城的崇仁坊一帶就熱鬧起來，全國各地湧來的年輕人把旅店塞得滿滿的。靠近皇城、東市、崇仁坊與平康坊一帶充斥著高官顯貴，是長安寸土寸金的中心地段。哪怕又貴又擠，這些年輕人依然選擇住在崇仁坊——這是準備冬天的進士科考試最好的地段：崇仁坊離科舉考試和放榜的吏部選院及禮部南院僅僅一街之隔，崇仁坊的南面是達官貴人聚居的平康坊，帶著謄抄好的詩卷不用走幾步就能去高官貴戚家混個臉熟。抬起頭，還能望見穿透官衙、酒家和重重低矮屋簷的大慈恩寺高塔。

在這些擠擠攘攘的舉子中間，也許就有王維。

岐王府邀請他參加宴會的僕從已經輕車熟路，捧著精緻華麗的衣服等待王維。在所有他參與的宴會中，這是最重要的一場：他要去說服玉真公主改變主意，不能失敗。

吏部考進士，卷子不糊名。一個沒有高貴父姓的外地人，在權勢堆疊而成的大城市裡，要想讓主考官認得他的名字，就必須與那些才華橫溢又舉目無親的天才前輩們一樣一家一家投遞自己的詩卷，指望有貴戚欣賞提攜。貴戚中最靠近皇帝的那幾個，是玉真公主，還有岐王、薛王等幾個當朝皇帝的兄弟。

唐明皇李隆基繼位之後，把自己在隆慶坊的舊宅改成了興慶宮，在勝業坊賜寧王、薛王宅邸，申王、岐王住在安興坊，幾個兄弟都環繞興慶宮住著。從岐王家的院子裡，可以看見興慶宮內的花萼相輝樓。取《詩經．常棣》篇的意思：「常棣之華，萼不韡韡。凡今之人，莫如兄弟。」皇帝登樓，聽見從兄弟家裡傳出的音樂，就把他們都叫到樓上來，擠在一張榻上一起聽歌，或者乾脆跑去兄弟家裡，一道唱歌跳舞賦詩。天下人便都知道當今天子兄弟和睦友愛。不僅與太宗、高宗時大不一樣，甚至古往今來也沒有感情這麼好的皇家兄弟。

討好愛好音樂與詩歌的這幾個親王，就是考生們靠近政治中心的捷徑。而王維，他甚至不用排隊去擠，自然有視他如師如友的岐王早早派人來請。岐王愛畫，愛音樂，愛文學。王維因為音樂與詩歌的才能被岐王看重，成為他宴會的常客。很快他也有了名氣。但當他向岐王提出請他保舉的時候，他聽說了不幸的消息——因為有玉真公主的支持，張九皋已經預定了京兆解頭[1]的席位。

岐王於是替王維精心策畫了這一次去玉真公主面前露臉的宴會：找出你從前寫過的詩，風格清越琅琅上口的，挑十篇來，新出的琵琶曲，曲調怨切的，選一首。我們一起去拜見公主。

比起赴宴，他更想要去長安城星羅棋布的寺院裡再看一看那些著名的壁畫。繪畫是存在他記憶裡的本能。他熟知吳道子簡勁飄逸的線條，也模仿李思訓筆筆密描的細膩，這是他從小練習的傳統。但在一間寺院的東西牆壁上同時看見李思訓和吳道子，是一種奢侈。在長安城錯落棋布的佛塔下，一百多間寺院精心粉白的牆壁上，有不重樣的吳道子和李思訓，也有與他差不多年紀的年輕畫家，他甚至可以親眼在奉恩寺看見尉遲乙僧傳說中源出於闐，專注暈染不重線條的凹凸畫法。

李思訓是不愁吃穿的皇親國戚，吳道子是大書法家張旭的弟子，早早就知道自己這一生只愛畫畫。而王維，他還有許多顧慮，專注於畫畫是個太不懂事的奢望。父親在他年幼時便去世了，這個已經不再顯赫甚至有點捉襟見肘的家庭在他身上寄予全部希望。十五歲這年，家裡走了一點兒關係，讓他從老家蒲州（今山西永濟市）直接到長安來參加京兆會試。

科舉分舉試和銓選。吏部考功員外郎負責接收州府或者學館考試勝出的舉子，而後移交給吏部銓選，吏部會再加考兩道判詞，然後接納舉子為「選人」，這就是「關試」。成為選人才能夠參加吏部的冬集銓選，被授官。比起在蒲城接連參加鄉試、府試才能拿到名次，到京城參加吏部關試，在京兆會試取得好成績，是個捷徑——幾乎可以預定吏部關試的席位。作為長子，作為八歲就能寫詩，擅長草隸的神童，王維接受了家庭能提供的所有資源，家族的未來是他必須一併承擔的責任。

1 京兆解頭：參加常科考試（比如進士科、明經科）的考生，有兩種途徑：或者是由國家開辦的學館（如太學、國子監）選送，作為「生徒」，或者是各州縣選送的「鄉貢」。成為鄉貢必須先在戶籍地報名，取得考試資格（所謂「懷牒自陳」），而後在縣、州、府參加層層考試，優勝者由所在州府報送中央，再去尚書省的有關機構（開元前是吏部考功司，開元後是禮部）考試，稱為「省試」。各地府試第一名稱為「解頭」。取得京兆府的第一名在省試中有非常大的通過率。整個唐代只有九個京兆解頭沒有能夠通過省試。因此，「京兆解頭」是一個被考生激烈爭奪的名次。（傅璇琮《唐代科舉與文學》）

旅館在鬧市，慈恩寺大戲場開「俗講」[2]，紛紛喧鬧聲總湧進房間裡。善男信女爭著去聽名僧吟哦經卷裡的佛本生故事，名畫家們同時在寺院牆壁上繪畫菩薩。但王維必須把自己關在房間裡寫作謄抄風格各異的詩篇，在預備獻給貴人的詩卷裡標注寫作每首詩的年齡。他在詩卷裡選擇的詩篇也照顧到了不同的口味。「結髮有奇策，少年成壯士」——他可以慷慨激昂；「不疑靈境難聞見，塵心未盡思鄉縣」——他也可以模仿陶淵明隱逸的趣味；他也寫「良人玉勒乘驄馬，侍女金盤膾鯉魚」——他當然準備好讚美盛世的繁華。他在這些詩篇下驕傲地標注下年齡：十八歲，十九歲。他就可以寫出別人一輩子也寫不出的詩篇。

再有空餘的時間，為了維持二弟王縉和自己在長安的花銷，他還要接一點兒替人寫碑文的私活。重陽節也是這樣過的。長安天氣很好，明豔和暖的秋日高陽透過窗櫺照到他的腳面上，在家鄉的三個弟弟一定應著節俗頭插茱萸登山去了。「獨在異鄉為異客，每逢佳節倍思親。遙知兄弟登高處，遍插茱萸少一人。」

二十歲不到的異鄉人王維不能浪費太多才華記錄自己的孤獨，他必須迅速地收拾心情、面目、裝扮與才情，去打動公主，為自己贏得一張官場的入場券。

二

一班樂工簇擁著盛裝的王維出現在公主面前時，見多了流行的公主也收起了她倦倦無聊的表情：王維本就年輕，又生得白而美，衣文錦繡，站在那裡，挺拔且有風姿，正是公主喜歡的那一類伶人。公主立刻轉頭問岐王：這是誰？岐王說：是知音人。

於是王維坐下，獨奏他準備的新曲，聲調哀切，滿座動容。一曲終了，公主忍不住向他搭話。不僅問了曲子的名字，又問他：你會寫詩嗎？王維按照計畫獻出懷中抄錄好的詩作。公主吃了一驚——正是她平時吟誦的詩篇，便知道，面前

2 俗講：唐代時流行於長安寺院的講經活動，僧尼將佛經義理以當時流行的通俗語言編成故事，甚至譜曲演唱，大的寺院開俗講時非常受歡迎，常被圍得水洩不通。因此，觀俗講如同看戲，長安的戲場大的在慈恩寺，小一點兒的在青龍寺、薦福寺、永壽寺。這些寺院都在長安城東，所謂「左街」。俗講的內容被記錄收集成話本之後就成為所謂「變文」的一種。（向達《唐代俗講考》）《敦煌變文集》中抄錄了許多當時俗講的內容。

通音律的美少年就是詩篇傳遍長安的王維，立刻讓他換下戲服，坐在身邊。

王維知道，這就是他唯一的機會了。他調動所有的口才與幽默，陪著公主貴客閒談。許久之後，公主終於問：為什麼不去考科舉呢？

岐王為王維說，如果不能中解頭，他就不考，公主已經替人保舉的張九皋……公主趕緊轉頭對王維說：那是其他人拜託我的，但如果你考，我一定保舉你呀！

王維扮作伶人獻藝，陪聊天，終於換來登第的機會。

他以才華交換權力的提攜，至於他心裡本是怎麼想的，沒人問，不重要。甚至他自己，也不想知道，只怕比別人慢了一步，就趕不上。

寧王憲喜愛鄰家賣餅郎的妻子，重金買來，寵惜逾等。過了好幾年又在宴會上把賣餅郎叫來，問她：你還想不想他？賣餅郎妻只是看著訥訥的窮前夫，靜默不語，雙淚垂頰。寧王很喜歡這場景的戲劇性，又命滿座文士賦詩。滿座文士都驚異於權力踐踏情感的肆意。物傷其類，悽惶非常。只有王維，搶著第一個，提筆詩成。

進士登第，又通過吏部銓試，便由吏部「注擬」授官——吏部統計好有缺的官位，擬定填補的人選。吏部注擬必須當著選人的面唱名注示，徵求選人的意見。

如果選人不滿意，則在三日內寫出退官報告，三日後，再次參加第二次注擬。這樣的機會有三次，所以又叫「三唱三注」。

輪到王維注擬時，給他的位子是太樂丞，掌管祭祀音樂。這並不是進士出身最理想的官位。人人都想做校書郎、正字，鍛鍊公文，將來提拔，才好離皇帝近些，去做起草文書的翰林。甚至，太樂丞在唐初貞觀之前，都是被讀書人看不起的「濁官」，直到進士王績為了喝到太樂令釀的酒，吏部三次給他安排職位，他都以在吏部選院大喊不去的執拗得到太樂丞的職位。從此，才漸漸有進士做太樂丞。

王維沒有拒絕這不合意的職位。作為家裡的長子，後頭有四個沒有工作的弟弟，還有沒嫁人的妹妹，他得先在長安謀到一個體面的地位，有穩定的收入才能支持家裡。太樂丞從八品下，每年有祿米五十石，在京城周圍有二頃多職田，每月還有包括傭人、車馬等雜費的奉料。官任三到四年，一任過後，還有升遷的機會。他對未來很有信心。有岐王等親王的提攜，他比別的新晉朝官更靠近政治的中心。

開元九年（七二一年），王維做太樂丞的第一年。七月，岐王、薛王倉促間接到皇命離開京城去做華州、同州刺史。唐代險要州郡的刺史向來是親王掛名，但真正赴任的，在玄宗朝卻不多。皇帝下制勒令親王赴任只是風暴眼最周邊的狂風。在風眼之內，是玄宗對於兄弟們覬覦自己權力的震怒：開元八年（七二〇年），愛好算命的駙馬都尉裴虛己帶著預言天命的讖言去找岐王，很快被告發。這一行動的動機被反覆揣摩：皇帝早就把預言天命、有關讖緯[3]的書列為禁書，這個世界上除了他自己，沒有人能夠預言天命，也沒有人能比他更正統地把握權力。駙馬與親王難道圖謀不軌嗎？曾經親自為兄弟煮藥，甚至被火焰燎著鬍鬚也不在意的皇帝嚴厲地下發禁令，禁止諸王與大臣交遊。與岐王、薛王交好的大臣先後被貶。這嚴厲的懲罰波及了與岐王交好的許多大臣。王維為岐王家夜宴寫詩，與岐王一起去楊氏別業寫詩，陪岐王去九成宮避暑也寫了詩，整個長安都知道，王維是岐王的人。

王維被貶濟州司倉參軍，不得停留，立刻動身。

三

按照擁有戶口的數量，唐代把天下各州分為上、中、下州，參軍的品位也隨著州縣的重要性從七品下到從八品下不等。濟州（今山東濟寧附近）偏遠貧窮，人煙稀少，向來是貶官的熱門選擇。

二十出頭的王維，熟悉的是金盤膾鯉魚、螺鈿嵌琵琶、畫閣朱樓燃亮夜的巨燭燈火。現在他面對的是深巷陋室，菜地、藥圃、農書。他的琵琶久懸，畫紙也不展了——沒有知音，還顯得怪神經的。也還寫詩，描述請他吃飯的大爺家裡的日常——「深巷斜暉靜，閒門高柳疏。荷鋤修藥圃，散帙曝農書」——讀者就是這些，不能用典太深。甚至他們能不能領悟他花許多功夫琢磨出來的，五言律詩

3 讖緯：融合了天人感應、陰陽五行等儒家學說的神祕學，包含一些天文、曆法和地理知識，流行於兩漢。「讖」指預言凶吉的隱語，「緯」是通曉儒家學說的方士附會儒家經典的衍生學說。

中間兩聯最自得的對句，也是個問題。

但詩寫得也不多，因有一份不重要，錢很少，卻很繁雜的工作。他做司倉參軍，負責帳本和戶口。管青苗，儲備糧，負責地稅徵收、庖廚、倉庫、田園、市肆。甚至，倉庫裡每天糧食馬料進出，農民借了種子還回來的米是否足額都是他的管轄範圍。

他才二十歲，已經開始想像在濟州終老的慘象。想回到長安，也怕是兩鬢斑白，很久很久的將來。一般的官員一年一考，四考任滿，可以離任等待提拔。但他是貶官，赦免才能離開。但等待一次大赦，也不知道等到哪一年。

但大赦其實來得不晚，開元十三年（七二五年），玄宗東封泰山，兩次大赦天下。王維也得到赦免，回到長安，等待吏部「判補」——吏部冬天銓選，考核他的政績，再次授官。下一年，吏部叫他去河南共城縣附近淇水邊，做一個錢少活重又無足輕重的小官。做了一段時間，百無聊賴的王維棄官而去，隱居在終南山。終南山林壑蔥鬱，是隱居的好地方。同時，終南山的隱士也有關注政治的傳統，朝堂上任何一點兒風吹草動都能夠成為他們飛黃騰達的機遇。岐王失勢了，王維必須找到提攜他的下一任貴人。

王維的運氣並不壞。朝堂上的政治新星是風度、文采俱佳的張九齡。這個留下「海上生明月，天涯共此時」這樣名句子的詩人，因為風雅的氣質，正受到皇帝最熱烈的寵愛。官員上朝需要攜帶笏板[4]，記錄朝見君王時需要上奏的事項，也方便記下皇帝的旨意。別人上朝把笏板往腰帶裡一塞便上馬而去，張九齡卻不。因為體弱有疾，他專有一僕捧著裝有笏板的囊袋跟在馬後，反而從容瀟灑。從此，用笏囊成了風靡長安的時尚，以至於玄宗每次見人之前都要問一句：此人風度比張九齡如何？

王維立刻獻詩張九齡。他知道，與岐王一樣，張九齡定然欣賞他的文學才能。果然，不久之後，他被起用做右拾遺，重新回到了長安。但他這次回來，朝中林立的山頭，對峙的派別，如翻覆的棋局，正瞬息萬變。

4　笏板：官員朝見皇帝時拿在手中的長條形手板，用玉、竹或者象牙製成。用來記錄皇帝的意見和自己要奏報的內容。

四

開元二十一年（七三三年），長安暴雨連天，糧食歉收，物價飛漲。玄宗被迫帶著朝廷去洛陽找飯吃，國子監的學生食堂關閉，長安開太倉米兩百萬石，賑濟四十萬戶——幾乎每一戶長安居民都需要賑濟。基本的產糧區都出現了災荒，國無三年之儲蓄。開源節流，都迫在眉睫。同時，北庭都護[5]謀反，唐與突騎施汗國[6]已經劍拔弩張。在這樣緊急的時候，玄宗起用張九齡與裴耀卿做中書令和中書侍郎，負責戰事與漕運；李林甫做禮部尚書，同中書門下平章事，特別負責整頓賦稅，裁汰官僚機構的冗員。

玄宗時代，宰相並無品秩，甚至不是一個固定職位，五品以上官員，只要參與「平章事」便是做「宰相」。所以，宰相有許多不固定的名稱：「參知政事」，在本官尾碼「同中書門下平章事」、「同中書門下三品」等等。唯有「中書令」算是宰相的正名。李林甫、裴耀卿、張九齡都是宰相，張九齡為尊。

皇帝愛文學。科舉選拔來的都是文學蘊藉的詩人，張九齡的朋友嚴挺之主持科舉，更是把詩人們自然地聚攏在張九齡周圍。相反，李林甫也有一些朋友，只有政治經驗卻沒文化。這些人被圈在詩人們用鄙視的眼光鑄成的鏈條裡，根本沒被詩人們正眼瞧過。嚴挺之曾經與李林甫的朋友戶部侍郎蕭炅一道參加葬禮。蕭炅搖頭晃腦地把《禮記》「蒸嘗伏臘」，讀成「蒸嘗伏『獵』」。嚴挺之心裡發笑，嘴上卻問：「蒸嘗伏什麼？」不覺有錯的蕭炅便又大聲道：「蒸嘗伏獵！」嚴挺之轉頭便把笑話告訴了張九齡，並立刻奏上要把他調出去做岐州刺史。尚書省裡哪能留這樣的文盲！

---

5 北庭都護：武則天時期設置的軍政機構，管理西域。與安西都護府以天山為界，山北為北庭都護府範圍。治所在庭州。轄區內的遊牧民族主要有突騎施等。

6 突騎施汗國：西元八世紀中，阿史那突厥衰微後的異姓突厥汗國，活動地點在原來的唐朝蒙池都護府領域。突騎施汗國得到唐朝中央政府的承認，歷代可汗受冊封，是唐中央政權下的邊疆民族自治政權。開元二十一年到二十四年前後，突騎施與唐軍有一系列比較激烈的軍事衝突，張九齡曾經作為宰相起草過一批關於這次衝突的文書。唐朝聯合崛起中的阿拉伯帝國對突騎施東西夾擊，突騎施汗國在這場戰爭失敗後不久滅亡。（薛宗正《突騎施汗國的興亡》）

李林甫不與他們爭口舌之快。玩起政治經驗和手段，張九齡這派的文化人根本沒有還手之力。開元二十四年（七三六年），蔚州刺史王元琰貪汙，嚴挺之想救他，李林甫立刻上奏嚴挺之與張九齡的交情，這一件貪汙案從此成為張九齡結黨的證據。皇帝立刻罷相張九齡，以李林甫代替。朝堂上風向一變，原先風頭正勁的詩人官員們立刻感受到官位的岌岌可危。

右拾遺王維未必認為自己是張九齡一黨，他也不是沒有努力向李林甫示好。他們一同扈從玄宗去華清宮泡溫泉，李林甫寫了一首詩，也抄了一份給王維。王維立刻回了一首，極盡阿諛奉承：丞相您無為而治，創造了現在這樣的好時代；您不僅有謀略，還有文采。在您的智慧領導之下，我們總是打勝仗，真是讓人如沐春風。他們還有另一項共同語言：李林甫擅長丹青繪畫，王維便在嘉猷觀李林甫家的牆壁上留過壁畫。

但李林甫並沒有向王維表示出任何的親厚。像他這樣陷在政爭中的官員，如同在素色絲帛上的圖畫，每一筆都是旁人決定親疏的證據。而王維，他這張帛畫上早有太多讓李林甫不喜歡的圖案。王維回到長安，剛做右拾遺沒多久，又為張九齡寫過一首肉麻的詩，先說自己「寧棲野樹林，寧飲澗水流。不用坐粱肉，崎嶇見王侯」——是隱者不求聞達只求舒心的風度。但很快一轉，吹捧張九齡是「側聞大君子，安問黨與讎。所不賣公器，動為蒼生謀。賤子跪自陳，可為帳下不」——張九齡是為蒼生謀畫的大君子，他王維跪在張九齡面前自陳，求他收留自己在帳下為他出謀畫策。他又發揮文筆，為張九齡撰寫了〈京兆尹張公德政碑〉，煌煌立在通衢大道[7]邊，每有過客都能一睹一代文豪王維酣暢淋漓的文采。

「德政碑」是當時的流行，百姓以此拍馬屁，官員以此為政績，好看不庸俗，堪稱給官員的送禮良選。但是，李林甫最恨這樣風雅的吹捧。曾經，國子監的學生也為李林甫立過一塊碑：開元十四年（七二六年），李林甫做國子監司業，查老師教學品質，罰學生酗酒鬧事，考試不及格的開除，學風大振。學生們悄悄在國學都堂前替他立了一塊碑。釋奠日大典禮，所有人到齊，學生隆重揭幕。李林甫看了，神色一厲，質問祭酒：「我有什麼功德？誰教你們立碑的？」學生們嚇得連夜琢滅碑文。

7 通衢大道：通往四面八方的大路。

對於對他沒用的人，李林甫根本沒興趣搭理。現在，他是中書令了，裁汰冗員，改革官員薪金制度首先就要找只會寫詩發議論卻不做實事的文化人開刀。

在他主持編寫的《唐六典》裡，李林甫詳細記載了這次改革的成果：裁減門下省、殿中省、太常寺、光祿寺等部門一百多名官員。在外官當中，實行「年資考」。開元以來，年年開科取士，選拔出來的候補官員遠遠多於官職的崗位需要。進士們自恃才高，甚至曾經圍堵考功員外郎，聚眾鬧事。為了解決冗員，李林甫推行年資，嚴格按照資歷授官，有官職空缺，先論資排輩，從最老資格的官員開始遞補，官職少而候補官員多的時候，資歷淺的便只有等。

按照慣例，六品以下官一年一考，四考任滿，有新的位置空出來則轉遷；沒有，則五考任滿。王維便屢屢陷入在這樣無休止的等待裡，又不能棄官而去。十多年前，王維從長安去淇上赴任時經過蘇門山，是西晉阮籍曾經拜訪隱士孫登的名山。山高巍峨，林木蔥鬱，千年不變。竹林間，隱士當年與阮籍長嘯歌詠的石台已經被當地人口耳相傳成了名勝。阮籍的〈詠懷詩〉王維年輕時也讀過，是技巧，是典範。但這樣一個黃昏，站在古代詩人曾經登臨的山頂，他切切感到阮籍和他同時代的人被緊緊困在裡面的日常，那張翻覆無常的「世網」。作為王家的長子，他有不能逃開的理由：「小妹日成長，兄弟未有娶。家貧祿既薄，儲蓄非有素。」

官做得無聊透頂，卻依然要假笑著奉制為宮裡畫畫，還要寫詩祝賀修道教走火入魔的玄宗皇帝見到了老子真容，並與僚友互相吹捧。天寶四載（七四五年），王維做侍御史的第四年，他寫詩給朝中新貴苑咸，讚揚他通梵語，有才華。苑咸回詩給王維說：您是當代詩匠，又精禪理，您對我是謬讚。只是您很久都沒有升遷了，真是馮唐易老，李廣難封，時運不好。苑咸是開元末制科出身，因為張九齡舉薦才做了一個司經校書，論年資出身都是王維的晚輩。只是此時苑咸做中書舍人知制誥，與李林甫的私交很好，玄宗皇帝賜給李林甫的藥、螃蟹、車螯、蛤蜊、甘露羹都由苑咸代李林甫起草答謝，很是得意。得意了，便可以毫無顧忌地寫詩嘲笑王維「久不遷」。而王維，為了維持詩人的驕傲與朝官的體面，面對這樣露骨的嘲諷，甚至不能露出一點兒不高興。王維很快回了詩，「仙郎有意憐同舍，丞相無私斷掃門」——謝謝你替我可惜，可惜丞相他不歡迎我。

五

現在，王維總結自己的人生：「少年識事淺，強學干名利。徒聞躍馬年，苦無出人智。」——少年時有點兒蠢，別人做什麼他也要做，並且一定要出人頭地做到最好，但其實，在所有被稱頌的才華裡，他並沒有鑽營往上爬的聰明勁兒。活到一把年紀，不上不下的正卡在其中。別的官員每五日一朝，他卻是常參官——文官五品以上，以及禦史、拾遺等對皇帝直接負責的官員，每日都要進宮去上班。王維每天半夜起床，無論風雨趕在日出前到達皇城門口，出示標明身分的魚符與內廷留底相互驗證，然後等待開門上班。到了中午，在食堂吃過午飯就下班回家。看著風光，不過是龐大官僚系統裡一顆沒找對地方的螺絲釘。

二十歲中進士時一騎當先的風光，終於從優越感轉為一種負累。不能在做官的道路上一騎絕塵，就是一種丟人。辜負自己，辜負對他有所請託的親故。無聊、尷尬，臉上卻不能表現出一點兒不悅。

他曾經得到岐王引為師友的情誼，張九齡惺惺相惜的提攜，但他因為與他們走得近而遭到的厄運並不比他得到的便利少。這真是佛家說的「諸行無常」。在這個巨大的機器裡，他只能任憑日復一日的枯燥工作壓榨他的天才、他的驕傲，他一天一天，可以用來成就詩歌、繪畫，卻終於浪費在案牘間的時間。他曾經對未來無限精彩的嚮往已經與過去的時間一同流逝。現在，他清晰預見自己的人生接下來的走向與結局，並冷漠地望著它以每日一步的距離不緊不慢地靠近。

開元、天寶年間，因為玄宗皇帝雅好文藝，在長安坊巷間漫遊總能聽見後世如雷貫耳的名字。但他們大多數也不能過理想中滿意的生活，很辛苦。有人辛苦就抱怨，抱著酒罈子敲著碗高唱「但覺高歌有鬼神，焉知餓死填溝壑」，轉頭就又向當朝宰相獻詩去了；也有人辛苦就跑了，瀟瀟灑灑唱著「安能摧眉折腰事權貴，使我不得開心顏」到齊魯、吳越旅遊，到廬山隱居去。更多的人，熬著年資當了官，甚至高官，但更不開心。甚至那個從來高傲，寫「草木有本心，何求美人折」的張九齡，也要在李林甫咄咄逼人的時候寫詩求饒，說自己是一隻承春暫來的小燕子，沒想跟誰爭，也求鷹隼莫相猜。

但是王維，他感到辛苦漫長難熬永無止境的時候，不吵不鬧，默默背過身去，把人生所要遭遇的痛厄，作為一種必要的忍受。

他最年輕得意的時候，長安有佛寺一百多所，佛塔林立，是城市裡顯目的地標。他在長安城裡漫遊，也常常與大德高僧閒談，他為大薦福寺畫壁，也開始向專研「頓悟成佛」的南宗頓門的道光禪師學習頓教。他年幼時父親就去世了，母親幾十年如一日地吃齋茹素，虔誠禮佛。這是母親選擇面對困厄的方式。他名維，字摩詰，最直白地尊奉佛教裡最有智慧的居士維摩詰，冥冥中隱約指點著他走到無路可走時的人生方向。

但王維與佛教的距離也到此為止，他不能更進一步捨身為僧。那又是另一個論資排輩的勢利場。〈大唐大安國寺故大德淨覺禪師碑銘〉是王維受託寫的，他沒有拒絕的權利。淨覺禪師，不只是高僧大德，更是唐中宗韋皇后的弟弟。他在大安國寺，外家公主，長跪獻衣，高官貴人為他灑掃出行的路途。王維交往的僧人，大多與皇室牽絆不清，保持著各取所需的距離。求佛道，入山林，割肉施鳥獸，煉指燒臂，只屬於選擇披荊斬棘的少數人。哪怕是在去往彼岸淨土的這條船上，也塞滿人間勢與利的雜心。

僧與俗，他都沒有什麼真正的同路人。在這樣沒有出路的夾縫裡，只好把注意力加倍集中在日常生活裡最微小的花開花落。

從京城往襄陽，驛道往東南馳行七十多里即是藍田。秦嶺在藍田被劈開一道二十多里長的峽谷叫輞谷。輞谷北邊狹長，向南行五六里後豁然開朗，由輞水沖刷出一塊平原，莊園農舍散落其間，是輞川。雞鳴狗吠，已經是與大都市完全不同的風景。高宗時代的名詩人宋之問曾經在此置辦過一個小莊園。宋之問死後無人打理，在田野和村落間荒蕪下去。王維很喜歡，買下這間別業。現在，他可以在十日一休的旬假與年節假期逃開長安那份枯燥乏味的工作，躲在輞川別業，「萬事不關心」。在這些斷斷續續的假期裡，他寫下寓目遊心的山水田園：

木末芙蓉花，山中發紅萼。
澗戶寂無人，紛紛開且落。

——〈辛夷塢〉

結實紅且綠，復如花更開。
山中儻留客，置此芙蓉杯。

——〈茱萸沜〉

……

他愛那座山裡一輪圓月可以驚起山鳥的靜謐。在秋夜裡行走在山道上，任晚風吹開他的衣帶，送來淡淡桂花的香氣。他記得那座山裡漁船蕩開荷花的漣漪，村莊裡升起的炊煙。他對五言絕句的精研在山水的包裹裡記錄下天地的不朽。當他記錄它們時，他忘記自己，也忘記了半生榮辱得失。

從此這個隱藏在山谷田莊間的小莊園，與它毗鄰的鹿柴、華子岡、文杏館，在之後一千年的時間裡以最悠遠的樣貌留在王維的詩裡，停止了風化，再也沒有衰敗。

他在輞川居住時，有欣賞的晚輩裴迪，與他一道詩歌唱和漫遊。他把裴迪視為朋友與後輩，總忍不住要把二十年官場沉浮講給他。但裴迪還有要緊的事情做：考進士。有些傍晚，王維想邀請他一道去散步，裴迪正在溫書。王維踟躕一下，終於還是一個人走了——他是朝廷高官，他在輞川買了大莊園，一切都因他是少年進士，二十歲就開始做官。他苦口婆心勸別人「醉歌田舍酒，笑讀古人書」，不要再往官場去鑽，又能有多少說服力？回來之後，想了想，也還是要把這一路上的美景告訴他，便寫了一封信請馱黃柏下山的採藥人帶去：

近臘月下，景氣和暢，故山殊可過。足下方溫經，猥不敢相煩，輒便獨往山中，憩感配寺，與山僧飯訖而去。北（一作比）涉玄灞，清月映郭。夜登華子岡，輞水淪漣，與月上下。寒山遠火，明滅林外。深巷寒犬，吠聲如豹。村墟夜舂，復與疏鐘相間。此時獨坐，僮僕靜默，多思曩昔，攜手賦詩，步仄徑，臨清流也。當待春中，草木蔓發，春山可望，輕鯈出水，白鷗矯翼，露濕青皋，麥隴朝雊，斯之不遠，倘能從我遊乎？非子天機清妙者，豈能以此不急之務相邀？然是中有深趣矣，無忽。因馱黃蘗人往，不一。山中人王維白。

——〈山中與裴秀才迪書〉

等春天到來，與我一起看草木蔓發，輕鯈出水，看溪流邊青草被晨露打濕，聽田地裡分開麥浪的雞鳴狗吠……這都不是什麼要緊的事情。但依然想叫你知道其中深趣。甚至比你一心想要得到的那些更能帶來寧靜快樂。你這樣天機清妙，一定能懂得吧？

除了這座莊園，王維家無餘財，房間只有茶鐺、藥臼、經案、繩床而已，多餘的錢全被他用來施捨遊方化緣的僧人。妻子去世後，他拒絕再娶，一點點斷絕與俗世的聯繫，降低對外界的欲望。他以為終於找到與多變的世道相處的辦法，可以這樣過一生。但他對命運的無常實在缺乏基本的想像力。

六

天寶十一載（七五二年），楊國忠接過李林甫的相位，從此宰相與邊將的關係日漸惡化。天寶十四載（七五五年）的秋天，一則謠言傳到長安：在楊國忠與安祿山無休止的爭鬥中，范陽守軍忽然過上了每頓吃肉的好日子。謠言傳來，並沒有引起太多的重視。

邊境有戰，是天寶年間的常事。玄宗皇帝在邊境設立了十大節度使，防衛奚、契丹、吐蕃、突厥、南詔，還有阿拉伯國家的入侵，拱衛中原，應付戰爭。久在長安居，戰爭變成一樁只通過詩歌想像的壯麗事件。輸與贏，是領兵將軍的榮辱。對於京城的朝官，邊將與戰爭，更多的只是政治勢力與利益的連接。

沒多久，更令人不安的流言傳來：范陽、平盧、河東三鎮節度使安祿山率領十五萬將士與奚、契丹等少數民族號稱二十萬眾，打著討伐楊國忠清君側的旗號，反了。

城裡的一點兒風吹草動都能成為流言的驗證：十一月，剛剛入朝的安西節度使封常清去華清宮見了玄宗。皇帝問他討伐安祿山的對策。封常清對皇帝打下包票，說自己幾天內就能取來安祿山的腦袋。他立刻被封為新的范陽、平盧節度使，第二天就離開，去了洛陽，招兵買馬。沒幾天，在華清宮住了大半年的玄宗也回到了長安，立刻處死了安祿山的兒子安慶宗及其妻子榮義郡主。再然後，皇帝在勤政樓擺宴，拜榮王李琬為元帥，右金吾大將軍高仙芝為副，拿出了自己的私房錢徵兵，加上剛從各個藩鎮前來的軍隊，一氣全給了高仙芝。十二月，玄宗率領百官在望春亭勞軍，京師附近的五萬軍士扛著一面接一面的旌旗，迤邐出城。

這場戰爭正式出現在王維的面前。

為了防止邊將擁兵自重，唐代一直秉持邊帥「不久任、不兼統、不遙領」的政策，立了大功就召回朝廷做宰相。但這條祖訓在安祿山這裡被破壞殆盡。天寶元年（七四二年）安祿山就任平盧節度使，天寶三載（七四四年）兼任范陽節度使，天寶十載（七五一年）又兼任河東節度使，從此在平盧、范陽一帶經營了十多年，為所欲為。

北方冬季冰凍的河流與早已做足的準備讓天時地利人和全部偏向於安祿山。他的軍隊從范陽往南，所過州縣，望風瓦解，守令有的棄城出逃，有的直接開門出迎。除去在河北遇到顏真卿、顏杲卿兄弟組織的抵抗，沒有受到任何像樣的阻擊。不到一個月，便打到洛陽城下。封常清在洛陽招募到的都是鬥雞走狗之徒，不到一個月的時間，不及訓練，一戰而敗。安祿山在洛陽宣布登基為「大燕」皇帝。

封常清帶著殘餘部隊，退往陝郡，與老上司高仙芝會合，一同退守潼關。朝堂之上震怒的玄宗聽說封常清戰敗，削去他所有官爵，讓他在高仙芝軍隊裡做個普通士兵。玄宗向潼關派遣的監軍宦官邊令誠一次次添油加醋回報：封常清、高仙芝怠惰軍務，貪汙軍餉。

七十歲老皇帝向來沉著的面孔裂開恐懼的縫隙。老皇帝給了安祿山所有的寵信，給他在親仁坊蓋房子，專門強調要「但窮壯麗，不限財力」，甚至給他五百多將軍、兩千多中郎將的空白委任狀，讓他自主任命軍中人事。哪怕這一年的三月，左右都提醒他安祿山意欲反叛，安祿山從長安返回范陽，臨別，玄宗依然解下自己的衣袍給他披上。但安祿山還是反了，玄宗對於自己識人的信心，對於武將的信任都消耗殆盡。邊令誠很快得到了處置決定：就地斬殺高仙芝、封常清。

很快，邊令誠帶回封常清、高仙芝伏法的資訊，王維與朝中大臣一道聽到了封常清最後一篇不到五百字的〈封常清謝死表〉：

當我兵敗時，您的使者帶來口諭，恕我萬死之罪，讓我在高仙芝營中效命。我是負斧縲囚，敗軍之將，您卻給了我這樣的機會，真讓我誠歡誠喜。自從城陷，我三次派使者奉上奏表，想要詳細表白我的心意，但卻沒能得到召見。我寫下這張奏表並非想要苟活，實在是欲陳社稷之計，破虎狼之謀，為您籌畫討伐安祿山的計謀，報答一生之寵。但長安日遠，謁見無由，函谷關遙，陳情不暇。

我從七日與安祿山接戰，直到十三日不止。我帶的兵全是烏合之眾，未有訓習，以他們來抵擋安祿山的漁陽精兵，雖然血流滿野，但也殺敵滿路。我想要死節軍前，卻也怕長了安祿山的志氣，滅了陛下王師威風。所以我才苟活至今。

我只有三個願望：一期陛下斬臣于都市之下，以誡諸將；二期陛下問臣以逆賊之勢，將誡諸軍；三期陛下知臣非惜死之徒，許臣揭露。今天我以此表上奏，您或以為我快死了，便出言狂妄，或以為我是為盡忠。但我死之後，望陛下不輕此賊，無忘臣言。我只望江山社稷轉危為安，安祿山覆滅，這就是我所有的願望了。我死之後，必定結草軍前，迴風陣上，再報答您的恩情。

城裡一切照舊。玄宗皇帝再一次在勤政樓擺下筵席的時候，宴請的是大病初愈的老將，從來跟安祿山不對付的哥舒翰。沒有了封常清、高仙芝，這就是玄宗皇帝的最後一張牌。哥舒翰出城那天，王維站在朝官隊伍裡，望著牽繫他命運的白髮蒼蒼的老將軍又騎上他那匹毛色鮮亮的白駱駝，引著從河西、隴右、朔方召集來的二十萬大軍緩緩行出長安城，前路不明。

王維依然每日進宮去辦公。人心惶惶，比起政務，所有人都更關心每天日暮從潼關方向烽火台上一路燃至長安的平安火——平安火燃起來，就代表哥舒翰安守潼關，長安依然太平。天寶十五載（七五六年）六月九日，直到最後一絲日光消失在沉沉黑夜，長安東北方向高山上每隔十里一座的烽火台上，卻沒有看見任何火光。

這天，哥舒翰被朝廷逼迫，大哭著領兵出潼關，主動找安祿山決戰。大敗。出關二十萬軍，最後逃回來的只有八千。潼關失守，哥舒翰被部下送給了安祿山。由潼關通往長安的河東、華陰、馮翊、上洛防禦使全部棄郡逃跑，守兵皆散。

離哥舒翰在百官注目下帶兵出長安，才過去半年。

皇帝再一次在朝會上向在京官員問詢，該怎麼辦。宰相楊國忠惶恐流涕，百官諾諾。安祿山打進長安只是時間問題，人人曉得要跑，士民驚擾奔走，市裡蕭條。但要跑，也要知道目的地。房子、財產、家人都得安排妥當，不是一天兩天的事情。人人都盼望著昔年英明的皇帝能夠再出奇策，救他們不用去國離家。

沒幾天，玄宗親自登上勤政樓，下制，準備親征。一面又祕密讓劍南節度使留後[8]崔圓去往蜀地，做逃跑的準備。朝官嗅到了老皇帝鎮定之下的慌亂，進宮朝見的，已經十不足一二。但不知出於怎樣的考慮，王維還留在城裡。

六月十三日那天，王維像往常一樣進宮早朝。記錄時間的水滴依然不緊不慢

8　留後：節度使不在治所時，代理節度使行使權力的職位。

地從漏壺側面滴下，漏箭如從前千百次一樣，一格一格地隨漏壺中的水面沉下。宮前的侍衛面無表情，立仗儼然。但宮門緩緩打開時，如同腐爛的屍體終於掩不住破體而出的蛆蟲——宮人慌亂地湧出，皇帝和他的親信們已經不知所蹤。

安祿山得到了一座沒有防禦卻有大量未及逃離的大臣與珍寶的長安。一進城，立刻搜捕百官、宦者、宮女。百人一批，全部拉去他的「首都」洛陽，充實他的「宮廷」。

王維也在隊中，被綁著雙手，脖子上套著枷鎖，稍有微詞，就被押送的士兵用刀鞘搗嘴，血流滿面。被押送到洛陽的官員全部都有了「大燕」皇朝的新官位——安祿山不能只做光桿皇帝。對於不接受他的「封賞」的官員，立刻以殘酷的刑罰處死。甚至，當從前為玄宗跳舞的大象沒能在他的宴會上跟著音樂起舞時，安祿山立刻下令挖一個大坑，把大象扔進去，一把火燒死。

王維被拘禁在離洛陽禁苑不遠的菩提寺中。為了不做安祿山的官，服毒藥啞了自己的嗓子，藥飲不進。又服瀉藥，自求痢疾，身處穢溺十來個月。安祿山常在凝碧池上開宴會，觥籌交錯，絲竹管弦一聲聲清晰地從水面上傳進王維耳朵裡。在一片音樂聲中，常常有梨園樂工的哭聲。

裴迪也在洛陽城裡，他有時去看王維，講起凝碧池上的宴會，說起樂工雷海清不勝悲憤，擲樂器在地，西向痛哭，立刻被綁到試馬殿前一刀一刀肢解而死。王維哭著寫下一首〈凝碧池〉：「萬戶傷心生野煙，百官何日更朝天。秋槐葉落空宮裡，凝碧池頭奏管弦。」

他讓裴迪把這首詩帶了出去。如果有一天唐王朝擊敗安祿山光復長安洛陽，他這個沒有能夠為唐王朝而死的高官一定會接受道義與律法的審判，到那時，這首詩會成為他身不由己的證明。

七

至德二載（七五七年）十一月，繼任為帝的肅宗皇帝李亨在回紇騎兵的幫助下回到了長安。他首先要做的，是處置陷敵的官員。

一個月前，官軍收復洛陽。策馬進城時，三百多個被安祿山從長安抓進洛陽的朝廷命官跪在馬前，人人素服悲戚。朝廷逃離長安時，只有皇帝、太子和宮中極少數的皇親貴戚。住在宮外的朝臣沒有任何人得到通知，他們在被拋棄的震驚惶恐中全部成為安祿山的俘虜，全數被押解去了洛陽。現在，肅宗與他的臣屬經過仔細考慮，不能原諒這些被俘朝官陷敵卻不自殺的行為，決定以「六等罪」懲罰這些人。重則刑於市，輕的賜自盡，再不然，是杖責一百或者流放貶官。在被處刑之前，他們先被拉上宮殿前的廣場，在全副武裝的士兵們的包圍下，赤著腳，披散著頭髮，向皇帝謝罪，再一次成為俘虜。

嚴酷的處決每天傳來，臘月二十九日，十八名被俘朝官被處死在城西南獨柳樹下，七人被賜自盡於大理寺。

王維從洛陽被押送回長安，關在宣陽里楊國忠舊宅。他在這個臘月將盡時等待著他命運的終章。不想，卻等來了崔圓。因為安排玄宗逃跑蜀地有功，回到長安的崔圓已經被提拔成中書令。百廢待興，新宰相崔圓想要在家裡畫一面新的壁畫，立刻便想到了王維。長安城還太平時，畫不畫，要問王維樂不樂意。現在，他是階下之囚，曾經主宰他意願的好惡、品味，立刻無足輕重。崔圓趁機許願：畫得好便免死，由不得他不同意。

王維並不常替人畫壁畫，但他繪畫的才能早被傳說如神。《圖畫見聞志》裡講，王維去庾敬休家，看見屋壁上有畫《按樂圖》，看了一會兒，笑了起來。人問他為什麼笑。他回答，這圖裡正演奏《霓裳羽衣曲》第三疊第一拍呢。別人不信，專門召集樂工依樣奏樂，果然不差。後來，他為庾敬休家裡牆上畫過一壁山水，寫過一段題記，在千福寺西塔院牆上畫過一樹青楓，都與他這個人一般，成了長安城裡的傳說。王維曾經在慈恩寺東院畫壁，一同的還有吳道子。那天的慈恩寺擠擠攘攘如同過節，哪怕並非善男信女，市民也爭著湧進慈恩寺看一看傳說中「如秋水芙蕖，倚風自笑」的王維。

人生有涯，他曾經可以輕易在音樂、繪畫或者詩歌上贏得聲譽，隨便選一條路都可以望見成為宗師。有太多天賦也是一種煩惱，選擇一條路，就要放棄其他道路通往的方向。或者，他也可以不放棄，但每一種就都沒法做到最好。況且，在音樂、繪畫與文學之上，他必須選擇最沒天賦的那一項——做官。

晚他不久的畫論作家張彥遠在《歷代名畫記》裡評論盛唐時期最出色的畫家，講「山水之變，始於吳道子，成於李思訓、李召道」，但不是他。而後，張彥遠又提到一些畫家，有一技之長，得到一時的盛名：比如王宰的巧密，朱審的濃秀，還有王維的重深。他足夠有名了，但還不能夠成為宗師。這條路的盡頭耀眼奪目，但不是他的。人都要為自己的選擇付出代價。江山代有才人出。在他困在濟州糧倉的帳本裡、吏部無休止的公文中時，長安的「紅人」已經換了一茬又一茬，別人對技藝的鑽研不會等他。

許多人他已經不認識了，但畫壇的新寵，曹霸的徒弟韓幹，他卻是認識的。後來長安城裡流傳著這樣的傳說：王維十九歲在長安，每天頻繁出入岐王宴會，巴結皇親國戚時曾經有一個酒家少年常來送酒結帳。王維每回見他，他都蹲在院子裡，用樹枝、木棍專心在沙地上畫畫。

他問韓幹「你喜歡畫畫嗎？」「喜歡，但沒有錢學習。」

王維對他說：「你去找曹霸學畫，十年為期，我資助你每年十萬錢。」

後來韓幹果然專心於畫畫，成了畫馬的高手。他為玄宗畫他的坐騎《照夜白》，膘肥體健，奮蹄欲奔，一根瘦窄的拴馬柱根本攔不住它踴躍的生命力。

現在，別人憑藉繪畫成為後世師表的時候，他要在崔圓家的牆壁上完成一幅畫，或者能保命，或者，就是遺作了。

八

王維的懲罰不是六等罪中的任何一等。他被貶官成太子中允。朝野譁然。

他原先是給事中，現在是太子中允，同樣是五品上。五品官穿緋袍，銀魚袋，官階已至皇帝身邊的「侍臣」。

與他一道陷敵的官員們並沒有他這樣的「好運氣」：儲光羲以監察御史受偽官，被貶死嶺南；韋斌以臨汝太守做了安祿山的黃門侍郎，賜自裁。水部員外鄭虔，只不過是尚書六部排位最低的工部下屬水部司裡主管水利政策的官員，以七十多歲高齡遠貶台州。但與他們官位相當，甚至更高的王維，卻只是象徵性地貶成了太子中允。

倖存的朝官多少都有被六等罪懲罰的朋友，看見一個幾乎全身而退的王維，少不了憤憤不平的議論譏諷：他有一個當紅的弟弟王縉，在皇帝面前涕淚橫流地救哥哥，連就快到手的同中書門下平章事也不要了。王縉本官太原少尹，這年春天剛與李光弼一道在太原抗擊史思明，打了勝仗，而後一路升遷，從兵部侍郎到宣慰河北使，都是安史之亂裡的關鍵地方。肅宗曉得，收復失地還要靠王縉，不能得罪。中書令崔圓自然也出了力氣。更冠冕堂皇的說法是，肅宗在戰爭中聽到過王維那首哭著寫下的〈凝碧池〉詩，深受感動。

《新唐書》的主編宋祁、歐陽修幾百年後也憤憤不平，用四個字點出這過於露骨的勢利——「維止下遷」。他們特別把對王維輕飄飄的懲罰接在老畫師鄭虔的遭遇之後：水部郎中鄭虔，在安祿山占領長安時，偽裝生病，還向遠在靈武的肅宗祕密送了表白自己的密信，依然被遠貶台州，王維的懲罰，只到太子中允。

王維從不為自己辯解。他甚至沒有過多重複囚禁洛陽時的點滴。他沒有能夠去死，就是一種罪。作為贖罪，他甚至以沉默默許別人對他「失節」的指責。他向皇帝上表說：「我聽說，食君之祿，死君之難。當年，我進不得從行，退不能自殺，情雖可查，罪不容誅。」

沒有人對他表示同情。他逃離這場處罰的能耐已經把自己歸進了「特權」。長安城破時被俘虜而沒有死從此成了他最大的污點。他一遍遍向皇帝表白自己的悔恨，也希望皇帝能夠善待他的弟弟王縉。

除此之外，他必須打點精神，以更熱情的假笑讚美中興盛景。

他依然按照天寶年間的樣子早朝、值守、寫詩唱和，彷彿如此就可以抹掉過去兩年的動亂。只是，比起天寶年間的鬱鬱不得志，王維甚至無法再維持他與官場禮貌的距離，他必須讓出一部分預留給輞川田園的熱情，積極地在朝廷自我表白，洗脫陷敵而不能死節的恥辱。他與同僚們一道寫詩，硬著頭皮誇張地吹捧朝廷還都：「日比皇明猶自暗，天齊聖壽未云多。花迎喜氣皆知笑，鳥識歡心亦解歌。」乾元元年，經歷安史之亂的大詩人們泰半在長安。杜甫、王維、岑參在中書舍人賈至的帶領下都寫了詩，連袂讚美早朝時大明宮的宏偉壯麗。王維寫道：「絳幘雞人送曉籌，尚衣方進翠雲裘。九天閶闔開宮殿，萬國衣冠拜冕旒。日色才臨仙掌動，香煙欲傍袞龍浮。朝罷須裁五色詔，佩聲歸向鳳池頭。」他寫宮殿的華麗，寫周邊國家的使臣盛裝朝拜，寫朝臣下朝去辦公一路上留下環佩叮咚。

但心照不宣的大國尊嚴只能維持在長安城內。城外，安史之亂還遠遠沒有平息。朝廷兵力不夠，便乞求回紇出兵，肅宗曾經許諾：收復長安之時，除去土地與士族歸唐，金帛、婦女任憑回紇軍隊搶奪。哪怕廣平王李俶（後來的唐代宗）跪在回紇將軍葉護馬前，劫掠也僅僅被延緩至收復洛陽之時。

九

城市裡的一切都變得快。曲江邊連綿的宮殿樓台都已破敗，親故離散，只有城裡佛寺牆上的壁畫還一如往昔栩栩如生。薦福寺有一壁吳道子的《維摩詰本行變》。那是一個人人皆知的典故：維摩詰有疾，佛陀在座下眾菩薩中挑選前去探望的人選，卻沒有菩薩應聲——維摩詰才高，有口才，也有智慧，一旦辯論起來，他們心虛不是他的對手。只有文殊菩薩最後說：那麼我去吧。果真，維摩詰滔滔不絕反覆辯難，談病，談病之起源，更辯難心性與佛性。哪怕在病中，也讓人不敢小覷。所有的畫家描繪這個故事，他們筆下的維摩詰都是「凝神聚眉，傾身思慮」，是才智出眾者如猛獅狩獵一般自信地蓄勢待發。但王維曾在江寧瓦官寺的牆壁上見過另一個樣貌的維摩詰。畫面上的維摩詰清癯羸弱，憑几忘言。是他正在承擔的，被智慧、辯才、深思的光芒掩蓋的另一面：疾苦。那是東晉名畫家顧愷之心裡與旁人不一樣的維摩詰。

很少有人能從這個故事裡看到這樣一個不夠符合期待又另有苦衷的維摩詰。

也並不是沒有。王維從洛陽回到長安，因為逃脫六等罪懲罰被朝野議論紛紛時，同朝的左拾遺杜甫為他寫過一首詩，其中說：「共傳收庾信，不比得陳琳。一病緣明主，三年獨此心。」杜甫認為，王維是如同庾信一樣身不由己，不是像陳琳一樣主動投降的人，他在洛陽裝病，苦苦等待朝廷的解救是一種苦心。杜甫沒告訴王維，他年輕時也曾經在瓦官寺見過那個「清臒羸弱，憑幾忘言」的維摩詰。王維更不知道，下一年重陽節，高秋爽氣，山間草堂靜謐，杜甫又去藍田輞川尋找王維。王維不在家，柴門空鎖，只有院牆裡一棵不甘心被鎖住的松筠依然努力穿破院牆參天而去。

晚年的王維委屈傷心，無人訴說，只能默默寫下「一生幾許傷心事，不向空門何處銷」。他去世之前，索筆寫信與親故訣別。漂泊四川的杜甫不算王維親故，自然沒有收到他的訣別信。但消息傳來，杜甫依然為王維的去世寫了詩。他不記得王維拍馬屁陪笑臉的諂媚，不記得他陷敵的汙點，他只記得千里之外的藍田，輞川山間的漫漫寒藤，靜謐的草堂，與傳說裡「如秋水芙蕖，倚風自笑」的詩人王維。

杜甫

長安奧德賽

一

在長安的第八個夏天快要過去，杜甫依然日復一日地盡力與日常生活周旋。八月裡沒完沒了地下雨，水漲起來，房舍倒塌無數，糧食歉收，關中大饑，米價飛漲。朝廷出太倉米十萬石，比時價便宜，專賣貧民。沒米下鍋的時候，他得打點精神上終南山尋幾味認得的藥材，進城賣了，去買太倉米。

從啟夏門往城中去，一路向北。農田、墓地、荒廢坊巷隨便散著，疏疏落落幾戶民宅隱在田疇之間，沒精打采地浸在水裡。空氣裡瀰漫著一股溝渠漫溢的臭氣。再往北，到了昌樂坊一帶，臭味漸去，而後更濃郁的甜瀰漫開，是進貢梨花蜜的官園。

越往北，長安城如棋盤一般的里坊漸漸成形，八條南北向的大街與十四條東西向的大街將這座世界上最大的城市切割成一百多個如棋盤的小方塊。日出與日落之間，朝向街道的坊門開著，允許自由進出。但天氣不好，大街上人也並不多。偶爾有貴族青年騎在馬上百無聊賴地招搖而過，馬身上懸掛的金銀飾品叮叮咚咚，好像展示一座移動的首飾店。除此之外，天寶十三載（七五四年）夏天的長安城十分沉悶——因為大雨，城中缺糧，玄宗皇帝帶著他的朝廷浩浩蕩蕩去了洛陽——洛陽修有直通江南的運河，天下糧食匯聚，能夠養活朝廷。

杜甫原先住在杜陵附近，「城南韋杜，去天尺五」的那個「杜」。這一族，冠蓋相望，世代顯宦，以至於貴人家挑女婿，照例先去杜陵打聽。他爺爺的名字，長安城裡盡人皆知：就是那個要叫王羲之拜他書法，叫屈原伺候他文章的杜審言。天寶四載（七四五年），杜甫在濟南旅遊，北海郡太守李邕聽說杜審言的孫子在濟南，特別提出要見他，請他吃飯喝酒遊玩。當世名人多少都知道他是杜審言的孫子，要看一看他是如何像他的爺爺。他只能一臉驕傲地挺直腰桿，拽平褐衣上的皺褶，踢掉鞋子上黏著的泥巴，硬著頭皮迎接別人對於一個杜家子孫的審視。

他這樣狼狽，也已經是族裡的長輩，總要回本家去跑腿幫忙，混個臉熟。錦衣少年們不情不願地揖讓禮拜卻讓他更如芒在背：杜甫家祖上一支本出襄陽，與杜陵這一族雖然算遠親，但同根同源。而當他按著當時的一般規矩提出大家把各自的家譜合上一合，論論輩分叔祖的時候，族裡的長輩卻顯出一種怠惰——與他這樣一個窮得要死的落魄書生論上輩分，往後都是累贅。

三年前的秋天，也是這樣的大雨天，杜甫住在啟夏門附近一間破屋裡，門外積水成塘，內門青苔連榻，缺衣少食，染了肺病，轉成瘧疾。舊時朋友下雨天也會來看他，現在，看他得官無望，都不來了。杜甫在〈秋述〉裡自問：難道是怕下雨天路上泥濘才不來嗎？高門大戶朱門之下難道就沒有泥嗎？舊雨來，新雨不來，是大城市裡拜高踩低的直白。他杜甫，四十歲卻沒有官位，是老天放棄的廢物！

他年輕的時候，日常生活甚至考試、做官都不在他擔心的範圍。

十八年前，也是這樣的大雨，玄宗皇帝也去了洛陽。二十四歲的杜甫跟著去洛陽參加科舉，那年他沒考中，卻沒當回事。落第之後，開開心心旅遊去了。《山海經》裡記載一種長得像鶴的紅色大鳥，鳴如簫韶，棲於高崗梧桐之上。自歌自舞，見則天下安寧。他六歲第一次寫詩，便選擇「開口詠鳳凰」。他從來沒懷疑過自己就是這樣一種高貴驕傲的物種。那時候他年輕，自詡「讀書破萬卷，下筆如有神」，以為機會這樣多，他還有無數一鳴驚人的可能。

現在他四十二歲了，有一個妻子，妻子剛給他添了一個兒子，作為三個兒子和兩個女兒的父親，他需要為他們提供好的教育，繼承杜氏家族引以為豪的詩書傳統。可是他甚至沒有一間屬於自己的房子。

為了讓別人認得他，識得他的才華，在考試中幫助他，杜甫每天挖空心思找門路參加長安城裡的「干謁」，「語不驚人死不休」地吹捧名人高官，用盡了最大的努力。他給宰相張說的兒子，玄宗駙馬張垍寫詩：「翰林逼華蓋，鯨力破滄溟。天上張公子，宮中漢客星。」為當時長安城裡的名人賀知章、李白、汝陽王等人寫了〈飲中八仙歌〉。給當時的宰相韋見素寫詩，一寫就是二十韻。

但他離功成名就，總是差一點點。

七年前，他來長安參加「通一藝」考。除夕的時候住在小旅館，混在天南海北的旅客裡，跳著腳繞著桌子賭錢，彷彿自己就是前代的英雄豪傑，根本不屑分出點心思去擔心考試。那是一場制科考試，按照慣例，皇帝親自召集，親自監考。

但杜甫參加的這一場，監考官卻換成了尚書左僕射、開府儀同三司[1]李林甫。唐代有記載的皇帝缺席制科監考，只有三次，在玄宗朝，這是唯一一次。那場考試，一個人都沒有錄取。

杜甫並沒放棄，依然積極地向朝中顯貴推銷著自己。天寶十載（七五一年），迷戀道教的玄宗學著漢代皇帝的樣子迷信起陰陽五行，求長生不死。祭祀太清宮、太廟，祀南郊。杜甫的朋友張垍告訴了杜甫這個獨家消息，並為他作保，吩咐他寫〈三大禮賦〉投到延恩匭[2]，獻給皇帝。皇帝很喜歡他寫的賦，讓他待制集賢院，下旨給宰相叫他們出題專門試他一人，他很得意這樣的殊榮，專門寫詩說：「集賢學士如堵牆，觀我落筆中書堂。」

集賢院出題的，與「通一藝」科的監考官一樣，都是李林甫。作為李唐宗室，李林甫卻沒讀過什麼書。他讀書的年紀，正趕上武則天清洗李唐宗室。國子監荒廢，李唐宗室的教育無人敢問津，李林甫又在十來歲上父母雙亡，只能被寄養他鄉，與諸兒戲於路旁。二十歲回到洛陽，依然不會讀書，整天遊獵打球，追鷹逐狗。長安城裡的文化圈一直流傳這樣的傳說：李林甫的表弟生了個兒子，李林甫寫了賀帖去道喜，前去賀喜的文化人見了他的賀帖都掩口竊笑，本該是「弄『璋』

之喜」卻被李林甫寫成「弄『獐』之喜」。

文化人看不起李林甫，作為「回報」，李林甫接連在考試中黜落知名的「文學之士」。杜甫也不能倖免。李林甫看了杜甫的試卷，沒說什麼，找皇帝商量去了。而後杜甫聽見回話，是「送隸有司，參列選序」——等著，待用。就這麼不上不下地拖著，三年又過去了。

---

1 尚書左僕射、開府儀同三司：尚書左僕射，唐代實行三省六部制。尚書省是三省之一，負責行政工作。尚書省的最高長官是尚書令，也就是宰相。（《唐六典》卷一）唐太宗之後，不設尚書令（一種說法是由於唐太宗登基前做過尚書令，於是後來者為避諱便空懸尚書令一職），所以尚書省的副長官尚書左、右丞（又稱左、右僕射）成為實際上的宰相。開府儀同三司，唐代的職官稱謂中一般包含職事官、散官、勳官和爵號四個部分。職事官是官員具體的職務，代表權力。散官用來確定官員的官階，代表地位。勳是賜給有功之臣的榮譽稱號，一共十二級，稱為「十二轉」。爵號是皇帝對功勳貴戚的封賞頭銜。「開府儀同三司」是唐代文散官的最高等級，從一品。

2 延恩匭：武則天時，命令鑄銅為四個箱子，放置在朝堂之外，接受天下的奏報。東邊的箱子叫「延恩」，接受求官的人的自薦；南邊的叫「招諫」，歡迎評論朝政得失；西邊的叫「伸冤」，供有冤抑的人求告；北邊的叫「通玄」，歡迎關於天象、災變、軍事機密獻言獻策。（《資治通鑑》卷二〇三）

二

買米五升，還剩下點兒錢。綢緞、胭脂、銅鏡，天下新奇美麗的商品他一件都買不起。妻子是司農少卿楊怡的女兒，四品官家的小姐，嫁給無官無爵的他，為他養育五個孩子，他卻沒能力給她好的生活，眼睜睜看著妻子日益憔悴。他還剩下一點兒無用的自尊心，如同擋在路中的絆腳石，阻住他回家面對老婆孩子的腳步。

長安城裡有大把一飛沖天的幸運傳奇，但也有倒楣鬼。杜甫終於厭倦了挖空心思歌頌人生贏家的功成名就，他忍不住垮下那張總是強顏歡笑說好話的臉，現在，他只想跟倒楣鬼待在一起互相嘲諷。乾脆，買米剩下的錢全部換了酒，拐去城南韋曲，找鄭虔。

鄭虔年輕時也是當世稱名的才子。工草隸，善丹青，與他齊名的是吳道子與王維。當朝皇帝玄宗曾經讚賞他「詩書畫三絕」。不過，鄭虔的官做得很不發達。他的辦公室在國子監西北角，得仔細找半天才尋見的一塊小牌子——「廣文館」。

他的辦公室正對面就是皇城東門——安上門。安上門裡外進出的，是真正偉壯得意的國家棟梁——尚書省禮部南院、吏部選院、少府監、太府寺、太常寺……而「詩書畫三絕」的鄭虔卻窮到要跟杜甫這買減價米的窮人勾兌勾兌才勉強湊夠一頓飯。

在鄭虔這間被石田荒地包圍的漏風茅屋裡，就著殘燈冷酒剩菜，就著滿腹不得意，杜甫寫了〈醉時歌〉：

諸公袞袞登台省，廣文先生官獨冷。
甲第紛紛厭粱肉，廣文先生飯不足。

一通跌跌撞撞的牢騷，刻薄地嘲諷鄭虔，也嘲諷自己：

但覺高歌有鬼神，焉知餓死填溝壑。
相如逸才親滌器，子云識字終投閣。
先生早賦〈歸去來〉，石田茅屋荒蒼苔。
儒術于我何有哉，孔丘盜跖俱塵埃。

清夜沉沉，又落起細雨。簷下雨滴一閃一滅，像他晦暗不明的命運。一年又一年，秋天的時候又會有無數年輕自信的面孔湧進崇仁坊、宣陽坊一帶靠近禮部的旅店裡，他們才華橫溢的詩卷又會在貴人家裡來往傳遞，而他的光芒會褪色，被年輕人們像雲一樣的白麻衣遮蔽住。

也許是離開長安的時候了，去哪個節度使任上做個僚佐，總比在長安有出無進的好。李林甫提拔了大批胡人節度使，其中原河西節度使高仙芝、安西節度使封常清、西平郡王河西節度使哥舒翰和范陽平盧節度使安祿山最為顯赫。他的朋友高適已經在河西節度使哥舒翰的幕府裡當了一年掌書記。節度使大多沒什麼文化，處理行政工作很費勁，正是如杜甫一般的詩人如魚得水之處。前兩年，哥舒翰的信使來長安的時候，杜甫曾經請信使帶去一封寫給哥舒翰的詩〈投贈哥舒開府翰二十韻〉，試探一下得到一份工作的可能。

但是，不像朝廷命官，做節度使的僚佐沒有官品，也不由朝廷任免，節度使轉遷，幕僚便失去工作。唯一的可能便是幕僚受節度使青睞，跟著回朝轉遷。做一個節度使僚佐就不免要為了生計巴結上司，為了混口飯吃而曲意逢迎，這並非杜甫想要做官的本意。

李林甫在一年前死了，長安城裡是身兼四十餘職的新宰相楊國忠最得勢。他已經向楊國忠的恩人，京兆尹鮮于仲通獻了詩。「破膽遭前政，陰謀獨秉鈞」——楊國忠這一派從前被李林甫壓制，他杜甫也是同樣被李林甫陷害的倒楣人。現在他看準了，一定站在了正確的一邊。總該有機會垂青於他。

三

寫下〈醉時歌〉的這年，杜甫再次向延恩匭裡投了一篇賦，建議皇帝陛下再次封祀華山。隨賦進獻的〈進〈封西嶽賦〉表〉，特別吹捧了正當政的司空楊國忠。一年前，他還在〈麗人行〉裡嘲諷楊家人「炙手可熱勢絕倫，慎莫近前丞相嗔」。三年前，他寫下〈兵車行〉，諷刺楊國忠的恩人鮮于仲通逼反雲南的南詔，挑起戰爭，又無軍事才能，一敗塗地，損失六萬唐軍。無權無勢的百姓失去兒子和丈夫，只能「牽衣頓足攔道哭，哭聲直上干雲霄」。這一切的始作俑者鮮于仲通卻在楊國忠庇佑下搖身一變又成了京兆尹。現在，他咬著牙獻上賦，拍馬屁：是山神降下楊國忠，作為輔佐陛下的棟梁。

在這個透不過氣的城市裡，每一個呼吸的機會都需要代價來交換。他一無所有了，只能拿良心和正義去換。後人看見了，譏諷他：杜甫在〈進〈封西嶽賦〉表〉裡引用《詩經．大雅》裡讚美上古帝王與賢臣申伯、仲山甫的句子來阿諛奉承楊國忠，全然忘記自己從前在〈麗人行〉裡對楊國忠的譏誚諷刺，首鼠兩端，可謂無恥。

杜甫自己不知道嗎？八年裡，為了求人汲引，他記得自己寫下的每一個字，他寫下的每一個字都在煎熬著自己。忍不住時，他寫了一首〈白絲行〉。他是白色的絲綢，只要被穿著行走，就有汗水、塵埃、汙漬，他沒法保持自己的純白。他付出被千百年後戳著脊椎骨罵的代價，也依然無法養活一家人。到年底，杜甫只能把妻子和幾個孩子送去離長安不遠的奉先（今陝西蒲城）。奉先縣令是妻子的本家，好就近照看，他自己則奔波在長安與奉先兩地。天寶十四載（七五五年）十月，朝廷的任命終於姍姍來遲：任命杜甫做河西尉，河西縣（今陝西合陽縣）掌管司法、刑獄的從九品下小官。杜甫卻拒絕了：家人在長安南邊的奉先，河西卻要一直往東北，他這個貧病交加的家庭經不起這樣的折騰。他的運氣這次不差，吏部很快給他換成了右衛率府兵曹參軍，是太子屬官，掌管東宮兵仗儀衛，官位為從八品下，比縣尉還略高。他應該高興的：在物價昂貴的京城，這樣一份不起眼的工作，終於讓他勉強可以養活家人。但想到他為此付出的違心吹捧，陪過的笑臉，他只默然寫下「淒涼為折腰」。

杜甫還沒來得及安排新生活，奉先家裡來了信，家裡斷糧很久，不到一歲的小兒子快要餓死了。

四

沒有盡頭的黑暗旅途裡，杜甫低頭默默回首自己的前半生：「杜陵有布衣，老大意轉拙。許身一何愚，竊比稷與契。居然成濩落，白首甘契闊。」他感慨自己愚蠢，像個傻子一樣想做上古賢臣，現在時光如簷下水滴一般流走，白了頭髮，但寄望的人生還離他很遠。「窮年憂黎元，歎息腸內熱。取笑同學翁，浩歌彌激烈」——年景不好時，他為百姓擔憂，只遭到與他一同讀書考試已經功成名就的人的嘲笑。他早該離開長安去為更富裕的生活走一條別的路，但他依然信賴玄宗皇帝是個明君，不忍心離開。但現在，他既沒有成為為國效力的棟梁，還拖累了仰賴他照料的家小。

後半夜時下了雪，一身風雪的杜甫剛進家門便聽見號啕哭聲：小兒子沒有等到他，已經餓死了。這是他無能的後果，他寫下作為父親最深刻的愧疚，但同時，他又想到比他更不如的平民。他自己作為官員後代不交賦稅，不用服兵役。那些被迫戍邊，在一次次戰爭裡討生存的平民呢？懷著悲痛與憂慮，杜甫寫下這首〈自京赴奉先縣詠懷五百字〉。

他不知道，在他越過驪山的那個夜裡，朦朧夜色裡絲竹管弦飄向遠處，迅速被戰鼓吞沒。范陽、平盧節度使安祿山帶領十五萬軍隊反叛朝廷。隆冬時節北方凍結的河流如同鋪開的地毯給了安祿山大軍迅速推進的天時，不到一個月戰火就席捲河北河南。

漁陽鼙鼓動地來，驚破霓裳羽衣曲。

身在奉先的杜甫聽不見確切的消息，但是謠言混著真相每天傳來：

聽說安祿山兵鋒所過的太原府和東受降城（今內蒙古托克托縣一帶）都奏報安祿山帶兵謀反，一路往長安、洛陽而來，又聽說那只是討厭安祿山的朝臣造的謠；聽說剛剛入朝的安西節度使封常清被封為新的范陽、平盧節度使，匆匆去華清宮見了皇帝一面，第二天就去洛陽招兵買馬；聽說在華清宮住了大半年的皇帝終於回到了長安，第一時間處死了安祿山的兒子安慶宗及其妻子榮義郡主。皇帝又在安祿山南下的必經之路上設置防禦使，升朔方右廂兵馬使郭子儀為朔方節度使，抵抗安祿山。再然後，皇帝在勤政樓擺宴，拜榮王李琬為元帥，右金吾大將軍高仙芝為副。十二月初一，五萬軍士扛著一面接一面的旌旗，迤邐出城，去討伐安祿山。

聽說封常清倉促間在洛陽招募到六萬兵馬。皇帝又設置河南節度使，統領包括陳留等十三郡，預計在洛陽周圍與安祿山有一場大戰。十二月十三日，封常清帶領他臨時招募的六萬市井之徒與安祿山接戰，三戰三敗。洛陽陷落，安祿山在洛陽宣布登基，改國號為「大燕」。封常清帶著殘餘部隊退往陝郡，與高仙芝會合一同退守潼關。玄宗聽說洛陽陷落，封常清、高仙芝退守潼關的消息，一怒之下，斬殺了兩員大將。

無將可用的玄宗不得已，選擇了因為中風從二月起一直在家休養的西平郡王哥舒翰，拜為皇太子先鋒兵馬元帥，帶著河隴、朔方兵等一共二十萬去守潼關。

長安東邊所有的道路都因為軍事管制阻塞，被困奉先的杜甫既沒有辦法回到長安，自然也沒法繼續去做右衛率府兵曹參軍。在奉先周圍不知所謂的遊蕩中，他居然還遇見了安祿山軍中的逃兵。一個白髮老頭，為了國家當了二十年兵，沒有兒孫，沒想到最後卻向河洛、長安，他保衛的國家的腹心而來。他便逃。但回到故里，親故皆去，只餘空村。杜甫默然無言，為他寫了五首〈後出塞〉。

在這樣焦灼的等待裡，天寶十五載（七五六年）也過去了大半。七月，杜甫得到了潼關和長安相繼陷落的消息。也聽說，玄宗在馬嵬坡被逼著殺死了楊國忠和楊貴妃，而後，與太子分道揚鑣。此時，太子已經在靈武自立為帝，就是後來的唐肅宗。杜甫立刻開始策畫帶著家人離開，想出蘆子關，去靈武尋找皇帝的流亡朝廷。

夏末秋初，常有雷雨，雨後道路泥濘，杜甫帶著家人跋涉一天，才能行進六七公里。安祿山的叛軍在長安周圍遊蕩，為了安全，他不得不選擇隱蔽而危險的山側小道。小女兒餓了便哇哇哭，怕引來虎狼，杜甫便捂住她的嘴，卻惹得小女兒在他懷裡掙扎著哭得更大聲。二兒子懂事些，知道去找吃的，卻只能找到苦李。

最後，他還是決定把家人先安置在鄜州羌村，自己輕裝前進，去探一探路。但戰場上的暫別常常是永別——杜甫在路上被安祿山叛軍抓住，扔進了已被占領的長安——他的官位品級甚至還不夠被押去洛陽的。

五

杜甫被抓進長安的時候，大概是八月裡月亮最大最亮的那幾天。天寶年間流行起新羅傳來的風俗，在八月十五這一天設百種飲食，宴樂歌舞，晝夜相繼。除此之外，更發展出對月賞玩歌詠的「本地習俗」。

但現在，風裡吹來濃重的血腥氣，淒迷月光長照一片荊棘。「長安城頭頭白烏，夜飛延秋門上呼。又向人家啄大屋，屋底達官走避胡。」有年幼的王孫因為僕從四散站在路旁哭泣。腰下寶玦青珊瑚，身上無有完肌膚。

但在這個噩夢一般的中秋，他卻以妻子的口氣寫了一首漂亮的情詩：

今夜鄜州月，閨中只獨看。
遙憐小兒女，未解憶長安。
香霧雲鬟濕，清輝玉臂寒。
何時倚虛幌，雙照淚痕乾。

——〈月夜〉

從前在長安，他陪著貴公子們攜妓遊玩，也要應景地讚美佳人。正是該表現詩人風流情趣的時候，他寫得兢兢業業，卻很勉強。「公子調冰水，佳人雪藕絲」這樣呆呆的句子是他用技法來應付的極限了。

宮廷豔詩也是詩歌的一類傳統。從梁簡文帝時開始，熱衷描繪貴族王子狎玩女性。它一定以繁華奢侈為底色。繡領、臥具，都有曖昧的氣味，與春風、玉體、廣殿曲房一道成為品位與身分的象徵。自梁、陳，風靡了南朝貴族宮廷百多年，聲漸美而氣漸弱，虛空而疲憊，人類情感終於墮落成一種精緻的病態。

但現在，杜甫想念跟隨他受盡辛苦擔憂的妻子，竟然有如得到南朝宮體詩最有風情的點撥，剝開奢靡、虛弱，在囚禁中，用宮體詩的手法復活了困頓在宮廷的輕豔靡麗裡百年的情感：

在遙遠的長安城裡，杜甫咫尺寸寸如在眼前般見到了妻子被夜霧浸濕的雲鬟，以及籠住她白皙如玉的手臂的一片月光。他的小兒女也在看著同一輪月亮嗎？他們會懂得思念困在長安城裡的父親嗎？他不與他們在一起，但他能細緻入微地看見在羌村那個簡陋的院落裡妻子兒女最細微的動作情態。

他實在太不重要了，被關在長安城裡居然還能到處走動。十月，宰相房琯帶兵與叛軍在長安西北的陳陶作戰，陷在城裡的百姓日夜渴盼迎接官軍入城，但結果是「孟冬十郡良家子，血作陳陶澤中水」。作為對歷史最忠實的詩人，他寫下被占領的長安城裡發生的一切：「昨夜東風吹血腥，東來橐駝滿舊都。」（〈哀王孫〉）「群胡歸來血洗箭，仍唱胡歌飲都市。」（〈悲陳陶〉）

這是他曾經親見「稻米流脂粟米白」，「男耕女桑不相失」的城市。

與被囚禁的許多官員一樣，杜甫打算逃出城去尋找肅宗的臨時朝廷，他遺失多年的運氣在這時忽然降臨。杜甫藉著蔥蘢的草木悄悄逃出了長安城，順利來到鳳翔，見到了皇帝。這本該莊嚴的場合卻被他破爛到露出手肘的衣服和腳上一雙沾滿泥汙的麻鞋弄得令人哭笑不得。不過，皇帝很高興有從前東宮的屬臣追隨自己來到鳳翔，給他升了一級官，任命他做左拾遺，從八品上的小官，但是皇帝近臣，負責諫諍。

臨時朝廷在鳳翔日夜謀畫打敗安祿山奪回長安，除此之外，被戰爭打亂的嫉妒、猜忌、利益鬥爭又與朝廷的重建一起，再次復蘇。皇帝已經迫不及待處置了宰相房琯，理由是房琯的門客收受賄賂。實際上，他早就懷疑這是他父親玄宗派來監視他的間諜。進諫，是杜甫職責所在。他迫不及待地向皇帝說明房琯的才能學識，德高望重，極力想證明這是皇帝的誤判。挖空心思想要趕走房琯的皇帝惱羞成怒，杜甫很快被逮捕。御史大夫、憲部尚書、大理寺卿三司會審，同問他的罪——在這樣緊張的戰爭中，因為本分直言而得到這樣隆重的審訊，簡直滑稽到讓人悲憤。多虧宰相張鎬為他求情，才免了罪。

杜甫的正直實在刺眼。皇帝看著他心煩，想要把杜甫趕出朝廷去，沒有通過正常的制詔程式，沒經過門下省審核，親自下「墨制」[3]讓杜甫回家去探親。不服氣的杜甫寫了〈北征〉，開頭寫道，「杜子將北征，蒼茫問家室」——他終於可以回家，但舉頭茫然，不知道家還在不在。一邊擔憂家小，一邊依然放心不下百廢待興的朝廷，臨走時在闕下拜別，絮絮叨叨地自我剖白：「雖乏諫諍姿，恐君有遺失。君誠中興主，經緯固密勿。東胡反未已，臣甫憤所切。」恍恍惚惚走出好遠了，依然忍不住回頭遙望皇帝所在的鳳翔，看見旌旗在夕陽裡明滅搖動，滿心憂慮。短短幾個月前，在妻子生死不知的戰亂裡，他懷揣為國盡忠的滿腔熱

3　墨制：唐代由皇帝下達的公務命令一般稱為「制」或者「敕」。制敕產生的主要程序是皇帝授意中書省起草，由門下省審核同意，再由皇帝在制書或敕書上簽字，畫「可」或「聞」表示同意，而後送給尚書省執行。這是一份官方文件由起草到執行的法定程式。墨制是皇帝作為個人的私人言論，比如過節賞賜口脂、面藥等。由於墨制用於皇帝的私人活動，不需要經過中書門下審核批准，也因此，在法理上，皇帝不可以用墨制來傳達公務命令。唐代用墨制干預正常公務最有名的是唐中宗景龍時期，皇帝用墨制授人官爵，不經過中書門下批准，也就是所謂的「賣官鬻爵」。（鄧小軍《杜甫疏救房琯墨制放歸鄜州考——兼論唐代的制敕與墨制》）

情穿越叛軍，逃向鳳翔，寫下〈述懷〉：「麻鞋見天子，衣袖露兩肘……涕淚授拾遺，流離主恩厚。」本來有回家探親的機會，但為了報答皇帝，也沒有開口，只能寫一封信，向家裡報平安——並不知道家裡能否收到。聽說羌村也遭了難，連雞狗都不能倖免，不知道他家那間破茅屋裡，還剩幾個人？聽說松柏都被連根拔起，但羌村土冷，妻兒的屍骨或許還沒有朽爛。回家的路上，一路都是呻吟和血腥味。他沒有聽見任何家裡的消息，甚至拒絕聽見任何消息，不知道，就總有一點兒希望。

他回到羌村的那天，成了村裡的大新聞。群雞亂叫著被村人趕上了樹，鄰居擠著趴在院牆上，長老攜酒而來，一定要他喝，一邊還抱歉地解釋，酒不好，味薄，地沒有人耕種，沒有糧食釀酒。妻子打開門看見是他，且喜且驚：以為他早已死了，沒想到卻站在自己面前！他的二兒子宗武，原先皮膚最白，是他的「驕兒」，但現在臉上全是泥垢，腳上連襪子都沒有，見到爸爸反而羞愧地掩臉背過身去哭泣。自他到家就人前人後地跟著，繞膝黏著，害怕稍微放手，父親又不見了。他沒忘記給妻子帶回兩盒胭脂，小女兒見了新奇，學著母親的樣子梳頭，畫眉，畫成了一張又紅又白的花臉。父老請他吃飯，席間談到局勢，人人仰天長嘆，老淚縱橫。

杜甫把這一次回家的旅程寫成《羌村三首》。與〈述懷〉、〈北征〉一起，都是他最好的詩。他從前寫詩，一門心思要叫長安城裡的親貴知道他的才華，他懂得一千個典故，還可以用一萬種方式表達。比起他能夠熟練操弄的典故，他看見的、他遭遇的，那些旁的詩人不愛寫的，如草屑一樣的人生，更有穿透人心的力量。現在，上天選擇了他，把這枝筆放進他的手裡，要他記下安史之亂以來的一點一滴。再沒有比他更好的選擇——他有足夠的筆力，他還有如火的心力，有時如燭，有時如炬，但他總是老實地張著眼睛，老實到憨。他直勾勾地看著來到面前的一切，他哭，他笑，他受不了了，他也不能轉過身去——在他，這都是他應該承擔的責任。

所以，至德二載（七五七年）十一月的時候，當他在羌村聽到肅宗昭告天下，長安收復，他沒有猶豫地便整理行裝，離開妻兒，向長安進發，哪怕皇帝根本不希望看見這個如鯁在喉的拾遺。

六

百廢待興。杜甫把在天寶年間空置的才智全部投入對工作的熱情裡。一連寫了好幾首詩記錄他短暫的中樞生活。在〈春宿左省〉裡，他記錄一次沒有睡好的值夜。他躺在床上，聽見啾啾鳥鳴，看見花隱牆垣，想到同樣的星空照耀百廢待興的長安城裡一戶一戶的平民。越想越焦躁，無法入眠，一遍遍在心底盤算明早要向皇帝啟奏的話題。他等待著金鑰匙打開日華門，一次又一次地問，幾點了？

可惜，他過於看重諫官的職責卻忽視了朝堂上肅宗清洗玄宗舊人的主題。肅宗從四川迎回了父親玄宗，表面上父慈子孝，但肅宗心裡一直焦慮自己做皇帝的合法性，總害怕玄宗再廢掉他，於是看玄宗舊臣，便覺得人人圖謀不軌。最要緊，就是把房琯支走——房琯曾經勸玄宗分封兒子為各地諸侯，人人帶兵勤王，直接促成了永王李璘擁兵自重，與肅宗爭奪王位。而杜甫恰好一而再再而三地替房琯說話，很快，他就被冷落排擠，便又跑去喝酒，還是長安城裡他最喜歡的曲江。自言自語寫了好幾首詩：說別人不喜歡他——「縱飲久判人共棄，懶朝真與世相違」，也說自己窮——「朝回日日典春衣，每日江頭盡醉歸」。

長安的物價與戰前相比，有天壤之別。玄宗天寶末年，杜甫做從八品下的右衛率府兵曹參軍，是扔在高官雲集的宣陽坊、平康坊裡都沒人睬一眼的小官。但按規定，他也有兩百五十畝職田，年收入有一百三十四斛穀物，每個月朝廷還發錢，大約有三萬五千六百。甚至，朝廷還配給他兩個僕人、幾匹馬，還能報銷一些其他日常開銷。甚至在天寶十四載（七五五年），為了讓在京的低級官員過得舒服一點兒，玄宗還剛給兩京九品以上官員加過兩成的工資。養活杜甫家十口人不成問題。天寶五載（七四六年），一斗米十三錢，但乾元元年（七五八年），一斗米要七千錢，一斗酒三百錢。物價飛漲，甚至想要一匹馬，也難於上青天——戰馬是軍需物資，已經收歸國家統一管理。

杜甫現在當官了，過得卻比從前最淒慘時還要拮据。天寶十三載（七五四年），他窮到要靠定額售賣的太倉米為生，但也還能剩下點錢買酒去找鄭虔勾兌痛飲一回。現在八品朝官左拾遺，買酒的錢，卻來自典當春衣。

這個貧窮尷尬說不上話的拾遺也很快沒得做了。乾元元年（七五八年）夏天，杜甫因為房琯的牽連被放逐為華州司功參軍。金光門在長安城西，華州（今陝西華縣）在南邊，出城的時候，杜甫特地繞道金光門與朋友道別。一年多前，在安祿山叛軍占領的長安，他從金光門逃出長安奔向鳳翔，滿懷報效國家的熱情。他一次次拋下家庭，不顧性命，在戰亂裡艱難地尋找朝廷和皇帝。現在，作為皇帝忠誠的臣子，他被放逐，領命離開。走出金光門的時候，杜甫駐馬，再次回望這座已經被摧毀的破敗城市。他花費一生最寶貴的十年，想要在城裡扎下根來，但終於沒能成功。

他不知道，這一次離開，就是他與這座城市的永別。

七

杜甫到華州的時候，是一年最熱的六月。安史之亂遠未結束。朝廷的府庫無積蓄，將士的軍功無錢賞賜，只能以官爵做賞。將軍出征，都配發空名告身[4]，便於臨時填寫。於是官越給越多，越給越大，也越來越不值錢，寫著大將軍的告身，才能換一壺酒。華州是科考大州，各種各樣「走關係」的請託都朝著專管科考的司功參軍而來。

沒有絲毫休息的時間，杜甫到任之日便開始上班，暑氣蒸騰，汗透重衫。案前是堆積如山的公文，飯碗放在面前也來不及吃一口，便宜了嗡嗡亂飛的蒼蠅。撓著頭髮想大喊一聲，但源源不斷送來的文書並不體諒這糟老頭內心的崩潰。

司功參軍，管理學校、廟宇、考試、典禮……一份枯燥繁雜的工作，並不是他想像裡為皇帝出謀畫策的「做官」，但他依然盡心盡力去做了。他為即將去長安參加吏部考試的學生們準備了五個策問的問題：怎樣在公開市場中買不到馬匹時提高驛站系統的效率？有沒有辦法修訂徵兵方式，能夠保證軍隊兵源的同時也保證農業生產的勞動力？有沒有提高糧食儲備扼制通貨膨脹的好辦法？……都是他受過的苦。他想著，儘管如此，他還享受著家族「生常免租稅，名不隸征伐」的

4 告身：唐代授官的憑證，類似後世的委任狀。補選官員時，候選人確認官職後，先由尚書僕射檢查，過後交由門下省給事中宣讀，黃門侍郎覆核，侍中審閱通過後，各部門經手官員各以官符在授官憑證上蓋章，這份憑證就叫「告身」。（《通典》卷十五）

特權，一般的百姓，只能更辛苦。他受過罪了，便想著要保護比他更弱小的那些不用重蹈覆轍。「老吾老以及人之老」，這是儒家「愛人」最樸素的出發點。

但似乎並不受歡迎。從前考試都是考詩歌文章，憑什麼在他手下就要準備經濟時務？最沒有資格來出考題的，大概就是他這樣一個考進士，考制科，投匭獻賦，所有的考試都參加過，卻從來沒考中的人吧。

夏天在忙亂卻沒有絲毫成就感的公務中過去，誠然他依舊懷有對朝廷百死不悔的忠誠，但一再被冷落、忽視、排擠，與繁瑣卻不重要的公務一道，都是一種累增的疲憊。下一年秋天，關中地區無法從戰亂中恢複過來，物價飛漲，糧食歉收。心灰意懶的杜甫再一次陷入飢餓。向來心向朝廷一往無前的杜甫萌生了退意。

正在此時，杜甫收到朋友熱情的信邀請他移居秦州（今甘肅天水）。他沒有仔細規畫，立刻辭了華州司功參軍的官，帶著一家老小翻過隴山來到秦州。這位朋友卻並未能履行諾言，杜甫一家在秦州陷入了孤立無援進退兩難的境地。

滿目悲生事，因人作遠遊。

杜甫還沒有來得及享受逃離枯燥公務的閒暇，一下子落入生存的泥潭。他還勉強振奮精神誇獎了秦州的風光：「落日邀雙鳥，晴天卷片雲。」打腫了臉充胖子一般在詩句裡享受他的世外桃源。氣溫一天天冷下去，自然能夠提供的食物終於不再能支撐他對隱居的浪漫想像。更危險的是，秦州很快就成了戰場。秦州與吐蕃相連，安史之亂爆發後，吐蕃趁機占領了許多邊地，入夜之後，常有報警的烽火閃爍在群山之間。

不得已，十月，杜甫再次帶著家人遠行。這次，是受同谷縣宰的邀請輾轉遷往同谷（今甘肅成縣）。預想中的幫助又一次落了空。他只能重操舊業又做起了山裡採藥市裡換米的艱苦營生。冬天到了，沒有吃的，只能穿著短褲拾橡栗、掘黃獨，勉強果腹。兒子與他一道去挖食物卻空手而歸，空蕩蕩的家裡只聽見兒女喊餓的呻吟。

臘月開始的時候，為生計所迫的杜甫再次開始攜家帶口的遷徙。從甘肅翻山越嶺，過龍門閣、劍門、鹿頭山，終於在除夕之前到了成都。初來乍到，在一年裡最熱鬧的時候，寄住在浣花溪邊草堂寺的一間廢舊空屋子裡。

從華州到成都，乾元二年（七五九年）在四次長途搬遷中度過。過了年他就虛四十九歲了。他的曾祖父杜依藝在他這個年紀已經做了鞏縣縣令，他的祖父杜審言在他的年紀，早已叫天下人知道了他的清狂才名。杜甫曾經說過，自己家族到近幾代衰敗，鐘鳴鼎食的氣象不復從前。但他的父親杜閒最起碼還是五品的紫袍高官，做兗州司馬，奉天令，養得起他衣食優裕、肥馬輕裘地遊蕩於齊、楚、吳、越。而他，身無長物，在一年裡最該享受安寧豐裕的時候，帶著妻子和年幼的孩子們寄住在一間破廟裡。作為臣子，他無法施展抱負報效國家；作為父親，他也無法給孩子們好的教育；弟弟們在遠方，同樣忍飢挨餓，妹妹喪夫帶著孩子勉強生活，作為家裡的嫡長子，他甚至無力團聚這個支離破碎的家庭。他開始努力經營日常生活。為了一個容身之處，他不得不覥著臉向朋友乞討。天寶年間，當他依然固執地在長安蹉跎時，跑去給當時的河西節度使哥舒翰做幕僚的那個朋友——高適，在安史之亂裡飛黃騰達了！哥舒翰敗於潼關，高適奔向玄宗，又在肅宗與玄宗爭奪政權時奔向肅宗，幫著肅宗討伐玄宗派去江南的永王李璘，先做蜀州刺史又做彭州刺史，剛好在四川。杜甫常給他寫信，多半是求他救急。靠著高適送的一點兒米與鄰居的菜蔬過日子。

下一年，杜甫發奮向朋友們求告，終於用朋友們資助的茅草，在浣花溪西頭建起一座白茅草堂。村裡只有八九戶人家，水流在此變緩，圓荷浮小葉，細麥落輕花。他開闢了一塊菜園、一塊藥欄，還沿著屋外小徑種了花。他仔細地規畫了花園的樣子：買了翠竹，還向朋友們寫信尋覓松樹、桃樹與綿竹。在五十歲這年，老杜甫終於有了一處容身之所。「老妻畫紙為棋局，稚子敲針作釣鉤」，賢慧的妻子，懂事的兒女能在簡陋的環境裡自得其樂，對於杜甫，是一種欣慰，也是一種心酸。

他不能停止對時事的關心。別人受的苦，都像加在他身上，他自己受了苦，總要想到比他更慘的人。夏天大風捲起屋簷上的白茅，「床頭屋漏無乾處，雨腳如麻未斷絕」，但是他想到的是「安得廣廈千萬間，大庇天下寒士俱歡顏」。

不能總受朋友接濟，杜甫終於還是去找了一份工作，不情不願地在異鄉安頓下來，做從前不愛做的幕府。當年在長安有些交情的嚴武因為軍功，做劍南節度使，請杜甫做他的幕僚，甚至在廣德二年（七六四年）為他向朝廷要了一個「檢校工部員外郎」的名頭。這個從六品上的官階是杜甫這生榮耀的頂點，但它到來在戰亂頻繁的時候，作為一個虛銜，表彰他做幕僚的成就，簡直讓人哭笑不得。

幕府的規矩並不比在華州做司功參軍輕鬆：晨入夜歸，不是生病事故，不許遲到早退。與剛入仕途的年輕人一起工作，他們並不知道這個頭髮花白、脾氣倔強的糟老頭過去的故事，只覺得他格格不入。杜甫忍受漫長的工時，忍受年輕人的排擠，失望氣憤，也只能在詩句裡默默排遣：白頭趨幕府，深覺負平生。

他五十好幾了，原先被掩藏在家國責任感與自我成就的強烈願望之下，那些只習慣故鄉故土的根鬚，被蹉跎的年歲滋養，正與杜甫的白髮皺紋一道瘋長。他依然有「致君堯舜上」的決心，但他也是個老頭了。他不能抹去人人都有的那點庸俗的對落葉歸根的渴望。他越來越頻繁地想起兒時的往事。

杜甫出生在河南鞏縣。兒時的院子裡有一棵高大的棗樹。八月棗子熟了，弟弟妹妹嘴饞，他這個哥哥便猴兒一樣，一天上樹千回，丟棗子給樹下笑著叫著張著手的弟妹。他有四個弟弟，除去跟著他一起到了四川的杜豐，其餘三人，在戰亂裡不通音信。後來杜甫終於在成都與弟弟杜穎重聚，他們談論起散落各地的兄弟姊妹和姑姑，團聚的願望無比強烈，也無比困難。

他不止一次制定過回到長安的路線。戰亂仍在繼續，要想回到長安、洛陽一帶，關山阻絕。寶應元年（七六二年）四月，杜甫聽說官軍和回紇軍隊終於收復了河南河北的大部分地區——安史之亂似乎就算是結束了。老詩人「漫捲詩書喜欲狂」。在這首〈聞官軍收河南河北〉裡，杜甫喜滋滋地寫下規畫了無數遍的旅途：「即從巴峽穿巫峽，便下襄陽向洛陽」——他將順涪水、嘉陵江到達重慶，而後沿著長江放舟東下到達江陵。由江陵登陸，北行至襄陽，再往北，是南陽，而後就是洛陽。從洛陽他可以去老家偃師，也可以回到長安。

每每有了一些希望，總換來更大的失望。這年七月，劍南兵馬使徐知道叛亂。轉過年去的廣德元年（七六三年），吐蕃舉全國之兵二十萬入侵，唐朝負責帶兵勤王的關內副元帥郭子儀手裡只有二十人。在安史之亂裡帶兵收復洛陽、長安的唐代宗再次倉皇逃出長安奔向陝州。吐蕃軍隊一路向東，甚至占領了四川的一部分地區。杜甫不得不離開成都去梓州（今四川三台）、閬州（今四川閬中）躲避。

回家的計畫從此耽擱下來。

八

從乾元二年（七五九年）到永泰元年（七六五年），杜甫一家斷斷續續地在成都住了五年。除去長安，成都是他成年之後居住最久的城市。更重要的是，他在成都有草堂、花園與藥圃，有一份工作，日子過得遠比在長安舒適。可是，他從沒有把成都當成家，他在成都鬧市的每一次遊蕩，都是為了收集一點兒與他一樣流落在外的屬於長安的靈魂。

有一位混跡人群的白髮老人，因為窮，被嘲諷驅趕，是長安城裡久有盛名的畫家曹霸。川人並不知道這就是當年在長安為皇帝畫過坐騎「照夜白」與「玉花驄」的名畫家曹霸。現在，人人都為吃飽肚子四散奔忙，不再有人有興趣花費時間來讚美技藝與想像。長安城裡，曹霸恐怕也不怎麼認識杜甫，但此時，這個熱情的節度參謀，卻硬拉著他的袖子，為他寫了一首好詩〈丹青引贈曹將軍霸〉：

將軍魏武之子孫，于今為庶為清門。
英雄割據雖已矣，文彩風流今尚存。
……
即今漂泊干戈際，屢貌尋常行路人。
途窮反遭俗眼白，世上未有如公貧。
但看古來盛名下，終日坎壈纏其身。

曹霸有一個少年成名的弟子韓幹，青出於藍，比曹霸出名很多。杜甫安慰他說，「幹惟畫肉不畫骨，忍使驊騮氣凋喪」——韓幹畫馬太肥了，沒能畫出昂揚骨氣。但是他也給韓幹寫過文，讚美他說：「韓幹畫馬，毫端有神。驊騮老大，騕褭清新。」比杜甫更晚些的美術史家張彥遠批評他不懂畫，見誰說誰好。

張彥遠不懂杜甫的善良。

人的交往最堅固的方式總是以利益維繫，或是有求於彼此，或是結成榮辱與共的同盟。除此之外，欣賞仰慕，都不能避免地隨著時間的流逝、距離的增長而淡漠。但是杜甫，他記性過於好了。哪怕僅僅是聽說，他也永遠記得他們最光華璀璨的一面。哪怕天南海北，杳無音信，哪怕別人根本不認識他，他也一定以最熱情的筆觸讚美他們。

他們都是盛唐繁華的證明。洛陽宮殿燒焚盡，宗廟新除狐兔穴。務實的後人還沒有時間來憑弔這些細枝末節。只有杜甫——對於杜甫，構成曾經長安城輝煌的每一個名字都是他賴以生存的回憶。

玄宗時代，獎掖民牧，引進西域種馬，到開元十三年（七二五年），唐王朝擁有四十三萬匹駿馬。少年時的杜甫，在父親的資助下，也愛騎著駿馬遊歷山川；

也愛在名人家裡觀賞好馬，讚美牠們「驍騰有如此，萬里可橫行」，「此皆騎戰一敵萬，縞素漠漠開風沙」——開邊拓土，為唐王朝戰無不勝。

現在，國家崩潰，象徵著他的驕傲的「馬」也不再是最受歡迎的繪畫對象。名畫家韋偃也曾是長安城裡畫馬的高手，但在成都，主顧更喜歡他畫松樹。杜甫聽說韋偃在成都，趕緊不知道哪裡摸出來一匹上好的東絹，扛去韋偃家，請他為自己畫一壁古松。但杜甫的草堂建成，將要離開成都的韋偃還是決定為他在壁上留下兩匹駿馬。

藝術的纖細敏感，需要受過訓練的眼睛才能夠讚許，依賴時代以優裕寬容照亮。現在，精心鑽研的聲調、筆觸與韻律都無可避免地與曾經強盛的時代一道沉入歷史的長夜。廣德二年（七六四年），杜甫一連寫了兩首詩，紀念他死去與艱難活著的畫家朋友們。焰火燃盡，藝術家們並不能在生死與戰禍裡摘別出自己的命運：

> 鄭公粉繪隨長夜，曹霸丹青已白頭。
> 天下何曾有山水，人間不解重驊騮。
>
> ——〈存歿口號二首·其二〉

杜甫仔細地記錄他們過去的輝煌，哪怕在他們輝煌的長安城裡，他也不過是一個在筵席上敬陪末座的小角色。但通過複述他們的輝煌，杜甫一次次聞到昌樂坊一帶濃郁的梨花蜜甜香，他再次看見飛閣相連的大明宮。慈恩寺高塔下年輕的鄭虔、王維分據白壁兩端，擠擠攘攘等著聽故事看畫畫的人群壓低聲音興奮地談論著他們的衣著、神貌，他們執筆的手勢。甚至啟夏門邊他住過的陋巷，無數個積水成塘的下雨天。

但是誰又如他記得長安一樣記得這個喋喋不休的老詩人呢？

九

永泰元年（七六五年），嚴武去世，杜甫在成都再無依靠。靠著攢下的一點兒錢，他終於正式開始了歸鄉的旅途。五年前，他進入成都，一窮二白，幾乎一無所有。現在他離開，連健康也失去了。在長安時染上的肺病一直沒好，糖尿病也越發嚴重，發起病來，焦渴難耐。風痺發作，右臂抬不起來。聾了左耳。

這一趟被貧窮與疾病糾纏的旅途並不順利，磕磕絆絆，走走停停。大曆元年（七六六年），杜甫一家來到夔州（今重慶奉節縣），他在此度過了兩年多的時光。有段時間，他居住在城外建在江邊凸出的岩壁上的西閣。朱紅色的欄杆圍繞著樓閣，他常常獨自站在欄杆隔成的露台上看岩層中露出的薄雲，水浪中翻湧的月亮。秋天的黃昏，他望著黑夜遮蔽晚霞，星子瀰漫天際。石上藤蘿，洲前蘆花，水邊擣衣聲陣陣而來，是當地人家在準備衣料做冬衣。他總是抬頭不由自主順著北斗的方向尋找長安的位置。

在夔州的秋夜裡，杜甫一口氣寫下八首〈秋興〉，全是回憶裡的長安。「同學少年多不賤，五陵衣馬自輕肥」——曾經杜陵的同學少年得勢升官，也不再理他了。「聞道長安似弈棋，百年世事不勝悲」——他離開長安之後，戰爭與叛亂，朝堂上翻雲覆雨的鬥爭，如下棋一樣瞬息萬變。「彩筆昔曾干氣象，白頭吟望苦低垂」——他也曾獻賦皇帝獲得讚賞，宰相們圍如牆堵，看他寫文章。這座城市裡留有他最意氣風發的好年歲，也有他總是功敗垂成的十年，但那都過去了。

現在，是他在長安寫下求官不得的悲憤愁苦時根本無法想像的憂慮——白了頭髮，戰火滿地，漂泊他鄉。而自然從不理會人心的悲苦，在一次次春回裡複習青春與溫馨，理直氣壯地向他展示著「泥融飛燕子，沙暖睡鴛鴦」，「江碧鳥逾白，山青花欲燃」。燕子走了還會飛來，山花落了還會再開。但對於人，過去的年歲不會倒回。當他一次次記錄他死去與流落他鄉的藝術家朋友們人生的最終章時，他知道，他也正在一天天去往與他們相同的方向。杜甫依然記得自己對於未來曾經有過的那些高遠的期望，現在，他知道，那些都不會再發生在自己身上。

這年秋天，吐蕃入侵，占領靈武，去往中原的道路再次封閉。長安依然遠在千里之外。

十

在夔州度過第三個除夕之前，杜甫一家終於聽見了好消息：吐蕃的入侵漸漸平定，在戰亂裡音信不通的弟弟杜觀在荊州當陽定居下來，連連寫信催喚他一道居住。他喜滋滋寫了好幾首詩，終於確定，過了除夕，就出三峽，與弟弟們團聚，回家去。

杜甫一家終於在大曆三年（七六八年）正月中旬動身，三月到達江陵。沿著長江水道從湖北到湖南，向東而去。一路缺衣少食，旅途艱難。歲暮時，到了洞庭湖。他登上波光映照裡聳立的岳陽樓。日月在湖水上輪轉，舉目四望，不再有年輕時登高的壯思逸興，哪怕他的願望僅剩下活著與家人團聚，也顯得太奢侈了——他回家的道路如同在湖面上漂轉的孤舟：

昔聞洞庭水，今上岳陽樓。
吳楚東南坼，乾坤日夜浮。
親朋無一字，老病有孤舟。
戎馬關山北，憑軒涕泗流。

——〈登岳陽樓〉

他摸索著在回鄉的路上尋找親人故舊，總不能如願。大曆四年（七六九年），杜甫從洞庭湖出發，經過潭州（今湖南長沙）抵達衡州（今湖南衡陽），原想投奔衡州刺史韋之晉，但到達衡州，才知道韋之晉已經調任潭州。折返潭州又發現韋之晉已經去世。這葉載著杜甫家人的小舟在江中彷徨漂流。兩岸峭壁對峙，他真的見到了山巔的鳳凰——君不見，瀟湘之山衡山高，山巔朱鳳聲嗷嗷。距離他第一次開口吟詠鳳凰，五十多年過去了。他眼裡的鳳凰不再高傲。現在他知道，一隻困在羅網裡的朱鳳如果還想要保護比他更弱小的白鳥，除了孤獨，還會得到勞累、擔憂和鴟鴞的仇恨。

大約也是在這一帶，他聽見熟悉的歌聲掠過波光搖曳的水面杳杳傳來：紅豆生南國，春來發幾枝。願君多採擷，此物最相思。

唱歌的是宮裡的名歌手李龜年。從前他在大明宮的宴會上唱歌，現在是湖南採訪使的遊船上。李龜年已經很老很老了。寫下這首詩的王維也已經在八年前去世。

在這一趟斷斷續續無比艱難的還鄉旅途中，杜甫不斷地告別。告別自己年輕時的志願，告別曾經的朋友。李龜年本比杜甫年長許多，杜甫第一次聽見他唱歌，才十幾歲。如今，兩個白髮老頭竟然分辨不出誰更老一些。唯一知道的是，這一次偶遇之後，衰老流離，恐怕再也不會相見。杜甫以描寫「再逢」為這次相見寫了一首關於離別的詩：

岐王宅裡尋常見，崔九堂前幾度聞。
正是江南好風景，落花時節又逢君。

——〈江南逢李龜年〉

有人說詩中描繪的江南與他們遇見的地點對不上，恐怕這不是杜甫的親作。但如果這確是杜甫寫的，便是他最後一首絕句。

十一

中原戰火未熄，長江水道也並不安全。大曆五年（七七〇年）四月，湖南兵馬使臧玠在潭州反叛，他不得不再次離開這一帶。沿耒水上行去郴州投靠舅父崔偉。夏天，杜甫一家被夏季暴漲的江水困在荒蕪的江中，幸好有耒陽縣令派人送來酒肉才免於餓死——傳說裡，飢餓多日的杜甫，飽餐一頓，暴食而亡。但與傳說相反，杜甫並沒有死於聶縣令好心送來的酒肉。飽餐一頓，小船離開耒陽流向未知的未來。

冬天到來的時候，載著杜甫的那條小船依然在洞庭湖一帶遊蕩。夜晚的湖面寬闊平靜，他可以看見獵戶座裡最亮的那顆星早早升起在北天。岸邊層層疊疊的小山和山上的紅楓在淺淺霧靄裡隱隱約約透出溫柔的輪廓。

他幾乎記不起家鄉的冬天了。他年輕時考進士不中，齊、楚、燕、趙玩了一圈之後，回到偃師首陽山下蓋了幾間土房，鄭重地辦了暖房儀式，刻石樹碑，祭奠了他們杜家最有名的祖先西晉當陽君杜預。準備安家在此。那已經是二十多年前的事情了。那幾間土房也許此時已經被白雪覆蓋，也許，早就毀滅在連綿的兵禍裡。

依然在病中的杜甫久不能眠，趴在枕上給湖南的親友寫信。在這首〈風疾舟中伏枕書懷三十六韻奉呈湖南親友〉裡，他抱怨病痛的折磨，年歲的蕪沒，他反省年輕時在長安熱情的干謁，也敘說在戰亂裡反覆的流離。最重要的是，戰爭為什麼還沒有結束？他到底什麼時候才能回到長安，回到他北方的故鄉？

據說，寫完這封信的這個冬天，五十八歲的杜甫病死在嶽州。

哪怕是死了，他也遙望故鄉，想要回家。杜甫寵愛的兒子宗武帶著歸葬父親的遺命流落湖湘。驕傲的老父親曾經在一年年的漂泊裡攤著滿床的書教他尋覓詩句與音律；他咿呀學語時便能「問知人客姓，誦得老夫詩」；漂泊夔州的元旦，年老體衰的父親提起筆來卻手指顫抖，筆落在紙上，十四歲的宗武落下眼淚，父親卻笑著寫道，「汝啼吾手戰，吾笑汝身長」——你因為我手抖而哭，我卻因為你長高而笑；在他生日時，為他寫詩，「自從都邑語，已伴老夫名。詩是吾家事，人傳世上情」——寄望他成為杜家更聲名卓著的詩人。

但因為貧窮與疾病，宗武英年早逝。他甚至無法將父親的遺骨帶回偃師的家族墓地安葬，遑論鑽研詩藝。宗武死前一再囑咐大兒子杜嗣業一定要將杜甫歸葬偃師。一直到唐憲宗元和八年（八一三年），杜嗣業一邊借錢，一邊沿路乞討求告，才終於將杜甫遷葬回偃師，完成了祖父念念不得的還鄉之願。

這一年，距離杜甫去世已經過去四十三年。

先人歸葬，總要請名人樹碑作銘，最好還是死者的親朋好友，才能記功彰美。杜甫的朋友們早已作古，新一代的詩人們又在長安崛起，他們中的大多數人都沒有聽說過杜甫的名字。杜嗣業途經江陵，聽說名詩人元稹正在做江陵府士曹參軍，便動了心思。求大詩人作碑文，價錢不菲。杜嗣業沒有多少錢，況且元稹正重病，生著瘧疾。希望渺茫，也要試一試。杜嗣業向元稹投遞了祖父的詩，並請求一篇墓誌銘。

沒想到元稹少年時便讀過杜甫，他欣然應允，寫下〈唐故工部員外郎杜君墓系銘並序〉。元稹說，杜甫寫樂府壯浪縱恣，寫長詩辭氣豪邁，風調情深。寫律詩對律精確又不落俗套。盡得古今之體勢，兼得人人之所獨專。他一直想為杜甫的詩歌文章分類注解，但終於病懶不能完成。

詩到元和體變新。中唐的詩人，跟隨杜甫的視角寫詩，為時為世，臧否時弊。但杜甫的後人裡，再也沒有出過詩人。

賭徒

李白

一

初冬十月，翰林院是大明宮裡最不討人喜歡的地方。出右銀台門右手一列長廊，大明宮最西北的位置，翰林院就在其中。夏天漫漫開放的紫薇花已經凋謝大半，龍首原上呼嘯的西北風裹起殘存的花瓣和枯捲的落葉。東邊緊鄰的麟德殿裡常開宴會，殿前殿下可坐三千人，舞馬舞象，仙管鳳凰調，宮鶯乍囀嬌。但值班的翰林學士只能在絲竹樂舞聲裡對著刻漏[1]，獨坐黃昏，忍受寒冷的北風，準備皇帝隨時召見。這是他們飛黃騰達所必須付出的代價——翰林學士沒有單獨品級，所以沒有專屬於翰林學士的工資。但為皇帝草擬制詔，參議政事，位卑權重。做過翰林，才叫朝廷「心腹」。

元和元年（八〇六年）的初冬，曾經的翰林學士韋執誼在遠離翰林院的崖州（今海南海口）裁開一張黃麻紙。他要草擬一篇〈翰林故事〉，記敘翰林院作為皇帝心腹近臣參與政事的歷史。為了記下玄宗開元年間至憲宗元和時期進入翰林學士的每一個名字，他調動曾經主持監修國史的記憶，急切等待一個如雷貫耳的名字來到他眼前：李白。

他們都是吟哦著他的詩篇長大的。當時李白的詩文還沒有定卷，有人讀過的多，有人讀過的少，但至少，人人都會默誦一篇〈大鵬賦〉。韋執誼的同事白居易雖然不喜歡李白，也得承認，他的詩，是詩中豪者。甚至，他們對於翰林院最初的印象也來源於他得意的詩句：「翰林秉筆回英眄，麟閣崢嶸誰可見。承恩初入銀台門，著書獨在金鑾殿。」

李白去世的那年（七六二年），代宗皇帝追封他為拾遺，但後世更喜歡稱呼他「李翰林」。他的朋友為他編纂的詩集叫《李翰林集》，他墓前的碑銘叫〈唐故翰林學士李君碣記〉。「翰林學士」這個稱呼，代表著文采，皇帝的信任，與政治中心的親近。

1 刻漏：古代的計時器。「刻」為標示刻度數的漏箭，「漏」為盛水的銅壺。用銅壺裝水，底穿一孔，中置漏箭，壺中水從壺底漏出，逐漸減少，箭上刻度漸次顯露，據此測知時刻。

只是，哪怕後人執著於稱呼他「李翰林」，韋執誼所能檢閱到的材料裡，從開元二十六年（七三八年）玄宗皇帝設翰林學士開始，從來沒有一個翰林學士叫李白。

二

天寶元年（七四二年），黃雞肥黍米熟的秋天，無業遊民李白修道歸來。剛踏進東魯家中，一道皇帝徵召入京的命令已經在等待他。常年沒有工作，沒有官職，沒有穩定收入，因為無法忍受鄰居與女友的嘲笑奚落而不得不隔三岔五逃跑的李白終於揚眉吐氣，眉飛色舞地寫下「會稽愚婦輕買臣，餘亦辭家西入秦。仰天大笑出門去，我輩豈是蓬蒿人」。

扔下詩句，揚長而去。

從東魯到長安，驛站漸多，樓房越密，各地口音甚至粟特語、回鶻語嘈嘈切切，長安就不遠了。越往城中去，甚至氣味也攪和在一起，成為大城市才有的混沌：橘皮胡桃瓤、梔子高良薑、乾棗、石榴、蓽撥、麻椒粒……剛出爐的古樓子焦香酥脆，胡姬舉起鸕鷀形狀的勺子用力壓向酒樽裡的酒糟，舀起清透酒液，殷勤勸客。童年裡已經印象淡泊的西域特產平平常常招掛在西市街頭轉角不起眼的店面上……

天寶元年（七四二年）的長安，像只華麗的大盤子，輕鬆接納一切想像裡的豐盛。

皇帝徵召，特別賜李白騎著黃金裝飾的駿馬進城，處處都有公家優厚周到的安排。李白再次來到長安，終於品嘗到在世界上最大的都市做一個上等人的快活。李白愛富貴，愛虛榮，愛轟轟烈烈，愛建功立業。但他不能參加考試，走不了科舉那條窄卻筆直的道路。為此，他入贅宰相許圉師家娶許家孫女，到處投遞詩卷求人說好話，現在他就要登上金燦燦的宮殿，他這「旁門左道」就要成了。

十二年前，也是他，見識到的卻是另外一個長安。

開元十八年（七三〇年）的初夏，李白第一次到了長安，那時候他有點名氣了。二十多歲時，被皇帝稱作「大手筆」的蘇頲做益州長史，住在成都。李白專程打聽了蘇頲出行的時間，半路攔車，遞上詩卷。蘇頲看了很喜歡，對隨從說，這個孩子天才英麗，下筆不休。雖然還稚嫩，但繼續用功，未來可以與司馬相如比肩。李白從此成了蘇頲的小朋友。

但他不夠有名氣。他想見到皇帝，或者皇帝熱愛文學的妹妹玉真公主，但沒有「關係」。在長安城裡遊蕩，從夏天一直待到初秋，多方訪求終於被一個張先生安排著住進了玉真公主的別館。別館在郊外終南山上，他精心挑選好最得意的詩賦，抄成詩卷，演練對答，但一天一天又一天，除去蠨蛸和蟋蟀，巨大的別館裡沒有半個人搭理他。早秋的山間陰雨連連，廚房沒有人做飯，刀上爬滿綠蘚，只能寫詩。有酒無友，生性愛熱鬧的李白苦著臉，都是牢騷怪話：「吟詠思管樂，此人已成灰。」在這兩首〈玉真公主別館苦雨贈衛尉張卿〉裡，他向介紹人求救，旁敲側擊讓他趕緊介紹自己。他寫「彈劍謝公子，無魚良可哀」，也寫「何時黃金盤，一斛薦檳榔」。但是這位張先生——有人說他是玉真公主的侄女婿張垍，也有人說他是玉真公主的情夫——並沒有理睬他。後來李白又求了些人，從秋到冬，處處碰壁。「彈劍作歌奏苦聲，曳裾王門不稱情。」

他現在知道了，「大道如青天，我獨不得出」。

鬱悶極了，乾脆在城裡鬥雞走狗，喝酒賭錢，想玩個開心。他腰掛延陵劍，玉帶明珠袍，自以為瀟灑得不行，卻不知道早得罪了長安城裡真正橫著走的惡少們，陷入棍棒拳頭的重重包圍。最後還是朋友陸調一人一馬，越過人叢把他救了出來。

這次徹底的失敗被李白寫進了樂府〈行路難〉：

大道如青天，我獨不得出。
羞逐長安社中兒，赤雞白狗賭梨栗。
彈劍作歌奏苦聲，曳裾王門不稱情。
淮陰市井笑韓信，漢朝公卿忌賈生。
君不見昔時燕家重郭隗，擁篲折節無嫌猜。
劇辛、樂毅感恩分，輸肝剖膽效英才。
昭王白骨縈蔓草，誰人更掃黃金台？
行路難，歸去來！

他寫雜言詩，自有他跌跌撞撞的節奏，在這只屬於李白（或遺傳於鮑照）的縱橫跌宕裡，他是從市井流氓胯下鑽過去的韓信，是困在長沙的賈誼，窮極無聊的陰雨天，屋裡忽然飛進一隻不祥鵩鳥。他混跡在古往今來一切時運不濟的英雄與才子間，狼狽，憤恨不平。

十二年後，忽然時來運轉，甚至有一種傳奇般的瀟灑。奉詔入朝的不止李白一個，不知道哪天能夠面見皇帝，只能等待。焦慮的李白常去紫極宮拜太上老君。沒想到，在紫極宮中撞見了一個鬚髮皆白的老頭兒——太子賓客、銀青光祿大夫、正授祕書監[2]賀知章。賀知章八十多歲了，越發狂放豁達。愛飲酒，愛談笑，更熱愛好文章至癲狂。〈本事詩〉裡提到這次偶遇：李白趕緊攤開隨身攜帶的詩卷，拿出自己的得意之作〈蜀道難〉請他看。賀知章一邊讀，一邊擊節讚歎，他操著一口濃重的吳語，李白極力辨認才勉強聽出賀知章誇他是「謫仙人」。賀知章自稱「四明狂客」，快退休了，更無所顧忌，一手拽著詩卷，一手拉著李白，劈頭便去了酒樓，領著李白狂飲酣宴。結帳時一摸口袋卻沒有帶錢。賀知章神色不變，解下腰間進出宮門的信物——金龜，押給店家。

添酒回燈，再開宴。

三

有玉真公主的引薦，有賀知章的拚命吹捧，還有一幫道士朋友在皇帝面前替他說好話，這一次進京，李白終於得到一個面見皇帝的機會。這是李白一輩子最榮耀的時刻，他把這短短際遇添油加醋講過許多許多遍。

他講給族叔李陽冰，被記在〈草堂集序〉裡：皇帝一見到他，如同當年漢高祖劉邦見到求而不得的商山四皓[3]，降下步輦，步行迎接。而後，又請他坐在七

2 太子賓客、銀青光祿大夫、正授祕書監：唐代的職官稱謂中一般包含職事官、散官、勳官和爵號。銀青光祿大夫是三品散官，太子賓客和祕書監是職事官，太子賓客是太子屬官，祕書監為收藏皇家圖書典籍的祕書省的長官。

3 商山四皓：秦末漢初四個有名的隱士，分別為東園公、綺里季、夏黃公、角里先生。四人皆八十高齡，為避秦暴政而隱居商山，時人稱之為「商山四皓」。司馬遷在《史記》中寫道，西漢初年，漢高祖劉邦屢屢想要徵召這幾位高人做官，屢屢被拒絕。後來，劉邦想要廢掉太子劉盈，改立戚夫人的兒子趙王如意，群臣諫而不聽。張良為太子的母親呂后出主意，禮遇商山四皓，請他們赴宴。宴會中劉邦看見這四個老頭兒以為太子得到了他們的幫助，羽翼已成，只得打消了廢太子的念頭。

寶床上賜宴，又親手替李白調羹湯。對他說：你只是個布衣，朕卻知道你的名字，不是你平時累積道義才會這樣嗎？他講給崇拜者魏顥，被記在〈李翰林集序〉：皇帝試他文章，命他草擬〈出師詔〉，李白已經喝了半醉，不打草稿，援筆立成。

總之，皇帝很喜歡，讓他去翰林院工作，並許諾，過幾天就讓他做中書舍人，專管草擬詔書。李白早聽說過翰林院的清貴：唐太宗貞觀時代起，就有把當世才俊和皇帝親信召集起來做弘文館學士的傳統。他們為皇帝講習文化，參謀軍政，不管是宴會或出行，都陪伴左右。這就是翰林學士的前身。開元初，玄宗皇帝嫌外廷中書侍郎草擬詔書要走的流程太多，處理急務跟不上事情發生的節奏，於是選拔朝官中有文采學識的人，在翰林院做翰林學士，作為他的私人顧問草擬制詔。當年的名相張九齡，李白時代皇帝的女婿、宰相張說的兒子張垍都擔任過這個工作。

彷彿天光當頭，都只照在他一人頭頂上，正是他喜歡的成名方式。驕傲又得意，李白翻來覆去寫金燦燦的日常：坐有象牙席，宴飲有黃金盤，白龍馬配白玉鞍，連馬鐙都雕著精美的圖案。享受皇家富貴的李白根本不掩飾一個鄉巴佬驟然發達的受寵若驚。他跟著玄宗去了華清池，隨駕的王公大人都對他客客氣氣，那些穿著紫綬金章的高官看到他了，甚至要快步走過來搭訕。從前笑他微賤者，卻來請謁為交歡。從華清池回來遇到了故人，他一邊吹噓皇帝對他的寵愛，一邊誇下海口：待我向皇帝說點好話，回頭也賜你個官做。

但漸漸他發現，做官是複雜的門道，哪怕同一個翰林院中，一廊之隔便是高低貴賤兩重天地。翰林院南院是掛職「翰林學士」為皇帝草擬制詔的朝廷高官，翰林院北院只是書畫家、醫生、道士等陪著皇帝遊玩宴飲卻不參與國家機密的「翰林供奉」。

比如李白。

一大早要到禁中報到，不到夕陽西下不得隨意離開。喝酒遊蕩也不行，得恭候皇帝隨時的傳詔。別人都忙著國家大事，只他每天的工作就是讀書：「觀書散遺帙，探古窮至妙。片言苟會心，掩卷忽而笑。」笑也只對自己，會心也只對自己。他以為珍饈美味、寶馬貂裘就是擠進朝廷中心的標誌，實際還差得很遠。翰林學士不過是「使職」：一個翰林學士，必須已經有正式的官職，依照「本官」定薪俸，「翰林學士」這個官銜，加綴在本官前後，是親近皇帝的證明，是榮耀。不過，翰林院的事情，雖然光榮，只是個兼職。但李白，跟別的翰林學士完全不一樣——他從頭到尾並沒有在吏部的任何地方登記，更不要說「本官」。

這樣隱祕的差別，是官僚家族裡口耳相傳的經驗。李白給自己編造了皇親國戚的身分，自稱是西涼武昭王李暠的九世孫（唐高祖李淵是李暠的六世孫）。事實上，李白家裡近世的先輩都是布衣平民，他又從哪裡提前得知呢？

李白極力收斂起他大剌剌的性格，謹小慎微地學習做一個公務員。可是，總有藏不住的時候，便被同事在背後指指點點。他必須一邊忍受刻板無聊的日常一邊忍受同事的議論，向來什麼都不放在心上的李白可憐兮兮寫道：「青蠅易相點，白雪難同調。」他直到晚年都恨恨回憶起被排擠的生活是「為賤臣詐詭」。甚至，有人在他背後向皇帝說三道四，他知道了，但孤立無援，也無計可施，只能事後咒罵「讒惑英主心，恩疏佞臣計」。而另一邊，得寵的人便可以「鬥雞金宮裡，蹴鞠瑤台邊」。

巨大的不公正讓李白憤憤。他拘束著自己，只為等待皇帝兌現之前讓他做中書舍人的承諾，但皇帝根本沒再提起這話頭。不僅沒給他任何正式的官職，甚至沒給他派什麼正事。李白終於忍不了這望不到頭的枯燥與排擠，向皇帝提出了辭職。

也許皇帝只是忙忘了，他一提出辭職便記起來了呢？

四

皇帝拿到辭呈，哦了一聲，甚至沒有像樣地挽留，便賜給他一筆金子，體面地讓他離開。永遠有疊如浪湧的才子向皇帝面前擠過來，文學侍從是通向李白夢想的事業道路，但對於皇帝，只是少了一個陪玩的人而已，不是什麼需要費腦筋思考的問題。

李白以為，他離中書舍人只有一步之遙。功敗垂成，都是有人害他，他算來算去，害他的人一定是張垍——張垍以太常卿本官充任翰林學士，但他父親是做過宰相的燕國公張說，自己是玄宗寵愛的女婿。在李白看來，一定是張垍嫉妒他，技不如人便靠著出身向皇帝說壞話。

但做中書舍人本來也不靠文采。這是帝國文官系統弔詭的地方，似乎文采、學問是甄選官員的標準，實際上，好文采遠不如對官僚系統運作體系的熟稔。唐代授官，五品以上制授，六品以下敕授。制、敕與拜官的拜冊都由尚書省相關部門擬定呈給皇帝。文官由吏部管轄，武官由兵部管轄。只有皇帝直接領導的供奉官（常常負有監察責任）如拾遺、補闕等，雖然是六品以下，由敕授，但不由吏部插手。中書省草詔，門下省審查批准，然後奏覆皇帝，皇帝看過無誤，便畫「可」或「聞」，再轉回門下省縫印，而後送尚書省執行。有時候中書省按著皇帝的意思擬出制敕，門下省審查不通過，門下省給事中可以「塗歸」，「封還」中書。太宗貞觀時候有名的魏徵就做過給事中，曾經有封還敕書三四次不給通過，氣得皇帝只能詔他御前討論的故事。

在這樣成熟的官僚系統裡，皇帝喜歡一個人，想在官僚系統裡給他一個職位，也需要許多人的點頭同意。而這「許多人」有很多理由和方式阻止皇帝。官僚系統的分權是為國家機器能夠正常運轉而設，它負責過濾一意孤行的巨大危害，但同時，它也過濾特立獨行的耀眼才華。

要做官，李白有許多考試可以參加：考進士，考明經，通儒家五經的，通一史的，甚至只是文章寫得好的，被注意到了，與其相對應的六部二十四司具體的行政部門或者中書省都可以安排特別考試。皇帝還會在每年舉辦「制舉」，以各種名目考試人才。

但「我不能參加任何正規的考試」這句話，李白沒法告訴任何人。他年輕時綿州刺史便想要推薦他參加制舉，被他以「養高忘機」為名，冷淡地拒絕了，哪怕他曾經在〈秋日于太原南柵餞陽曲王贊公賈少公石艾尹少公應舉赴上都序〉中以羨慕的口吻送別他參加制科考試的朋友們說：擅長政務也好，擅長外交也好，都能在制舉裡得到好的前程。只是他，必須繼續特立獨行地引人注目，再極力吹捧對他表示興趣的一切高官顯貴，在這條不可能的道路上一走至黑。

他生來就被剝奪了通過考試飛黃騰達的選擇：哪怕他有在正規考試裡拔得頭籌的才能，也根本無法通過考試之後的資格審核。參加禮部考試之前需要先參加各州貢舉。各州貢舉的人選必須有明確清楚的本州縣籍貫。考完之後，考生需要「懷牒自陳」：帶上證明家世的戶籍文件，接受對選舉資格的查驗——考試也不是英雄不問出處。有人說，李白的父親經商，所以作為商人他沒有資格應考；但更大的可能是，李白一家根本沒有戶籍。

李白的身世最詳細的記載來源於他的族叔李陽冰的〈草堂集序〉和范傳正為他寫的墓碑〈唐左拾遺翰林學士李公新墓碑並序〉（范傳正這篇碑記中關於李白的生平錄自李白的兒子伯禽）。李陽冰和范傳正都講到李白的先輩因為犯罪被流放，不得不改換姓名。一直到武則天神龍年間，才逃歸蜀地。唐初求賢若渴，增加科舉的考試科目，連能夠靠門蔭做官的貴族子弟也以考上進士為榮，但李白的家族直到他這代已經有五世無人做官。

李白的父親從西域回到中原，沿魏晉時已經開通的西山路本可以在松州、茂州（今四川松潘縣、茂縣一帶）直接南下繁華的成都，但李白一家卻到松州之後向東南，定居在荒蕪的綿州。李白家裡對教育十分看重，在李白小的時候，父親便嚴格督促他讀書作文。「五歲誦六甲，十歲觀百家。」、「十五觀奇書，作賦凌相如。」漢賦楚辭，諸子百家，博觀約取。

在李白的時代，京城原本只供給皇親國戚、高官顯貴上學讀書的弘文館、太學，也已經開始招收少量的庶人。可是，望子成龍的李白父親既沒有把家搬往文教更發達的州縣，李白也沒有能夠進入學習條件更好的京城國子學。逃歸的人家沒有戶籍，他努力避開任何會被盤查身分戶籍的活動，甚至不願意去人口更繁多的州縣安家。

同時代的詩人都在拚命考試，李白想都不能想。他只能靠拚命「特立獨行」，奪人耳目。皇帝的妹妹玉真公主是個專業道姑，皇帝也是個受過道籙的修道愛好者。長安和洛陽不僅修了道教的軒轅黃帝廟，還開設了教授道教經典的崇玄學。

為了再次受到關注，李白既要做個名詩人，也想做個名道士。天寶三載（七四四年），從長安離開後，他先去安陵（今河南鄢陵）請道士蓋寰為他造了道籙，而後在齊州（今山東濟南）紫極宮高天師處舉行了儀式，受道籙。有了這張紙，從此他便是官方記錄在冊的道士，在天庭有了與自己對應的神職，有了念符咒差遣天兵天將的資格。只要他高興，便可以腰佩桃木劍，身掛法印、策杖，穿上道袍道冠，棄俗求仙，長生不老。後來，他甚至還一本正經地頭戴遠遊冠，腰佩豁落七元流火金鈴，在曹南山造了一個煉丹房（每次李白受了委屈，灰心喪氣時便要喊著「吾將營丹砂，永與世人別」去山裡煉丹）。然而，李白並沒有從此老實地在得道成仙之路上耕耘，相反，他給自己規畫了更周全的干謁路線。給駙馬獨孤明寫詩，懇求「公子重回顧」；〈贈崔諮議〉寫自己是一匹天馬，只是世道翻覆，前途難料，希望崔諮議能夠提攜，他就能夠馳騁大路；〈贈裴司馬〉自比技術高超的秀女，但被人嫉妒陷害，生計可憐，「向君發皓齒，顧我莫相違」。

他時時回憶起那時金燦燦的殿閣上，人人都向他躬身行禮。他做了一切努力，為了再次回到皇帝身邊。

只是，長安如夢裡，何日是歸期？

五

從長安去哪裡都方便。驛路從帝國的中心輻射出去，東到宋州（今河南商丘市南）、汴州（今河南開封東南），西到岐州（今陝西鳳翔），路邊酒店旅舍林立，有酒有肉，還有驛驢可以租借。或者走水路，洛陽是全國水道的中心，運河的起點。想去南方只需要在洛陽上船，沿通濟渠到汴州，沿汴河一路東下，經過宋州、宿州（今安徽宿州），到泗州臨淮再換船沿淮水到楚州（今江蘇淮安），而後便能順著漕渠到達揚州。路上的治安很不錯，哪怕一個手無寸鐵的普通人也可以放心遨遊，更何況他是袖中藏匕首、腰上掛長劍的「武林高手」李白。

去哪裡都好，獨獨不能回家。

李白離開長安的這年四十好幾了。與他的同齡人一樣，他娶過一個妻子，有兩個兒子、一個女兒。孩子們的母親是故宰相許圉師的孫女，很早便去世了。他帶著孩子們從安陸（今湖北安陸）搬到東魯兗州（今山東濟寧），同居了幾個婦人，都不開心。她們不滿意他喝酒修道，沒有收入考不了功名，整天嫌棄抱怨。魯地儒家文化根深柢固，在老儒生眼裡他一身頑劣，連頭髮絲兒也透著不可救藥。李白不受閒氣，他嘲笑自己的同居女友是「愚婦」，又寫了一首〈嘲魯儒〉，為老儒生畫了一張漫畫：老儒生為了書上兩句話的意義，熬了一頭白髮，你要是問他點兒跟國計民生相關的，他就滿頭問號，如墜煙霧。穿著的衣服如同幾百年前的出土文物，動一動就一身塵土。現在的朝廷，根本不喜歡你們這樣的啦！

丟下氣死人的詩，李白學劍漫遊，訪道友，飲美酒。

作為父親，他與兒女們相處的時間不如一同隱居修道的道士，不如「玉碗盛來琥珀光」的蘭陵美酒，更不如漫遊齊魯歷經的山水。他看起來像一個沒心沒肺的單身漢，但他也依然有一個父親的溫柔。天寶元年，李白從山中隱居歸來，皇帝詔他入京的消息適時來到，他揚眉吐氣地寫下〈南陵別兒童入京〉。但在這首詩裡，他也寫見到久違的父親撲上來牽住他衣角的兒女。在他這個家裡，只有他每回歸來都會「嬉笑牽人衣」的一雙兒女值得留戀。兩年過去了，他雖然帶著皇帝賞賜的黃金離開長安，但依然沒有謀到長久的顯赫官爵。李白自然渴望與兒女團聚，但更無法忍受女友與鄰居的嘲笑。

他決定往東去江南，見四百年前的謝安，三百年前的謝靈運，兩百年前的謝脁。他們生活在已經逝去的時間裡，也生活在他的仰慕裡。李白總在詩句裡追趕謝脁與謝靈運的腳步。謝脁寫過「朔風吹飛雨，蕭條江上來」，他便要寫「我吟謝脁詩上語，朔風颯颯吹飛雨」；謝脁寫過「餘霞散成綺，澄江靜如練」，他便寫「解道澄江靜如練，令人長憶謝玄暉」。謝脁曾經做過宣城太守，李白把謝脁赴任的路線都摸清了，跟著走了一遍。他後來漫遊江南，甚至把家安在敬亭山下謝脁故居邊，「我家敬亭下，輒繼謝公作。相去數百年，風期宛如昨。」他也登上宣州謝脁樓，唱「棄我去者昨日之日不可留，亂我心者今日之日多煩憂」。

在謝靈運身上，李白找到身世與際遇的共鳴。謝靈運是謝安的重侄孫，家族高門，但他自己卻從小就被寄養，人人都叫他「阿客」，甚至在他無法為自己說一句的時候，他被排除在時代之外的命運便這樣定下了。李白也是這個時代的客人，但他上天入地使盡渾身解數為衝破嚴絲合縫的選官制度罩住他的一張大網，抗議他被排除在時代主流外的命運。他像一頭固執的蠻牛，必須要去撞擊長安城政權中心固若金湯的圈層，但在他心底，總戀戀不忘的是他偶像們生活過的地方，他的精神故鄉。

天寶六載，李白在南京。他終於遠遠逃開家庭的瑣事與世俗的審視。但在精神自由與舐犢之情間，李白並沒有他常常表現出的那樣瀟灑。沒有酣宴與冶遊時，他還是會想念起他的一雙兒女。他想，離家時在屋旁種下的桃樹應該已經長成，恐怕跟屋子一樣高。開花的時節，小兒子伯禽與小女兒平陽也許雙雙在樹下玩耍，小女兒折下桃花想要獻給父親，才想起來，阿爺已經有三年多不曾回家了。他寄給孩子們一首詩：

吳地桑葉綠，吳蠶已三眠。
我家寄東魯，誰種龜陰田？
春事已不及，江行復茫然。
南風吹歸心，飛墮酒樓前。
樓東一株桃，枝葉拂青煙。
此樹我所種，別來向三年。
桃今與樓齊，我行尚未旋。
嬌女字平陽，折花倚桃邊。

折花不見我，淚下如流泉。
小兒名伯禽，與姊亦齊肩。
雙行桃樹下，撫背復誰憐？
念此失次第，肝腸日憂煎。
裂素寫遠意，因之汶陽川。

——〈寄東魯二稚子〉

而後，藏起對兒女的思念，他返回梁、宋之間，往來南北的繁華埠口，總該有富，有貴，或者有他的機會。

但在李白繼續他迂回曲折的「重回長安」之旅前，在離開長安的這一年，並不是純然一無所獲。天寶三載（七四四年），李白收穫了一個新朋友——杜甫。

六

我們大約知道他們在天寶三載（七四四年）的秋天碰面，但他們怎樣認識，究竟在哪裡相識，已經杳不可考。後代的研究家有許多浪漫的猜測。有人說，李白住在東魯時他們便認識。杜甫的父親是兗州司馬，杜甫在齊魯漫遊時，李白也在儒生與女友的嘲諷中四處遊蕩，他們很可能早就結識在路邊的酒館旅店。有人說，他們共同的前輩李邕一定要攢個局，讓這兩位後生互相認識。更多的人認為，住在洛陽附近首陽山的杜甫進城的時候與漫遊的李白相會在洛陽。更有可能，天寶三載（七四四年），李白離開長安在汴州徘徊，杜甫因為祖母喪事來回奔走在梁、宋之間，不期而遇。

總之，杜甫在三十二歲這年識得了他這輩子最看重的朋友。他有一雙過於明亮的眼睛。這是很多人對李白的第一印象：「眸子炯然，哆如餓虎。」他腰上掛著一把鋒利華麗的長劍，袖子裡藏著一把匕首。像是書裡寫過春秋時期的遊俠。他特別強調自己小時候行俠仗義，曾經殺過幾個人。「十步殺一人，千里不留行」——殺人竟然也可以這麼得意？杜甫聽了，竟然很興奮，誇獎他是「白刃仇不義，黃金傾有無。殺人紅塵裡，報答在斯須」——甚至危險地躍躍欲試。對於杜甫來說，李白是從天而降的異類，充滿著神祕的吸引力。

李白的父輩在西域經商，直到他五歲才因為避禍搬回唐土。他從小便接受中原的教育，卻充滿異域情調。他愛歷史，也寫懷古詩，但他的懷古是摟著歌姬，墳頭跳舞：

攜妓東土山，悵然悲謝安。
我妓今朝如花月，他妓古墳荒草寒。
白雞夢後三百歲，灑酒澆君同所歡。
酣來自作青海舞，秋風吹落紫綺冠。
彼亦一時，此亦一時，浩浩洪流之詠何必奇。

——〈東山吟〉

他二十多歲時與朋友吳指南遊洞庭，吳指南病死。李白抱著他的屍身大哭，淚盡後泣血。那會兒他沒錢，只能草草埋了，而後繼續遊歷。過了幾年還是放心不下，李白又回到洞庭，挖出吳指南的屍身，剔去筋肉，包起吳指南的骨頭，裹在背囊裡，一邊旅行一邊乞討借錢，終於把吳指南的骨頭厚葬在鄂城之東。

天地山川，從他的眼裡看過去有不一樣的尺度：他生長在四川綿州（今四川綿陽一帶）的群山之中，他少時攀登遊玩的紫雲山、大匡山上常有雲霧繚繞，有紫雲結於山頂，有騎羊仙人凌日而去。他描繪道宮仙境繪聲繪色，讓人神往。

在李白的蠱惑下，杜甫這孔子的好學生竟然與李白「方期拾瑤草」——要去王屋山訪謁道士華蓋君。但命運皺了皺眉頭：杜甫的未來應該屬於腳下興亡斗轉的大地，屬於受困於家族的凡人。修道成仙，不是他的路——杜甫剛到王屋山便得到消息，華蓋君已經去世。於是他又悻悻然回到汴州。

李白還有許多皇帝賞賜的黃金，杜甫的父親杜閒正在兗州做司馬，供給他肥馬輕裘。這兩位後來窮到吃不了飯屢屢要寫信向朋友借錢的詩人，加上還籍籍無名的高適，此時還不需承受世俗生活油烹火炸的刻薄煎熬，在齊州、宋州過了一段快活日子：他們遊訪西漢梁孝王留存的園林，登上半月形的單父台，一邊「置酒望白雲，商飆起寒梧」，一邊在繁華汴州一馬平川的原野上馳騁，望見「邑中九萬家，高棟照通衢」。至於在酒壚中談論詩歌與政治，在歌姬的溫柔陪伴裡廝混一天更是常事。攜手去尋訪有名的隱士，「醉眠秋共被，攜手日同行」，喝醉了便即席朗誦屈原的〈橘頌〉。

天寶四載秋天，杜甫離開兗州，李白在堯祠擺酒為他餞行。他為杜甫寫了〈魯郡東石門送杜二甫〉：

醉別復幾日，登臨遍池台。
何時石門路，重有金樽開？
秋波落泗水，海色明徂徠。
飛蓬各自遠，且盡手中杯。

李白最擅長向他喜歡的朋友表達火熱的感情，他為孟浩然寫「吾愛孟夫子，風流天下聞」，他為秋浦崔縣令寫「吾愛崔秋浦，宛然陶令風」，但他只對杜甫說，「飛蓬各自遠，且盡手中杯」。「轉蓬」在樂府中常見，曹植曾經用過這個典，「轉蓬離本根，飄飄隨長風」。在植物的盛衰裡，詩人觀察到人生的本質：短暫相聚之後，如同枝葉，各自有枯榮。他面前的年輕人有清白的家世，有顯赫的宗族，他上進而聰慧，他可以去考進士，考制舉，朝廷的選官制度為他這樣的人精心鋪設了走向政權中心的紅地毯。他將會走向一種與自己截然不同的人生。

還是舉起酒杯，快樂地乾了這杯酒吧！這就是他們最後的見面。

七

天寶十四載（七五五年）的秋天，第一片黃葉落下的時候，天氣並不太冷。李白依然熱衷於勞而無功的求官，但聰明的人已經感覺到涼意。

唐代為防禦外敵入侵在東北、西北邊境設立了六個都護府，玄宗天寶年間，為了應對邊境戰事又增加十節度使，屯集重兵。屢屢有人向皇帝諫言，安祿山身兼平盧、范陽和河東三鎮節度使，權力膨脹，恐怕有反心。但皇帝並不放在心上，甚至很樂意他的朝臣們以一種敵對的狀態各分陣營，相互攻訐：西北軍哥舒翰與東北的安祿山是死敵，甚至不能坐在一桌吃飯。太子與軍隊的聯繫被切斷，在朝堂上與李林甫相互制約，楊國忠繼承李林甫的相位之後與安祿山互相敵對，屢屢報告安祿山要反。他們的互相敵視正說明玄宗這個五十年太平天子的政治平衡之術越發精湛。玄宗皇帝以為自己了解人性，卻沒計算在利益的反覆博弈之下，是「忠誠」這個稜角分明的概念在經受磨礪。

十一月，帶著血腥味的戰鼓如同被詛咒的野火在北中國蔓延。范陽、平盧、河東三鎮節度使安祿山帶領奚、契丹十五萬人在范陽反叛。所過州縣，望風瓦解，守令有的棄城出逃，有的直接開門出迎。不到一個月，就打到洛陽城下。封常清、哥舒翰相繼兵敗，原先在長安城裡觀望戰局的京畿大家族們終於開始龐大又沉重的遷徙。通往淮南道、江南道、山南道與劍南道的道路渡口，扶老攜幼，車馬相連，甚至有些家族迢迢遷往更險遠的嶺南道。

李白沒有重要到有專人追蹤他在這時的行蹤，他自己也不耐煩寫日記。時間、地點、做了什麼事情，一概不清不楚。幾種李白年譜都認為，在這場戰禍蔓延的時候，李白一直在江南。但更有可能，安祿山起兵的時候，他還停留在梁、宋一帶尋找機會。河南河北陷落，李白沒來得及逃走。比起他那些中原出身的朋友們，他還有保命的絕技——他會胡語，長得高眉深目，像胡人。他便改換胡服，混在叛軍中，竟然逃了出來。

在《奔亡道中》五首裡，他寫中原被占領成為邊塞——「洛陽為易水，嵩岳是燕山」，他自己「愁容變海色，短服改胡衣」，也寫「仍留一隻箭，未射魯連書」，「申包惟慟哭，七日鬢毛斑」。這樣的變亂，是他效仿他春秋戰國的偶像們建立不朽功勳的機會。他聽說封常清在洛陽招募軍士，也聽說高仙芝帶著五萬甲士出長安，駐守函谷關，立刻往函谷關投奔高仙芝的軍隊。但戰亂中，沒人有空搭理一個浪漫詩人報效國家的熱情。他沒有能夠在函谷關參軍，也沒有能夠在玄宗離開長安前見到皇帝，只能跟著逃亡的隊伍上了華山。從山上望下去，洛陽一帶的平原上，茫茫都是安祿山的軍隊。當杜甫被囚在長安城裡寫「昨夜東風吹血腥，東來橐駝滿舊都」時，李白看見了洛陽相同的場景，「流血塗野草，豺狼盡冠纓」。杜甫從長安城裡向朝廷所在的鳳翔逃去的時候，李白被逃難的人群一路裹挾奔向江南。

最終到達江南，已經是天寶十五載（七五六年）的暮春。歇馬傍春草，欲行遠道迷。

有一件事情是確切知道的：從來不算計日常的李白，很不尋常地寫了一首婆婆媽媽的詩。他的一個叫武諤的門人專門來尋他，問他有什麼需要幫助的。李白寫下〈贈武十七諤〉請求武諤穿過交戰的火線，去已經淪陷的山東，把兒子伯禽接到身邊來。

李白最終選擇住在廬山。「日照香爐生紫煙，遙看瀑布掛前川」——他滿可以繼續修道成仙了，但天下大亂，正是出英雄的時候。他蹉跎十多年而不得的機會，現在正有一個被捧在他面前：太子在馬嵬驛與去往成都的玄宗分道揚鑣，無奈之下，玄宗只能封太子李亨為天下兵馬元帥，命他收復長安。但同時，老皇帝也任命永王李璘為江淮兵馬都督、揚州節度大使，另帶一路兵馬在廣陵造船做水軍由海上繞道幽州，進攻安祿山的老巢。永王沿長江行軍，他的說客已經帶著永王的徵辟信來了兩次，請李白出山去做參謀。

李白都拒絕了——他又不傻，這是當時一般名士都會做出的一致選擇：江南還安定，應該在此休養生息等朝廷重建起來去謀個好位置。從軍去反抗，都是險中求富貴，不值當。消息靈通人士更知道，永王的行動關係著皇家爭權奪利的鬥爭：太子離開老皇帝後不久，自作主張繼位為帝，沒有通知老皇帝。老皇帝很快對此做出了反應——一邊發布退位詔書，一邊又補充說：四海軍國大事，皇帝先決定，然後奏給上皇。皇帝在西北靈武，距離長安遙遠，奏報難通的時候，上皇以詔旨先處置，然後奏給皇帝。等到長安克復，上皇才真正退休。太子手裡只有西北的統治權，江南還在老皇帝手裡。永王李璘這時候自己帶領一支軍隊南下，自然是老皇帝的命令。在新皇帝眼裡，李璘的軍隊就是老皇帝要從他手裡割出江南的狠招。明眼人都知道，跟著李璘難保不成為皇家爭權奪利的犧牲品。

但李白等不得了。太平時代，選官制度這架事無巨細的機器碾軋著他，不放過任何一個角落。而現在，一切機器都停止轉動，嚴絲合縫的規則被扯開一個大洞。他五十五歲了，這是時代的大不幸，也是他最後的機會。

八

人無法看清自己的命運，但前代的命運，像是黃麻紙上的纖維，絲綢撕開時參差的裂痕，觀察得久了，一切細節都有意義。諸葛亮隱居隆中，劉備去請了三次；謝安隱居東山，直到四十多歲還一無所成，這些都成了對李白命運的隱喻。他的人生軌跡必須在此時與諸葛亮、謝安重疊。

至德二載（七五七年）正月，永王李璘的軍隊到達潯陽。第三次派人來請，李白終於點頭，下山來到永王李璘軍中，成為江淮兵馬都督從事。他寫了十一首《永王東巡歌》記錄李璘進軍的過程。在他為自己設定的命運簿裡，這個時間點，他是淝水之戰前的謝安。他寫下「但用東山謝安石，為君談笑靜胡沙」。安史之亂將如淝水之戰成就謝安一樣，成就李白。

在李白用他積攢五十多年的熱情與才華為永王唱著高歌一路東下時，至德元載（七五六年）七月剛剛繼位的肅宗正在江南地區布下一張大網。在肅宗這裡，他有兩個敵人，一個是占領河南河北與國都的安祿山，另一個，是隨時能夠把他的皇帝位置擄奪的老皇帝玄宗。北方戰亂，江淮還有租賦億萬，是對抗安祿山所有資源的出處。永王李璘奉了玄宗皇帝的命令做山南東路、嶺南、黔中、江南四道節度使兼江陵大都督，盡占江南財政軍事。皇帝的寶座，是肅宗急吼吼從父親手裡搶來的，難道他的兄弟不能再從他的手上搶去嗎？偏偏李白還在《永王東巡歌》裡大剌剌寫「我王樓艦輕秦漢，卻似文皇欲渡遼」，「龍蟠虎踞帝王州，帝子金陵訪古丘」，「戰艦森森羅虎士，征帆一一引龍駒」。興高采烈，浩浩蕩蕩，甚至處處以過去的皇帝比擬永王，字字戳中肅宗的神經。

肅宗繼位後的第三個月，至德元載（七五六年）十月，肅宗下詔永王隻身回四川覲見玄宗，停止進軍。永王沒理他。於是肅宗立刻在永王李璘進軍的道路上設下無數絆子：至德元載（七五六年）十二月，肅宗新置淮南節度使，統領包括廣陵在內的十二郡，節度使是高適。置淮南西道節度使，統領汝南等五郡，與江東節度使一起負責圍剿永王。

江南地方的官員也對永王百般不合作。肅宗任命的度支郎中劉晏負責把江淮地區的租庸調運往北方為作戰提供財富，永王想給他在軍中一個職位，作為拉攏，被劉晏拒絕。不僅如此，劉晏還在私下與吳郡採訪使李希言謀畫把永王趕出去。李希言一邊在丹陽布置當地軍隊阻擋永王進軍，一邊挑釁永王：在給永王的官方文書裡不敬稱，直書永王姓名。

永王回信將李希言一通大罵，並在潤州擊敗了當地軍隊。永王一路從江陵而來，過潯陽，經當塗、江寧，勢如破竹般抵達潤州。

潤州，距離他要去的廣陵（揚州）還有六十三里。

至德二載（七五七年）二月十日，潤州的對岸瓜州忽然樹起「討逆」大旗，旗幟延綿，在陽光與江水照耀下閃閃發光。肅宗的親信太監也在詔討隊伍裡，昭告天下：這次進軍，在新皇帝那裡，是叛逆。永王的軍隊人心浮動。那天晚上，永王的親信季廣琛召集相熟的將軍，割臂結盟，背叛李璘，渡江而去。高樓被拆掉第一根柱子，轟然倒塌，永王的軍隊很快四散投降，逃跑，永王只能帶著少數親信先往晉陵（今江蘇常州），又往長江上游的江西逃去。官軍緊追不捨，最終將永王李璘射殺在江西大庾嶺。

九

李璘兵敗，隨從四散。李白混在敗亡的隊伍裡從丹陽坐船奔向東南方向的晉陵。二月的江南，夜風濕冷，追兵緊跟在後，火把相連如同燃燒的星火。恐懼與寒冷交替，漫漫難熬。熬不過去的時候，李白唱起了歌。窮途末路的水邊，是一定要唱歌的：荊軻刺秦，永訣易水；項羽敗亡，自刎烏江。但李白唱的這首歌，是委屈：他以為他是英勇的，他毫無疑問代表正義，他要去討伐安祿山的！沒想到，他把自己投入到一場本來已經避開的戰爭中，在政治的翻覆裡，他也成了一個反賊。

比起道術，其實李白更相信歷史對於命運的占卜。西元前五九七年晉國與楚國戰於兩棠，晉軍敗績，前有楚軍，後有黃河，晉軍被逼入絕境。記錄這次戰爭的左丘明在《左傳》裡冷酷而準確地描述晉軍慌亂的逃竄：「中軍、下軍爭舟，舟中之指可掬也。」《詩經》裡把一同並肩作戰的士兵叫「同袍」，但在這裡，兩支部隊爭奪逃亡的船隻，先上船的士兵瘋狂砍向扒著船舷的同袍。一截一截的手指維持著用力彎曲的角度咚咚咚地落在被血洗過的船上。又過了兩年，楚國圍攻宋國，圍城九個月，城內「易子而食，析骸以爨」——守城的軍民交換孩子吃，吃完了肉再把骨頭拆了當柴做飯。

殘酷的戰爭最後都歸入自相殘殺的結局。

李白在這首〈南奔書懷〉裡，用了這兩個典故：「舟中指可掬，城上骸爭爨。」

歷史如同詛咒一般再現：玄宗的兩個兒子帶著各自的軍隊相互殘殺，而長安、洛陽失陷，安祿山的將領阿史那承慶攻陷潁川郡，江陵、荊州以及荊州扼守的長江下游江南與巴楚地區都危在旦夕。

李白不耐煩太複雜的細節，戰爭也好，政治鬥爭也好，他不像杜甫那樣工筆細描某一場具體戰爭的殘酷。但更抽象地，他感覺到人類歷史一再地重複，這讓他失望煩悶。他曾經滿腔熱血，希望掃清寇亂，但現在，只能把一腔委屈氣憤唱進逃亡的歌裡，拔出劍砍向廢墟裡燒焦的柱子。

李白想逃回廬山，半道在彭澤被捕。這一個月的從軍行，成了李白無法洗脫的汙點。他只好拚命為自己辯解，「空名適自誤，迫脅上樓船」——都是因為太有名，被逼的。但他在永王的宴會上眉飛色舞寫下的詩句白紙黑字。永王徵辟時，拒絕了他的名士後來都活得好好的，到了李白這裡，「脅迫」就如此嚴重不能拒絕？顛倒錯亂，自相矛盾，但也只能硬著頭皮解釋。

李白被押在潯陽獄中時，永王李璘的謀士伏誅的消息每天傳來，不知道哪一天就有好酒好菜送進牢房，點到他的名字。他的妻子宗氏是武則天時代宰相宗楚客的孫女，此時託著家裡的關係為他上下奔走，眼淚流乾，受盡白眼。他還有一雙兒女，剛剛從戰亂的北方安全歸來，他還渴望有生之年再次回到長安，登上金燦燦的宮殿。

他要活下去。他瘋狂地向所有能為他說上一句半句的人投詩求救，比如他十年的老友高適。

天寶三載（七四四年），李白、高適與杜甫一起漫遊梁宋，跑馬觀妓。那時候的李白名滿天下，有皇帝贈予的黃金，有謫仙人的美譽。那時候的高適只不過是居住在宋中無數不得意的窮酸詩人。除去開元二十三年（七三五年）參加過一次不成功的制舉，別無建樹。現在，李白是階下囚，高適成了御史中丞、揚州大都督府長史、淮南節度使。

李白終於還是拉不下臉直接向高適求救。潯陽張孟熊將往廣陵去做高適的參軍。朋友遠行嘛，寫一首送別詩總是應當的。他為張孟熊寫了〈送張秀才謁高中丞並序〉，只是寫著寫著，主角變成了高公——「高公鎮淮海，談笑廓妖氛」；又說到自己的冤屈——「我無燕霜感，玉石俱燒焚」；自比鄒衍——鄒衍事燕惠王盡忠，遭讒言下獄，鄒衍仰天哭，五月天為之下霜。

他為這首詩寫了一個小序，說他在獄中讀秦末歷史，讀到張良的故事，深為感動。他想讓這通誇張的吹捧在「讀歷史至張良一節」這個隨機事件之下，顯得不那麼捉襟見肘的刻意，他也想高適能夠明白他的志向與冤屈。

看起來很有希望。永王的幕僚季廣琛在高適的幫助之下免於死罪，那麼他這個舊友，更該獲得助宥，畢竟他們曾經在天寶三載（七四四年）的秋天一道飲酒觀妓，射獵論詩。但李白對高適的吹捧隨著求他搭救的熱望一道石沉大海，李白從此再沒有等到高適的隻字片語。

寄予厚望的一步踏空，李白還有運氣。在李白瘋狂干謁名人的青年時代，他曾經見過名詩人宋之問的弟弟宋之悌。不同於宋之問的文采，宋之悌是個有勇力的武夫，在四川一帶做過益州長史、劍南節度使兼採訪使。告別時，李白為他寫了名句：「平生不下淚，於此泣無窮。」現在，宋之悌的兒子宋若思正做江南西道採訪使兼宣城郡太守，帶兵三千赴河南對抗安祿山，路過潯陽。死馬當作活馬醫，李白也向他投了詩。沒想到，這個半熟不熟的舊友之子向他伸出了援手，將他救了出來。

僥倖不死的李白以為他重獲清白。留在宋若思幕府裡，一面為他寫公文，陪他飲酒赴宴，用他能做的一切表達感謝；一面一不做二不休，請求宋若思向皇帝推薦他做官，甚至推薦信，他都替宋若思寫好了。他以宋若思的口氣吹捧自己說：李白當年在長安，是「五府交辟，名動京師」，人人搶著要，紅得不得了。現在因為永王的事情含冤得罪，實在無辜。李白此人「懷經濟之才，抗巢、由之節。文可以變風俗，學可以究天人」，是稀世之英。陛下您趕緊拜他一個京官，讓朝堂上也有光。於是四海豪傑，都會望風而動……

李白信心滿滿，也許因禍得福。奏表遞上，沒有等得朝廷任何的回覆。沒多久，連宋若思的幕府也待不下去了，他辭職而去，很快在宿松山大病一場，病中也不忘向剛從鳳翔來潯陽，都統淮南諸軍事的宰相張鎬贈詩求引薦。這個後世聲名寂寂的張鎬，從不知道在這一年他承擔著解救唐代詩壇最重要的兩個詩人的重擔：夏天的時候，他剛把杜甫從鳳翔的死牢裡救出來，此時，又收到李白寄來的求助。依然沒有回覆。到了冬天，朝廷的回覆姍姍來遲：李白從賊，流放夜郎。

十

八年前，李白的好友王昌齡流放龍標（今湖南懷化縣），在李白眼裡那就是最險遠的邊地，他為王昌齡寫了一首詩，把龍標比作傳說裡有去無回的夜郎（今貴州正安縣）：「我寄愁心與明月，隨君直到夜郎西。」沒想到現在，愁心、明月與他這把老骨頭真的要一起往夜郎去。

從潯陽到夜郎，需要經洞庭，出荊門，過三峽。這一路，李白走了大半年，從江夏、岳陽，到長沙、衡山、零陵。他名滿天下，各地都有接待他的朋友，請他喝酒，請他玩，他再寫詩相贈，把流放過得像長期巡遊，直到這年冬天，到了三峽邊。冬季枯水，灩澦堆出水二十餘丈，三峽難以通航，進出都只在春秋兩季。李白滯留沔州（今湖北漢陽），以為自己有生之年不能再回來，鄭重地寫了一批詩，留別他的朋友們。

沒想到，乾元二年（七五九年），李白流放夜郎的第三年，朝廷大赦天下，死罪改流放，流放以下赦免。李白流放，半道而還。他快六十了，興奮起來還是躍躍然，像個孩子。他把躍動的心情寫進詩裡，就是自由跳動的意象。他不耐煩律詩在頸聯、頷聯規整的對仗，那像是一個盒子，裝不下李白。他選了最擅長的七言絕句，四個散句如一篇飛天遁地的遊記，有色彩，有速度，有聲音，一切都為了襯托他的興奮，便成名篇：

朝辭白帝彩雲間，千里江陵一日還。
兩岸猿聲啼不住，輕舟已過萬重山。

——〈早發白帝城〉

過了年，他虛歲六十了。枷鎖與宮殿都棄他而去，他又一次回到三十多年前他從蜀中出發的那一刻。那時候，他從四川出發去看外面更廣闊的天地。順江而下，出三峽，下荊門，遊洞庭。同樣的峨眉山月，同樣的夾岸群山。那時候他寫「峨眉山月半輪秋，影入平羌江水流」。長江出三峽之後驟然開闊，他寫「山隨平野盡，江入大荒流」。外面的世界帶著無窮機遇與巨大成功在靜靜等著他。「月下飛天鏡，雲生結海樓」，月亮、江水與雲都格外明亮。

現在，他又過三峽與峨眉。江山沒變，歲月空長。他得到過財富、榮耀，現在都失去了，只剩老病窮困，孑然一身。還是一樣的月亮，老李白此時仰起頭，竟發現一種寂寂蒼茫：「我在巴東三峽時，西看明月憶峨眉。月出峨眉照滄海，與人萬里長相隨。」

漂泊半生，一無所有，李白又想到了江南。

十一

順江而下，李白去了當塗，與他在當塗做官的族叔李陽冰住在一起。

當塗有一條伸入長江中的岬角叫牛渚磯（更普遍的名字是「採石磯」），這裡江面變窄，兩岸絕壁亂石，是軍事要地。李白很愛這個地方，來過許多次。在更早遠的時空，他喜歡的謝家人也常來此處。謝朓的曾曾叔祖謝尚鎮守牛渚，在秋夜泛舟賞月，月色明亮，楓葉鮮豔。他聽見江上的小船裡，有人在吟詩，是袁宏在吟誦自己寫的〈詠史〉。謝尚很喜歡，便去結交，而後成就一段相知的佳話。從前許多個在牛渚磯江邊遊蕩，胡思亂想的夜裡，李白寫過一首〈夜泊牛渚懷古〉記下這個典故：

牛渚西江夜，青天無片雲。
登舟望秋月，空憶謝將軍。
余亦能高詠，斯人不可聞。
明朝掛帆席，楓葉落紛紛。

許多年過去，李白又來牛渚。當時人多半認為他神經兮兮，顛三倒四，任性妄為。為了做官，就沒臉沒皮地自我吹捧，干謁求人，當道士，拜道籙，跟皇帝與公主套近乎，最後他孤注一擲地吹捧「反賊」永王李璘。他知道，不在乎，冷冷寫過：「世人見我恆殊調，聞余大言皆冷笑。」他不自我辯白，但暗地裡也會悵惘——怎就沒有一個人能像謝尚理解袁宏一樣理解我呢？

李白的希望與失望火焰一樣此起彼伏，大多數時候，他有意選擇向別人展示高亢明亮，但面對自己的時候，他不得不誠實面對孤獨。他有許多朋友，也有他們永不能觸及的角落。

他隻身面對一輪月亮的時候，是「花間一壺酒，獨酌無相親。舉杯邀明月，對影成三人」。

他與敬亭山默默對坐的時候，是「眾鳥高飛盡，孤雲獨去閒。相看兩不厭，只有敬亭山」。

對未來的希望是一道閥門，攔住他的失望、寂寞。但是年齡是閥門上的膠皮圈，慢慢地，年輕時熊熊燃燒的熱望漸漸冷卻鬆弛，現在他要面對的不是希望、失望的交替，而是最終的熄滅。

他這具軀體誠實地記錄了在人間行走的磋磨。他生病。躺著躺著，春天到了。出去走走，也寫了一首詩：

淪老臥江海，再歡天地清。
病閒久寂寞，歲物徒芬榮。
借君西池遊，聊以散我情。

掃雪松下去，捫蘿石道行。
謝公池塘上，春草颯已生。
花枝拂人來，山鳥向我鳴。
田家有美酒，落日與之傾。
醉罷弄歸月，遙欣稚子迎。

——〈遊謝氏山亭〉

還是他喜愛的謝公山，山南有謝朓故宅，宅後山道，路極險峻。山上有池，是謝朓喜歡的西池，水冷味甘，盛夏來就好了。山頂有亭，名「謝公亭」。他大概緩緩地又遊了一遍：掃雪松下，葛藤爬上石道。花枝拂人，山鳥鳴叫。舊歲還有痕跡，但春氣已經蓬勃。他看見兩百年前謝朓家的池塘上，已經生出青青春草。

既不是李白式的奇崛，也不是李白式的浪漫的寂寞。六十一歲了，他的行動開始遲緩，但是眼睛、耳朵卻因此格外貪婪。等不得，追不上，新的將無可避免地掩埋舊的歲月。這是自然的輪迴，也是人類的規律。在一系列的新舊對比裡，他與他崇拜的謝朓也在逐漸接近——當他們都成腐土，都會退隱到時間的幕布後去。那時候，時間的距離將不再被計算，他可以自由地到達他想去的任何時代，任何人的身邊。他崇拜過建功立業的魯仲連、諸葛亮，但最後，他還是最想停留在謝朓曾經居住過的地方。謝朓因為不願參與謀反而被誣告謀反，三十五歲上死在獄中。倚靠著與他一樣的失敗者，李白竟然有一種滑稽的歸宿感。你看，現在李白甚至不再談論他津津樂道的修道大業了。

後世的筆記小說家為他創造過許多明亮任性的故事：

傳說他在長安時參加玄宗的宴會，寫詩之前，先要高力士脫靴，楊貴妃倒酒。

傳說他年輕時遊並州，曾經搭救過犯法的郭子儀。李白下獄時，郭子儀正領兵對抗安史叛軍，收復長安，聽到消息願意以官爵贖李白，才由死罪改流放。

〈唐摭言〉說他死於一場模糊了記憶、詩意與現實的醉酒：那夜他乘船渡牛渚磯，江中明月皎皎，如他童年時最愛的白玉盤。他在夢裡乘舟經過太陽，現在，又為什麼不能去水裡撈月？便興高采烈一躍，沉入水中。

在他們熱愛的眼光裡，李白不該受到人間規則的束縛，他是傳說本身。但實際上，他掙扎得用力至怪誕，因為他承受最緊的束縛。寶應元年（七六二年）十一月，在當塗住了沒多久，李白就死了。沒有傳說裡那麼明亮任性，相反，也許只是平淡但必然地，病死了。

後來他一個朋友的兒子范傳正做宣歙池等州觀察使，專門去當塗一帶訪求李白的後代，想要照顧。只找到他的兩個孫女。兩個女孩都嫁為農婦，衣飾粗糙，面目村俗。她們說，父親伯禽無官而卒，一個哥哥遠遊十二年，不知所蹤。並非不知織布，但沒有田養蠶種桑；並非不能耕地，但沒有田產，只能草草嫁了當地農民，餬口飯吃。李白的孫女們拒絕范傳正要為她們尋個更好人家的許諾，但告訴了范傳正一件事：李白晚年因為心裡喜歡謝公山，一直盤桓於當塗，想要死後葬在這裡，但因為種種原因，現在葬在龍山東麓。這並不是他的本意。

范傳正便為李白改葬，北倚謝公山，南抵驛路三百步。

十二

李白一生說了許多吹捧別人的場面話，都是道家「為我所用」的現實人生觀——為了實現他做大官的理想，沒什麼不能做的。但老了，卻越來越眷戀儒家那些傻乎乎的追求。他在絕筆〈臨路歌〉裡再次提到了莊子筆下的大鵬：

大鵬飛兮振八裔，中天摧兮力不濟。
餘風激兮萬世，遊扶桑兮掛石袂。
後人得之傳此，仲尼亡兮誰為出涕。

他從年輕時就堅信這隻飛震八裔、餘風激萬世的大鳥是他自己。他有高而遠的方向，但中道而折。按著莊子那一派的逍遙，飛有飛的好，折有折的好，折便折了吧。然而李白卻在這樣的悲劇裡想到了孔子。孔子晚年也見過一隻傳奇的動物。魯哀公十四年的春天，獵到一隻四不像：頭像龍，身如馬，尾如牛，背上有五彩花紋。他們都不認識這隻奇怪的動物，拿給孔子看，孔子一看便哭了起來：這是傳說中的麒麟呀。竟然被如此對待！李白以為，孔子如果在，也會為他哭泣。可惜孔子已經死了。

因為惋惜而哭泣是儒家才會有的情感，它對於應該得到卻無法得到、應該堅持卻無法堅持的那些美德過於執著，甚至於迂腐。李白求仙問道一輩子，快要死了，卻發現自己最終仍然和孔子站在一起。孔子晚年刪述《春秋》，絕筆在魯哀公獲麟的這一刻。李白年輕時候曾經寫過一首〈古風〉，裡面說「我志在刪述，垂輝映千春」，也說「屈平辭賦懸日月，楚王台榭空山丘」——宏偉的建築終成土灰，但微不足道的文章詞賦在竹簡木冊口耳相傳間有更頑強的生命。早於李白五百多年，也有人曾講過「年壽有時而盡，榮樂止乎其身，二者必至之常期，未若文章之無窮」。道家的傳統裡，文章是聖人的糟粕，但對於「道士」李白，文章傳世，他還是在乎的。

事與願違。關於李白資料的匱乏，他的生世行年模糊，一生的故事半真半假，傳說累積傳說，自我吹噓疊加出於自尊的謊言。正史不正，野史也未必是野。

他的詩稿散逸，傳抄錯訛，甚至詩集中屢屢混入偽作。

李白生前曾經託人編過三次文集。一次是請千里迢迢去「追星」的粉絲魏顥，一次是漢東倩公，還有一次是他的族叔李陽冰。魏顥從天台山、廣陵一路追蹤李白到了江東。李白很高興，把當時的手稿都給了魏顥，還說以後寫了再添，但魏顥並沒有得到完整的文稿。他為李白編的《李翰林集》，多是安史之亂「章句蕩盡」後的殘卷。李白晚年重病不起，草稿萬卷，來不及整理，身邊只有一個李陽冰。託付詩稿於枕上，別無選擇。漢東倩公那裡，乾脆沒了下文。

現存的李白集有兩個有名的傳本系統。一個是蜀本，由宋代樂史編輯李陽冰《草堂集》、魏顥《李翰林集》外加自己收集的李白散佚的文稿而成，又經過著名的學者宋敏求和曾鞏編訂次序，是宋代的傳本。另一個是當塗本，依照李陽冰的《草堂集》代代編訂，宋代另一個有名的「咸淳本」《李翰林集》便很有可能出於當塗本。

這些本子四散傳播，開枝散葉，各有牴牾。不知道李白到底有沒有寫過「樂遊原上清秋節，咸陽古道音塵絕」，不知道他最終定稿的〈靜夜思〉到底是「舉頭望明月」還是「舉頭望山月」，也不知道〈將進酒〉到底寫的是「古來聖賢皆寂寞」還是「古來聖賢皆死盡」。他在〈對酒憶賀監序〉裡自稱在長安紫極宮見到賀知章，但長安根本沒有一個「紫極宮」：開元二十九年（七四一年），玄宗皇帝將天下供奉老子的玄元皇帝廟改名「紫極宮」，只長安與洛陽不同。長安的那個叫「太清宮」。

他那麼愛熱鬧的人，文集卻以這樣「未完成」的姿態面世，甚至沒有名人為他好好寫個集序，或者墓誌銘。比起他之後的名詩人簡直寒酸：柳宗元的墓誌銘是韓愈寫的；白居易與元稹互相為彼此寫了文集序；杜牧大半夜被朋友叫起來，為李賀寫了〈李長吉歌詩敘〉。甚至，連最潦倒的杜甫也有孫子替他求當時的名人元稹寫了精確又典雅的墓誌銘。

但李白……當世以及所有後世中最有能力與資格為他的文集寫序、為他撰寫墓誌銘的那個詩人被困在蜀中，流離戰禍，操心衣食，甚至還不知道李白重病快死。

哪怕在生活最困苦，音信最不通的時候，他也沒停止過對李白的思念。安史之亂裡，杜甫拖家帶口逃難，在秦州的深秋沒有吃的，山裡只有老鼠和飛鳥，只能靠拾橡樹果、野栗子充飢。被操心日常擔心國家的愁緒占滿的頭腦裡，得點滴空閒，想想叫他開心的事情，其中，就有李白。

他寫了〈天末懷李白〉。他將他們希望渺茫的相會寄望在零星的書信裡：「鴻雁幾時到，江湖秋水多。」他把自己和李白的命運放在了互文的共同體：「文章憎命達，魑魅喜人過。」他以為李白被流放夜郎恐怕沒有生還的希望，沉痛惋惜：「應共冤魂語，投詩贈汨羅。」

他甚至把關照李白當成了自己的責任。杜甫聽到李白被流放夜郎的消息，日夜擔心，甚至夢見了他，寫下兩首〈夢李白〉：

死別已吞聲，生別常惻惻。
江南瘴癘地，逐客無消息。
故人入我夢，明我常相憶。
君今在羅網，何以有羽翼？
恐非平生魂，路遠不可測。
魂來楓葉青，魂返關塞黑。
落月滿屋梁，猶疑照顏色。
水深波浪闊，無使蛟龍得。

——〈夢李白二首．其一〉

浮雲終日行，遊子久不至。
三夜頻夢君，情親見君意。

告歸常局促，苦道來不易。
江湖多風波，舟楫恐失墜。
出門搔白首，若負平生志。
冠蓋滿京華，斯人獨憔悴。
孰云網恢恢，將老身反累。
千秋萬歲名，寂寞身後事。

——〈夢李白二首．其二〉

在李白去世的這年，他盤算著又很久沒有李白的消息了，寫下〈不見〉，他還記得李白曾經講過童年在大匡山讀書的往事，替他想著「匡山讀書處，頭白好歸來」。最後，杜甫寫下總結李白一生的這首〈寄李十二白二十韻〉：

昔年有狂客，號爾謫仙人。
筆落驚風雨，詩成泣鬼神。
聲名從此大，汩沒一朝伸。

文采承殊渥，流傳必絕倫。
龍舟移棹晚，獸錦奪袍新。
白日來深殿，青雲滿後塵。
乞歸優詔許，遇我宿心親。
未負幽棲志，兼全寵辱身。
劇談憐野逸，嗜酒見天真。
醉舞梁園夜，行歌泗水春。
才高心不展，道屈善無鄰。
處士禰衡俊，諸生原憲貧。
稻粱求未足，薏苡謗何頻。
五嶺炎蒸地，三危放逐臣。
幾年遭鵩鳥，獨泣向麒麟。
蘇武先還漢，黃公豈事秦。
楚筵辭醴日，梁獄上書辰。
已用當時法，誰將此義陳。

老吟秋月下，病起暮江濱。
莫怪恩波隔，乘槎與問津。

李白為了引人注目的狂放，常被人誤解。杜甫一定要為他辯白，說他「佯狂」，說他「天真」，說「世人皆欲殺，吾意獨憐才」。哪怕根本沒人聽。沒人聽，他也要一首一首地寫，一首比一首寫得好。哪怕他們之間只有短暫的交情，哪怕人生不相見，動如參與商。李白一生從未追求到他所期望的榮耀，甚至連賴以成名的詩文最後也草草編成，是不幸。但有杜甫以「驚風落雨之筆」寫李白「筆落驚風雨，詩成泣鬼神」的才華，就有足夠的光，彷彿日月相輝照，遮蔽一切殘缺的陰影——沒有清白的家世，沒有顯赫的功名，沒有仔細編訂的文集，沒有典雅的墓誌銘……李白選擇一世瘋瘋癲癲的人生竭力去追求卻依然一無所有，都不重要。

十三

韋執誼最後在這篇〈翰林故事〉裡寫道，在翰林院裡工作過的，還有李白，他只在翰林院裡有一席之地，但具體的工作天差地別，根本算不上翰林學士。韋執誼二十多歲就成為翰林學士，他已經獲得了前代詩人心念終生卻不能得的，在這麼年輕的時候，很難不心生驕傲慶幸。在剛過去的永貞元年（八〇五年），四十歲不到的韋執誼做到了李白甚至只能私下想想沒敢說出口的宰相，但他的榮耀與同時的「永貞革新」一樣稍縱即逝。

元和元年（八〇六年）的這個冬天，他身在遙遠的崖州（今海南海口）做一個沒有職權，形同坐監的司馬員外置同正員[4]。

韋執誼年輕時做翰林學士，曾經與同事一起看地圖，每當看到嶺南各州時，都閉目不看，命令趕緊撤下去。現在他真的來到嶺南更南的海南，一無所有的時候，忽然記憶起年輕時的翰林院，右銀台門右手，大明宮最西北的院廊，籠罩著如雲的紫薇花。當他們驕傲地自稱「紫微郎」時，沒有誰知道，人竭盡全力的追求與命運漫不經心的指向總是南轅北轍。

4 司馬員外置同正員：唐太宗時期，確定朝廷中正職官員的總數為七百三十人，但是由於有資格做官的人數遠多於官位空缺，為了安置這些人，發明了員外置、特置、同正員、檢校等一系列只有頭銜而無實際工作內容的「掛名官」。（《新唐書．百官志》）州一級的行政長官中，最高為刺史，刺史以下為司馬，定制為一人。司馬的官職品位由所在州的人口決定，上州司馬官位最高，從五品下，薪俸五十貫。柳宗元被貶的永州屬於中州，正六品，薪俸為上州司馬的三分之二。「司馬員外置同正員」即正職司馬之外的閒員，沒有官舍，也沒有實際的工作內容和職權，並且，「員外」不得干預政務。「司馬員外置同正員」多為朝廷中被貶的官員準備。與正職司馬相同的只有薪俸，大約有三十貫。

詩人的旅途

柳宗元和劉禹錫

一

柳宗元二十歲的初春，榮耀與憂慮結伴而來。貞元九年（七九三年）二月進士科放榜，柳宗元的名字赫然在列。為了犒勞這場百裡挑一的殘酷考試中的勝利者，朝廷安排了豐盛的慶祝：遊曲江，杏園宴。最英俊的兩名進士會成為驕傲的探花使，在雨水過後，當長安城開始恢復新一年的色彩與生機時，一日看盡長安花。甚至，在這樣孔雀開屏似的展覽之後，成為朝廷達官貴人的女婿。

對於柳宗元，他還來不及考慮個人的光榮。他更迫切地需要走入官場，說明父親一起復興這個衰敗許久的家庭。只是，這個進士或許來得太晚了——他的父親柳鎮一病許久，總也不好。黑暗裡那層通向死亡的薄幕，正緩緩揭開。而年輕的柳宗元還沒有準備好告別。

這個聚少離多的家庭，才剛剛團聚了一年。四年前，執掌刑法糾察的父親因為平反冤獄得罪宰相，被貶夔州。親故避之不及，只有柳宗元去送他，從長安一直默默送到藍田。父子分離的時候，都沒有哭。被欺負了，哭有什麼用？在長安這個勢利的地方，拜高踩低是人人都會的技巧，鮮花與冷眼的轉換只需要幾個瞬間。

人人都知道河東柳氏曾經是朝堂上的頂級氏族。柳宗元的四代祖柳奭是高宗王皇后的舅父，官至中書侍郎，同中書門下三品，也就是宰相。當時柳氏在尚書省做高官的有二十多人，一時風光無限。

人人也都知道，那已經是久遠的歷史：唐高宗寵倖武則天，為了做皇后，武則天對支持王皇后的朝臣進行了血腥的清洗，王皇后的舅父柳奭被禁止出入宮廷，一貶再貶，也逃不過被處死的命運。柳氏從此衰落。家族衰落的後果是直白的貧窮。柳家在長安善和里有祖宅，裡面藏有三千卷皇帝賜書，都是往日輝煌，卻沒有米，也沒有錢。衰落的大家族不只柳家，別人家把祖傳的書籍賣掉也能換點糧食渡過難關。柳家卻不。柳宗元小時候，倔強的一家子餓著肚子，也還是要教小孩子讀書。威勢斷了，文化還在。柳宗元小小年紀就知道，總有一天，柳家的孩子要靠著考試再次回到他們祖輩曾經站過的宣政殿。

他迫不及待地長大了，議論證據今古，出入經史百子。人人都誇讚他少年英傑，京城裡的人都知道，柳家得到了一個好兒子。柳宗元終於可以與父親並肩合力。但命運總有願望與努力所不能到達的層級，捱到貞元九年（七九三年）的初夏，父親還是去世了。從此柳宗元常常陷在一種「來不及」的焦慮裡，父喪需要守孝三年，不得做官。進士科考中，也不能立刻做官，需要有官職空缺，等待吏部授官。柳宗元等不得了。三年守孝期滿，柳宗元沒有繼續等待吏部授官，應考博學宏詞科。落榜，再考，終於考中。博學巨集詞登科的考生不需要像進士一樣等待官職空缺，立刻授官。

二十五歲這年，柳宗元成為集賢書院正字。這是應該驕傲的成就：做集賢書院校書、正字，然後出任京城附近的縣令、縣尉，再回到尚書台、中書省做官，從此就在人人豔羨的傳統升官之路上一步一個腳印。但是，這條路的盡頭毫無懸念，可以想見——等到三十年後退休，運氣不錯也能混一個高級公務員。

柳宗元並不相信運氣，與這個國家一樣，運氣已經很久不眷顧這個家庭。父親十七歲考中明經科，沒多久，安史之亂爆發。復興家族的努力必須讓位於生存。父親帶領族人流浪江南，等到安史之亂平息，再遷回長安，已經過了二十多年。安史之亂的平息並沒有帶來永久的和平。跟隨安祿山反叛的軍將原地放下武器，受封為節度使。「投降」只給朝廷圓了一個面子，之後，節度使們不斷地重新反叛。在朝廷疲於應對藩鎮叛亂之時，周邊的少數民族抓住機會屢屢發動戰爭。柳家剛遷回長安沒多久，廣德元年（七六三年）吐蕃攻陷長安，當時的皇帝唐代宗不得不放棄首都逃亡陝州。柳宗元十歲那年初冬，被調往河南襄城鎮壓藩鎮叛亂的涇原士卒經過長安時，忽然譁變，攻陷長安，釀成「涇原之變」。當朝皇帝唐德宗不得已，也從京城逃跑。正在讀書年紀的柳宗元也因為避禍不得不離開學校，離開家，遠避夏口（今湖北武漢漢口）。

國家動盪，朝廷上宦官與權臣爭鬥不斷，柳宗元需要別於常人的勇氣，創造自己的命運。但除了一個過時的姓氏，他一無所有。柳宗元不得不去尋找跟他一樣無所依傍的「新人」。比如，與他同一年考中進士的劉禹錫。同榜進士，如同同班同學，唐代人也知道這是以後用得上的人脈，總是格外用心維護。劉禹錫只比柳宗元年長一歲。這兩個家裡的獨子，總幻想著自己有個兄弟，甚至屢屢把朋友當作兄弟。但別人大多有自家兄弟，總差了一層。現在，一個庶族外地人，一個衰落了的世家獨子，同樣懷有對做出一番事業的迫切需要，再也沒有比這更親密的友誼了。

比起柳宗元，匈奴後裔劉禹錫甚至連顯赫的祖宗也沒有。不過，劉禹錫會編。為了一張顯赫的名片，劉禹錫為自己編造了一個有名的祖先：跟三國時代的蜀國開國之君劉備一樣，劉禹錫找上了西漢的中山靖王，漢景帝的兒子劉勝。劉勝有一百二十多個兒子。之後這一百二十多個兒子開枝散葉，世系混沌不清。到了劉禹錫這裡，又幾百年過去，正是渾水摸魚瞎認祖先的好選擇。他的朋友們也很有眼色，從此便都稱他「彭城劉禹錫」。

貞元十八年（八〇二年），劉禹錫做渭南縣主簿，柳宗元做藍田縣尉，都在京城附近，常常聚在一起討論學問，切磋文辭。更重要的是，都瘋狂地想要建功立業的柳宗元與劉禹錫謀畫起在盤根錯節的朝堂裡找到自己位置的方法。

看向未來，劉禹錫向柳宗元提供了一個機會：劉禹錫考中進士之後的第一份工作在東宮做太子校書[1]，靠著他豪爽的性格結交了許多太子身邊的朋友。陪太子下棋的「棋待詔」王叔文尤其欣賞劉禹錫。王叔文表面上陪太子下棋，實際上是陪太子觀察朝政，制定未來的施政策略。得到王叔文的喜歡，就得到了太子核心決策圈的入場券，成為太子的心腹，他們都能有一個光明的未來。

唯一的一點兒風險是，皇帝並不喜歡太子，正考慮著要廢了他。

二

兒子長大了，父親總是最欣慰，但在當朝皇帝李適（後世所謂「唐德宗」），伴隨著欣慰的，還有恐懼、厭煩與猶疑。見過太子的人都說他「慈孝寬大，仁而善斷」。但兒子的能幹，是用老子的無能襯托出的。

德宗縱容宦官，一面是宦官完全掌握了護衛皇宮的神策軍，一面是曾經由京兆尹下屬官員負責採購的皇宮物資全部落入宦官的掌握，宦官假「宮市」之名幾乎強搶民財。白居易曾在〈賣炭翁〉裡記下一個賣炭為生的老頭，明明衣單衫薄不能禦寒，又盼望著天再冷些，自己的一車炭可以賣個好價錢。在夜雪裡趕著連

1 太子校書：太子屬官。太子東宮下設有司經局，主要功能是為太子收集經、史、子、集四庫圖書，刊印編輯正本、副本、貯本以備太子查閱。司經局由太子洗馬領導，洗馬手下有校書四人，正九品下；正字二人，從九品上。校書與正字的職責相似，都負責校正、整理、刊印司經局收藏的經、史、子、集四庫之書。（《唐六典》卷二十六）

夜燒成的一車炭在清晨進城。迎面碰見兩個黃衣使者白衫兒——負責「宮市」的宦官。宦官只丟下半匹紅紗一丈綾，往趕車的牛頭上一掛，就強行拉走了一車千餘斤的炭，甚至連車也一併拖走。

皇宮內為皇帝豢養飛鷹走狗的「五坊小兒」[2]也學著宦官的樣子欺行霸市。張網在里坊門口，不許人出入；張網在井口，不許人飲水，非得留下買路錢。在酒肆飯館吃霸王餐，老闆如果膽子大，敢問他們收帳，一定被打罵。

太子看不過，見到位高權重的宦官如同空氣，從沒有好臉色。太子的正直讓滿朝大臣欣慰，他們已經忘記當朝皇帝年輕時也是這樣立志掃平藩鎮統一國家的有為青年。老皇帝感覺到這樣的欣慰是一種對他的死亡心照不宣的期待。貞元三年（七八七年），太子的丈母娘郜國大長公主私下行巫蠱之術，詛咒皇帝早死被發現。憤怒的皇帝第一個就想到了太子：始作俑者一定是這個等不及要做皇帝的兒子。「廢太子」這個想法被老皇帝不遮掩地提了出來。驚恐的太子一邊與太子妃離婚，一邊給為他講話的宰相李泌寫信：如果陛下不能原諒我，我已經準備好了自殺的毒藥。但皇帝要廢掉太子也不容易——從來會招致滿朝大臣的反對。更何況，還有李唐皇室從唐高宗到唐玄宗這些不久遠的歷史屢屢提示廢太子的可怕後果，皇帝終於沒有下得了這個決心。

太子從此收斂起來，只熱衷於下棋。實際上，緘口不言的太子通過陪他下棋的棋待詔王叔文、陪他讀書的太子侍書王伾悄悄網羅著朝廷裡的年輕才俊，規畫著老皇帝死後的革新。太子的選擇並不多——正左右逢源的朝臣沒人願意沾染一個隨時可能被廢的太子。他能夠說服的，要麼是家裡沒有勢力的外地人，要麼就是衰弱到沒人理的大家族後人，比如劉禹錫，比如柳宗元。後來，負責修撰這段歷史的韓愈在《順宗實錄》裡寫道，王叔文與劉禹錫、柳宗元等人「定為死交」，彷彿在描述一場鋌而走險的狂熱旅程。

滿懷熱情的柳宗元並不能預知他與太子就此捆綁的未來，但他有太多這個時代不公正的記憶：柳宗元剛做集賢殿正字那年，國子司業陽城請遠貶的同事喝了

2　五坊小兒：皇家動物雕、鶻、鷹、鷂、狗各有一使管理，管理這五坊的總使叫「五坊使」。五坊使和宮苑、閒廄使一般由一人兼任。（《唐會要》卷七八《五坊宮苑使》）「五坊小兒」指五坊使手下負責具體事務的工作人員。

一杯酒，因為這杯酒被判「結黨」，遠貶道州。柳宗元下班回家，在司馬門乘車，聽見吵鬧，發現兩百多個國子學生跪在宮前闕下，求皇帝收回遠貶他們老師陽城的詔書。他感動於學生們追慕道義的勇氣，又擔心他們因此牽連性命，於是主動給學生們寫信，讚揚、勸慰。但是，他一個小小的集賢殿正字不能為他們做任何事實上的改變，他甚至只能虛假地安慰學生們：「哪怕你們的老師被貶謫了，他也能夠造福一方。」

正直的遭到讒謗，冤屈無法伸張，如同陰雲籠罩在他與他的父輩頭頂上。而他的責任，是為下一代留下一個朗朗晴空。為此，他需要站到更高處去創造歷史。不僅因為有利，更因為正確。不過，在更多人那兒，僅僅正確並不夠，長幼尊卑、面子和自尊心更重要。

三

貞元二十一年（八〇五年）正月，唐德宗去世，太子李誦有驚無險地繼位，就是後來的唐順宗。扶持順宗繼位的一班老臣等著論功行賞，沒想到新皇帝卻翻臉不認人，立刻開始安排自己的親信占據關鍵位置：王叔文做翰林學士，為皇帝草擬制詔，有自由出入皇宮的許可權，是為「內相」。吏部侍郎韋執誼，被封尚書左丞，同中書門下平章事。劉禹錫改任屯田員外郎，專管鹽鐵經營。謀畫許久的革新以遏制宦官和打擊藩鎮為核心迅速實施起來，就是後世所謂的「永貞革新」：

罷宮市，罷除五坊小兒；
放出宮女三百，放出後宮、教坊女伎六百人；
詔令天下，除去法定的稅率稅項，不准再收苛捐雜稅；
除去法定上奉，不得再有鹽鐵使每月向宮中送錢。

命令下來，集市百姓歡呼。

貞元二十一年（八〇五年）初，柳宗元被提升為禮部員外郎，從六品，掌管禮儀、祭祀、選舉。從六品的高官，這是他的父親奮鬥一生的終點。對於柳宗元，不過是三十二歲時一個意氣風發的開始。他的父祖不能做到的，他可以。

改革稅制、抑制宦官與藩鎮的那些動作，並不知道柳宗元參與了多少，這短短的幾個月倏忽而過，許多重要的細節都被有意模糊。但在史家後來拼貼完成的因果裡，宦官與藩鎮並沒有坐以待斃，甚至，他們以更老練和強勢的政治手腕給了年輕的改革者們許多難堪：為了徹底把神策軍軍權從宦官手裡奪下，順宗任命自己的親信范希朝為右神策統軍、京西諸城鎮行營兵馬節度使[3]，韓泰做行軍司馬。以俱文珍為首的一派掌軍權的宦官很快明白了這次調任實為奪權。不甘心就此讓權的俱文珍很快向神策軍諸將發下密令：不許交出兵權。范希朝和韓泰到達奉天軍營，神策軍中諸將一個都沒有來見他們。改革者們的這次奪權至此失敗，從此神策軍一直掌握在宦官手裡。

原先作壁上觀的藩鎮也很快向朝廷提出了要求。劍南西川節度使韋皋向來慣於察言觀色見風使舵，因為歸化西南少數民族、通好南詔有功，順宗剛繼位，就升他做檢校太尉。這只是個榮耀虛銜，韋皋真正想要的是趁朝廷紛亂之時，順宗來不及管，名正言順地占領三川。韋皋很快派手下度支副使劉辟到長安私下拜見王叔文，對他說，太尉派我來向足下表示誠意，如果您能夠使太尉做三川節度使，盡領劍南西川、劍南東川及山南西道，他必有重謝；您如果不同意，他也會讓您吃不了兜著走。

「劍南三川」是當時政府一半財政收入的來源。韋皋盡領三川，可預見的又會是一個與中央政府分庭抗禮的土皇帝。王叔文堅決反對，甚至差點殺了信使劉辟。韋皋從此信守諾言，積極尋找起王叔文的敵人。

3 右神策統軍、京西諸城鎮行營兵馬節度使：神策軍統軍，左右神策軍中各一，從二品。神策軍一般屯駐京城，但除去京城之外，在長安西、北又有一些城鎮是神策軍的防區，即所謂「京西、北神策八鎮」。另外，在地方叛亂或者外族入侵時，朝廷一般調遣一部分神策軍參戰，駐紮在戰場或邊防地區的神策軍叫「神策行營」，由「神策行營節度使」管理。京西北神策軍與神策行營都歸屬神策軍中尉管理。（何永成《唐代神策軍研究——兼論神策軍與中晚唐政局》）

抑制宦官與藩鎮，在忠誠於中央朝廷的歷史書寫裡從來是正義的舉措。可是，哪怕與改革者們一樣忠誠於朝廷的朝官也非常討厭這幾個年輕人——在講究長幼有序的官場傳統裡，他們抄近道獲得了旁人幾十年也妄想不來的權力。站得高了，看在別人眼裡立刻就是小人得志。

在新、舊《唐書》裡，史官們不吝於記下最戲劇化的瞬間。

冬至、除夕，皇帝會賜下應時的口脂、面脂給近臣，表示親密與看重。得到賞賜的臣下也必須上表感謝賞賜。永貞元年（八〇五年），劉禹錫根本來不及操心寫謝表，他更操心封文件的糨糊還剩多少——需求量太大，按照一般辦公用品的量配發的糨糊根本不夠，劉禹錫專用糨糊需要有一斗米來做，夠成年人吃一天。

宰相們中午在政事堂一起吃飯。按規定，百官在會食期間不得謁見宰相，但王叔文來找韋執誼公務，逕直進了食堂。韋執誼趕緊站起身去迎接，跟著王叔文就走了。其他幾個宰相只得停下筷子等待韋執誼回來繼續一起吃。等了許久還不來，於是派人去問，很快小吏來報，韋執誼已經在王叔文那兒吃過了。餓著肚子等來一包氣的幾個宰相裡有一個當場摔了筷子要辭職，回家之後一連曠工七天。甚至他們的朋友，不僅沒有得到好處，還懷疑自己被出賣了。永貞革新開始前兩年，韓愈和劉禹錫同時做過監察御史，當時柳宗元是監察御史里行（見習監察御史），是同事也是好友。但很快，韓愈便因為上疏議論京兆尹李實瞞報關中旱災，以及五坊小兒欺壓百姓等事被貶為陽山令。哪怕順宗繼位後李實被貶，哪怕韓愈的好友柳宗元和劉禹錫都成了高官，韓愈也並沒有被詔回。遠在陽山的韓愈不得不懷疑，劉禹錫和柳宗元是有意不想讓他回去。感到被拋棄的韓愈酸溜溜寫了一首詩：「同官盡才俊，偏善柳與劉。或慮語言泄，傳之落冤讎。二子不宜爾，將疑斷還不。」——同事都是才俊，我卻與劉禹錫、柳宗元關係最好，可是他們兩個卻把我私下說的話傳了出去，害我落到今天這個地步。

宦官、節度使和朝中不滿王叔文一派的官員都為他們的仇恨找到了最正義的代理人——順宗的長子，廣陵王李淳，最有資格的太子候選人。現在，他們要扶持新太子繼位，改朝換代。盤踞在唐帝國之上的朝廷如同一條巨蟒，現在，它決定蛻去一朝天子、一朝臣。朝廷會有新的樣貌，王叔文、柳宗元，以及順宗皇帝的親信們，將會被自然地掃進權力的垃圾堆。

順宗皇帝也不能為改革者們撐腰——並非不想，皇帝前兩年忽然中風，後遺症是失去了說話能力。繼位之後，沒法正常地上朝接見官員。所有朝政都由剛升任翰林學士的王叔文和王伾轉達。皇帝的病症更給了討厭王叔文這夥人的老臣們一個最好的藉口：王叔文其黨，「挾天子以令諸侯」，是奸佞。

四

在宦官們的監控下，順宗皇帝的身體一天天惡化下去，王叔文自然希望下一任皇帝能夠支持他們，假如找不到這樣一個志同道合的夥伴，便乾脆找一個年幼的小皇帝，做蓋章機器，不要礙事。支持王叔文的皇帝寵妃牛昭容正好有一個小兒子，是王叔文更屬意的人選。俱文珍和反對王叔文的舊臣們根本沒給王叔文磨蹭蹭的時間，直接找翰林學士草擬了立廣陵王李淳做太子的制書，遞到了不能說話的皇帝面前。人多勢眾，皇帝被逼無奈，點頭同意。

廣陵王李淳剛一做太子，劍南西川節度使、荊南節度使、河東節度使一同上表，請求太子監國。外有方鎮節度使做後盾，內有禁軍將領俱文珍的支持，德宗朝留下的老臣開始了對王叔文、柳宗元與劉禹錫一群人的清理。王叔文很快被奪走了翰林學士的位置，不再能隨意出入宮禁。太子李淳在方鎮和神策軍的支持下進一步逼迫順宗退位。那時候，王叔文正因為母親去世不得不交出自己所有的權力，回家守喪。太子的繼位幾乎沒有遭到王叔文這一派任何像樣的抵抗。

在一切不能公之於眾的權力博弈結束後，作為禮部員外郎，柳宗元還需要草擬上奏〈禮部賀立皇太子表〉，載欣載奔，手舞足蹈地表忠心。皇太子登基為帝，又是柳宗元草擬上奏禮部的賀表，賀皇帝登基，賀改元。喜慶話說得都很漂亮，僥倖希望新皇帝寬宏大量，既往不咎；但他心裡已經知道，作為王叔文的同黨，在他起筆以錦繡文章恭賀李淳登基時，審判他命運的車輪已經開始沉重地滾動。

五

永貞元年（八〇五年）八月九日，皇太子李淳（後改名李純）繼位，就是後來的唐憲宗。柳宗元領銜上奏的那道〈禮部賀改永貞元年表〉裡說道，這一天黎明之前，死罪犯人改流放，流放及以下罪犯，降一等——這是繼位改元的常規操作：大赦天下。三天之後，柳宗元得到了這封賀表的回答：

王伾貶開州司馬，王叔文貶渝州司戶。王伾很快病死貶所。明年，又一道聖旨追到渝州，賜死王叔文。

永貞元年（八〇五年）九月，劉禹錫被貶連州刺史，柳宗元被貶邵州刺史。

聞詔即行，一刻不許耽擱。

柳宗元一路往南，剛到長江邊上，另一道詔令追上了他：柳宗元改貶永州司馬員外置同正員。劉禹錫改貶朗州司馬。除此之外，與柳宗元、劉禹錫一樣有過短暫風光的舊同事韓曄貶饒州司馬，凌准貶連州司馬，程異貶柳州司馬，陳諫貶台州司馬，韓泰貶虔州司馬，韋執誼貶崖州司馬。這一群與王叔文在貞元二十一年（八〇五年）短暫地改革了朝政的革新者，從此在歷史上定名「八司馬」。

對於柳宗元，做邵州刺史，雖在險遠，也算是一州之長，還可以做些事情，但「永州司馬員外置同正員」是朝廷明確規定不得干預政務的閒散職位，沒有公務，沒有官舍，只有一個正六品上的空頭品級。它的存在，專為朝中貶黜的官員所準備——這就是流放永州的體面叫法了。

柳宗元得到這個消息的時候，是仲冬時節。再往南，在洞庭湖、湘江一帶的陰風凍雨裡，他彷彿看見千年前屈原的背影。懷抱天真的理想而獲罪，他模仿《離騷》一連寫下數十篇賦。寫他並非貪戀名與利，不過是想在混沌世間做些實事，但他站出來的時候，更多的人，如天邊連片的陰雲遮蔽。在屈原曾經遊蕩過的湖湘風雨裡，柳宗元補上一個詩人從苦難裡淬煉出浪漫的必修課。

快過年的時候，他終於到達永州。這個湖南、廣東和廣西三省交界的小州僅有八百九十多戶居民，但毒蛇毒蜂遍地，還有一種叫「射影」的毒蟲潛伏在水裡，趁人不備向人發射毒物，傳說裡哪怕被它射中影子人也會生瘡。零陵是永州的治所所在，柳宗元在此沒有住處，便暫住在三國時期吳國將軍呂蒙的舊居，已經荒蕪的龍興寺。廳堂裡長滿蒹葭，野鴨鸛鶴占據著雜草叢生的院子。長安城裡爆竹聲聲，新桃換舊符時，柳宗元住在陰冷潮濕向北的廂房裡，想著，怎樣給這沒有窗戶的房間開一扇透光的窗戶。

三十出頭的柳宗元承受著人生至此最重大的失敗，但也並不是沒有機會：唐代的官員三到五年一任，任滿可以升遷或調職。哪怕是被貶遠離京城做一個沒有工作沒有住房也不能隨意離開的司馬，也有機會「量移」——酌情調任到離京城近一些的州郡做個更有實際意義的工作。對於柳宗元，也許等一等，會有轉機。

元和元年（八〇六年）的八月，柳宗元等到一道專門點名了他的詔書：

左降官韋執誼、柳宗元、劉禹錫等八人，縱逢恩赦，亦不在量移之限。

只要憲宗皇帝在位一天，他就被永遠流放。

六

柳宗元被貶到永州時，年近七十的老母親與他同行。十二年前，父親去世，七年前，他新婚僅僅三年的妻子楊氏因為流產離開了他，母親是這個小家庭裡陪伴他最久的家人。他年幼的時候，父親在江南做官，他沒有像一般的士大夫子弟那樣進國學或者州、縣學讀書，反而與母親及兩個姊姊住在長安西南灃川岸邊的農莊裡，家裡沒有書，便由母親為他開蒙。母親教他古賦十四首，且背誦且講授，又教姊姊們詩禮圖史、女紅裁剪。

永貞革新的時候，柳宗元捧著朝廷的任命，對於將要登上的舞台，有憧憬有擔憂，想要做一番大事，也害怕一旦得罪，會被遠貶，被懲罰。母親只含蓄地對他說：「你就去做大事，不要管我。我雖然老了，如果有一天你要離開京城做官，我也會跟著你。」

直到他被貶邵州刺史，長安到湖南邵陽，路途千里，舟車不便，柳宗元滿懷愧疚，母親卻笑著說：「我的願望終於實現了。」到了永州，山川起伏，寸步勞倦，野外有毒蛇毒蟲，只能借住在濕冷陰暗的龍興寺。柳宗元不僅沒有能夠復興他的家族，甚至連一個普通京官一般奉養老母也不行，他抱以厚望的改革，最終把他變成了一個罪人。痛苦內疚的時候，母親又對他說：「你從前做的錯事，當作以後的警示，敬懼而已。你如果能夠做到這樣，我就沒有任何的遺憾。明者不悼往事，我從來沒有因為你的事情悲戚過！」

母親的從容助長了柳宗元本就稜角分明的倔強。永貞革新裡施行的政策沒有一件是錯的。更滑稽的是，除去五坊小兒，抑制藩鎮等措施被憲宗繼承下來，繼續實施著。他便理所當然地不知悔改，甚至，在貶謫的委屈憂愁裡生出了一種悲壯。反省，但不後悔。他在〈戒懼箴〉裡寫下：「省而不疚，雖死優遊。」

直到「問對錯」也失去意義的時候。永州的房屋簡陋，無人侍奉，夏天炎暑熇蒸，濕熱不去，生病沒有地方看，藥石也求不到，禱告更沒有神靈的同情。不到半年，在元和元年（八〇六年）的夏天，母親就去世了。靈柩需要運回京城棲鳳原祖墳安葬，但柳宗元這個名義上的永州司馬實際上卻是個囚徒，連母親去世也不能送靈車回京。他這個被困在南荒之地的獨子，所有的孝心只能是跟在靈車後面，看著它越走越遠。

他努力做官為了做讓母親驕傲的兒子。現在，馬醫農夫、乞丐用人甚至奴隸，只要有孩子，就會在清明時受到子孫的追養，但是京兆萬年縣棲鳳原上顯赫的河東柳氏，自以為高門大族的柳宗元，他父母的陵園不會有子孫祭掃。這像一根針，走路時扎在腳下，躺臥時扎在脖頸，痛時他就發憤向京中一切有可能幫助他的舊識求告，求一個回到長安，甚至轉去離長安近些州縣的機會。

並不是沒有機會。元和四年（八〇九年），也在永不量移的「八司馬」之列的程異忽然被召回京城，因為在理財方面的本事被吏部尚書、鹽鐵轉運使[4]李巽起用為鹽鐵轉運使揚子巡院留後[5]。

4　鹽鐵轉運使：轉運使，隋唐時，在州、縣一級的行政單位上增設「道」。轉運使一般是掌握多個州、道的漕運的官員。鹽鐵使，唐肅宗以後，由於籌集戰爭經費的需要，對鹽進行專賣、課稅、定價的使職。有時，鹽鐵使與轉運使合為一職，由一人擔任。（《唐會要》卷八十七）

5　鹽鐵轉運使揚子巡院留後：唐肅宗時期，任命劉晏改革鹽鐵稅收。劉晏在漕運沿線的交通樞紐設置十三處巡院，分別是：揚州、陳許、汴州、廬壽、白沙、淮西、甬橋、浙西、宋州、泗州、嶺南、兗鄆、鄭滑。有知院官常駐，監督、維護漕運，防止走私食鹽，同時負責對食鹽收稅。（《新唐書．食貨四》）

柳宗元家的親故頗有在朝堂上能說上話的，但他貶謫永州五年，從來沒有故舊大臣寫信來問——他是罪謗交積的罪人，人人都怕問一句就沾上倒楣的腥臭，壞了自己的大好前途。別人不寫信來問，他也不敢貿然寫信去求救。崔群是柳宗元一起長大的通家舊好，無信來問，柳宗元還要給他找理由：崔群現在做中書舍人，翰林學士，是皇帝身邊的人，多少雙眼睛盯著，不要給他難堪。柳宗元也不敢給他寫信，只能在〈與李翰林建書〉中小心翼翼提一句：「敦詩（崔群）在近地，簡人事，今不能致書，足下默以此書見之。」偶爾有信來問，他捧著信誠惶誠恐，疑若夢寐。

年輕時他要做領袖，彷佛人人都喜歡他。唐代有做「壁記」的傳統，新的建築蓋起來，都爭著要請文壇的最有名的一枝筆來做壁記，敘說建築的源流與意義，抄謄在牆壁之上，作為可以流傳後世的光榮。邠寧進奏院[6]落成，請柳宗元寫了壁記。周至縣蓋了新食堂，邀請他在食堂牆壁上寫壁記介紹食堂興建的緣由。太學有三個新任的四門助教上任，辦公室裡少一個壁記，也請柳宗元去寫。他是最受歡迎的天才，人人趨之若鶩。

在永州，窮厄困辱，世皆背去。他還保留著貞元年間應邀寫作的壁記，如同保留他年輕時左右逢源的證據。現在想來，當時真的人人喜歡他嗎？那些奉承誇讚裡又有多少口蜜腹劍……他現在都明白了。在不能入眠的深夜裡，柳宗元在給舊友的〈與裴塤書〉中自我剖析：「我早年進取，早早得高官，惹人嫉恨。朋友們都要我替他們求官，哪怕我勉力為同輩朋友推薦，真正得官的也只有十分之一。求官不得的那些於是譸張排挶，編排造謠。不過，自己生性高傲，不能摧折，人人說我不堪，我便越不解釋，以為時間可以證明一切。現在我落難也已經這樣久了，但朝廷中關於柳宗元的造謠依然風風雨雨不能停止。」

為了求生，他還要繼續硬著頭皮給從前有交集的朝中貴近寄送文集。柳宗元做監察御史里行時武元衡是御史中丞，他的頂頭上司。代擬表章的事情柳宗元做過不少，武元衡後來升做西川節度使政績卓著，也很會表現識才憐舊的風度，

6 進奏院：安史之亂後，藩鎮勢力不斷增強，唐代宗大曆十二年左右，將原先各道在長安設置的邸務（進京朝見時的落腳處）改成進奏院，管理邸務的「留後使」改名進奏院官。進奏院官負責向地方發出「進奏院狀報」，通報宮廷、朝政和中央的情況，公開或者祕密地收集情報，做地方進貢中央的中轉站。進奏院一般設置在靠近大明宮的坊內，尤其以平康坊和崇仁坊最多。（劉豔傑《唐代進奏院小考》）

他給柳宗元和劉禹錫都寫了慰問信。但敘舊可以，起覆不行：永貞革新時武元衡因為不站在王叔文一邊從御史中丞被貶至太子右庶子[7]。柳宗元、劉禹錫如同雞肋，棄之可惜，但誰都不願意賭上自己的前途去再次起用他們兩個。

回到京城遙不可望。更給祖宗蒙羞的是，他快四十了，連個兒子都沒有，死都沒臉去死。

七

柳宗元的妻子去世之後，他忙著考試升官，而後忙著革新朝政，總以為再娶是很容易的事。沒想到被貶到永州，連老婆也娶不到了——他要娶妻生子，至少要妻子出身名門世族，可以配得上河東柳氏。永州這裡蠻荒險遠，哪裡來的合適人選？元和四年（八〇九年）以後，少數幾個親密故舊開始給他寫信，柳宗元反反覆覆向故人乞求替他尋一個合適的妻子生個兒子。

在〈與楊京兆憑書〉裡，他對老丈人楊憑說：可憐我妻子早早死了，曾經有個兒子，無一日之命。至今無以託嗣續，恨痛常在心目。孟子稱「不孝有三，無後為大」，這世上的人最怕的就是沒有兒子。老天如果可憐我父親讓他的香火延續，就請讓我得到大赦，回到家鄉立家室。那就是我盡了做兒子的孝道。如果我從此之後再摻和朝政，天厭之，天厭之！

楊憑後來因為貪汙罪被貶，接替他做京兆尹的是老朋友許孟容。柳宗元於是又給許孟容寫信，在這封〈寄許京兆孟容書〉裡再次強調，萬一刑部能夠去除我的囚籍，我也不堪再做什麼大事了。只求您看在我們兩家是通家之好，可憐我祖宗沒有後代，如果有合適的人選，替我張羅。我也不指望能夠回到長安，不指望能夠替先人掃墓，住進我家老宅，只求能夠讓我稍微北遷瘴癘不那麼嚴重的地方，娶個媳婦兒，生個男孩兒，有所託付，我死了也放心。

7 太子右庶子：太子屬官，隸屬東宮右春坊（又叫典書坊）。一般設置為右庶子二人，正四品下。侍從太子，協助處理公務，獻言獻策，又叫「右中護」。（《新唐書．百官四》）

元和年間，風雲變幻。永貞元年（八〇五年），劍南西川節度使韋皐去世；元和元年（八〇六年），節度副使劉辟反叛，被鎮壓；元和二年（八〇七年），鎮海節度使李錡反叛，被鎮壓；元和五年（八一〇年），朝廷開始了長達六年的鎮壓成德節度使王承宗的戰爭。在這一次次的戰爭裡，憲宗向天下宣示了他絕不姑息藩鎮的決心，一步步成為後代史書裡記載的「元和中興」之主。柳宗元年輕時的朋友韓愈、元稹如過山車一般享受著他們跌宕起伏的人生。柳宗元則在楚越之郊，在一面面有如牢獄圍牆一般相擁的山峰之內，覥著臉，一封又一封向京城投遞書信，求一個可以結婚的老婆。

八

他也還討一類人喜歡：憤怒青年、失意秀才、貶謫朝官。柳宗元的族弟柳宗直考上進士卻沒有得官，時有傳說，都是因為有個罪人哥哥柳宗元連累了他。柳宗直乾脆就去永州找柳宗元，向他學文章，陪他到處玩，照顧一家人。類似的還有柳宗元的表弟盧遵，跟柳宗元同樣被貶謫而無所事事的吳武陵。

這一群被時代拋棄的人什麼都沒有，只有大把的時間，於是施施而行，漫漫而遊，入深林，窮回溪，幽泉怪石，無遠不到。柳宗元負責規畫路線：從龍興寺走到法華寺，登上法華寺西亭可以望見湘江，湘江的支流冉溪，冉溪之外的西山。冉溪而南，西山往西的鈷鉧潭，鈷鉧潭西有小丘，小丘西又有小石潭。都遊玩一遍。

過了幾年，他搬去冉溪，沒多久，再次從西山開始另一個方向的巡遊。

西山中有可以觀景的朝陽岩。朝陽岩東南，冉溪水行至蕪江，有袁家渴。楚越方言中，水的支流叫「渴」。袁家渴西南步行百步，有一條長十許步、寬窄變化在數尺間的石渠；水流從大石下穿過，往更遠處菖蒲覆蓋，清鮮環周的石潭源源而去。石渠上有石橋，過橋西北下土山山南，又有一座橋，過橋後是一條比石渠寬闊三倍的石澗，澗底是寬闊不見邊際的整塊大石。水流沖刷著石床，流若織文，響若操琴。

這兩次長長的郊遊記錄在〈始得西山宴遊記〉、〈鈷鉧潭記〉、〈鈷鉧潭西小丘記〉、〈至小丘西小石潭記〉、〈袁家渴記〉、〈石渠記〉、〈石澗記〉和〈小石城山記〉。這些就是後來提到柳宗元必要提起的《永州八記》。山水遊記，柳宗元眼前已見過許多範本：北朝酈道元整理地理文獻而成的散文體《水經注》，南朝詩人鮑照的駢體《登大雷岸與妹書》。但沒有人如柳宗元，他的文字踏著如水流般自由流動的步態，有擊石般玲瓏的音律。當時流行學駢體文寫公文，他偏不。他按著司馬遷的路數寫散文，但從小接受的駢驪對偶讓他的散文裡有強烈的律動，琅琅上口。韓愈在朝，柳宗元被放逐，但不妨礙他們一道提倡的散文寫作成為當時的風尚——「古文運動」。

他數十年用力於文章的苦心，原是為了成為最出色的翰林學士，執掌制誥，成朝廷腹心，創造屬於他的時代。現在，只能隨便浪費在人跡罕至的荒山水。每一次的出遊總以興致勃勃為始，寥落蕭瑟為終。每當他從發現美景的喜悅裡沉澱下來，將要深入對人生的感慨，他總把它硬生生掐斷：都是恐懼，都是委屈，不要提。

有人從北方來，看他天天到處玩，笑嘻嘻地對他說：我本想來寬慰寬慰您，看您現在臉色坦蕩，看來是通達人，那我就祝賀你了！柳宗元既無法埋怨這輕佻的安慰，也無法直白地陳說自己的痛苦，只能淡淡回答：「嬉笑之怒，甚於裂眥；

長歌之哀，過於慟哭。」

柳宗元在永州的前五年，到處寄住，從龍興寺住到法華寺西亭，都是暫住。五年之間，住處被山火燒毀四次，牆倒窗毀，書籍衣物蕩然無存，人光著腳跑出來，不敢燒火，不敢做飯，不敢點燈。只惴惴不安坐在屋頂，等著天災過去。懷揣著很快就能離開的希望，他總是憋著不願意蓋房子。到元和五年（八一〇年），柳宗元終於買了小丘，買了泉，蓋房子，壘池塘，有了固定住所。他為溪水泉丘池堂亭島都起了名字——愚——因為他自己蠢。他為此寫了〈愚溪詩序〉：「愚溪之上，買小丘為愚丘。自愚丘東北行六十步，得泉焉，又買居之，為愚泉。愚泉凡六穴，皆出山下平地，蓋上出也。合流屈曲而南，為愚溝。遂負土累石，塞其隘，為愚池。愚池之東為愚堂，其南為愚亭。池之中為愚島。」

從此放棄回京城去的奢望，要把永州當作家。

陪他一起遊玩的人漸漸都離開。吳武陵調任，宗直在三十歲上早早故去。柳宗元為此自責萬分。他在祭文裡反反覆覆地說，柳宗直的英年早逝都是自己的罪。像柳宗直這樣眼神兒不好，不會察言觀色的人屈指可數。更多的人，腦子很好使——哪怕是柳家族裡的小輩也知道躲著他走。旅途哪怕經過永州，也假裝不知道柳宗元在此，目不斜視，飛快趕路。柳宗元年輕時就知道這個道理，在《宋清傳》裡寫過「吾觀今之交乎人者，炎而附，寒而棄」。他早早接受了這種勢利。老實的小輩柳澥來看他，離開時，柳宗元為他寫了一篇序，誇柳澥是敦厚樸實的人，勉勵他勤聖人之道，輔以孝悌，期望他在未來帶領柳氏一族的復興。那些對他不聞不問的族裡小輩，他平平淡淡講起他們去往各地赴任出差，經過永州也不來看他一眼的事，他甚至還要柳澥為他帶話，勉勵他們奮發，為自己不能替家族增光而道歉。

他們都有光明的未來。如同一顆釘子一樣被摁死在永州的，只有他柳宗元。永州在南方，到了冬天，有時也落雪，日夜不歇。登上朝陽岩，可以見到白茫茫無邊延伸，越過五嶺覆蓋南越數州。柳宗元記下冬日的大雪，也記下他彷彿自由又永遠被禁錮的心情：

千山鳥飛絕，萬徑人蹤滅。
孤舟蓑笠翁，獨釣寒江雪。
——〈江雪〉

九

從零陵送出的信，柳宗元望眼欲穿，等回的只有寥寥問候。也有例外，他年輕時引為兄弟的劉禹錫也正在朗州司馬任上，跟他一樣，坐監。柳宗元收到的寥寥書信裡十之六七來自劉禹錫。

柳宗元從永州往外發送的書信大多是灰色的，講他「抱非常之罪，居夷獠之鄉，卑濕昏霿」「窮厄困辱」。只有寫信給一樣倒楣的朋友時，才有一點點他年輕時的叛逆高傲。柳宗元研究命運與天道，寫了〈天說〉寄給劉禹錫，劉禹錫便寫了三篇《天論》寄回，並說：這是你〈天說〉沒有講完的道理，我來講。柳宗元讀後回信說：我開始大喜，以為是能夠讓我茅塞頓開的新東西，詳讀五六日，也沒發現什麼跟我〈天說〉不同的地方。你不過是說，天並不能參與改變人間事，這不是我〈天說〉裡早就講過的嗎？你的議論都是〈天說〉裡已經發過的，你寫這麼多也是車軲轆話佐證〈天說〉，我是沒看出來有什麼新見卓識！你這人寫文章，是文筆枝繁葉茂，道理七拐八繞！

永州治所零陵（今湖南省永州市零陵區）與朗州治所武陵（今湖南省常德市）距離並不遠，難兄難弟。柳宗元寫的是「我今誤落千萬山，身同傖人不思還」，劉禹錫寫的卻是「自古逢秋悲寂寥，我言秋日勝春朝。晴空一鶴排雲上，便引詩情到碧霄」。他在城牆拐角的更鼓樓邊建了一棟竹樓，地偏人遠，空樂魚鳥。京城有人想叫他痛苦，他偏不。不忙著掰扯對與錯，只忙著強身健體托關係找由頭在朝廷裡露臉。

他有這樣強烈的行動力，更對所謂的「命運」嗤之以鼻，他更相信自己。柳宗元「肌革瘆懍，毛髮蕭條」，「行則膝顫，坐則髀痺」，四處求告，別人泛泛寬慰幾句，好些的再送些藥石。劉禹錫一頭扎進醫書藥典裡，為柳宗元研究起強身健體治病的藥方。他小時候背藥典，是童子功。此時閒暇，續起來研究，時時寄來自己研習的藥方，治腎虛，治脫髮，治腳氣（劉禹錫到晚年還手癢，替白居易治眼病）。再有時間，研究佛學與民俗。

劉禹錫的人生從來沒有什麼平順的時候，家無高官顯宦，只能靠他單槍匹馬憑才學在京城闖出一番天地。劉禹錫給皇帝寫信，巴結高門大族，考進士，考博學宏詞科，考吏部取士科，終於得官，做了東宮太子校書。沒過一年又因為父喪去職。等服喪期滿，為了賺點錢，只能到當時的淮南節度使杜佑幕府裡做個祕書。什麼都要寫，年節裡朝廷發了面脂、口脂、春衣，謝表都是他來寫。後來他又來到京城，有了正經官職，為了打點人情通關係，也還得兼職替人寫文書，文集裡好幾卷是替武元衡、裴度等人寫的公文。但越坎坷，他就越有無窮的鬥志。他對自己有無窮的信心：是與非，不是他自己的錯與對，全在時機。他要好好保養，等待時機，健康長壽就總有一天能回到長安去。

元和九年（八一四年）臘月，劉禹錫與柳宗元在差不多的時間接到詔書：詔回。從南方回到京城有兩條路。一條「兩都驛道」：出潼關經洛陽經汴河水道南行。第二條「藍武驛道」：從藍田、武關經過商山至鄧州南行。兩都驛道平坦易行，但很費時日，而藍武驛道山路崎嶇，卻能更快到達。

柳宗元和劉禹錫選擇了快速卻艱難的這條。一路上春氣萌動，黃昏時炊煙拂來已有暖意。彷彿都是好兆頭。到達藍橋驛時離長安還有不到百里，他們在驛站的牆上看見了同樣被從貶謫地江陵詔回的元稹留給他們倆的詩：「心知魏闕無多地，十二瓊樓百里西。」——京城與朝廷就在百里之外，快馬加鞭，他們還能追上這失去的十年。再往前，到達灞上，元和十年（八一五年）的春花已開，與十一年前他離開的那個春天，幾乎一模一樣。柳宗元寫下此時激動的心情：

十一年前南渡客，四千里外北歸人。
詔書許逐陽和至，驛路開花處處新。

——〈詔追赴都二月至灞亭上〉

這年他四十二歲，重新開始，也還來得及。

十

柳宗元回到長安的一個月並沒有做什麼了不得的大事。桃花落盡槿花開，聽說朝廷正商量著讓他和劉禹錫還是回尚書省去做員外郎，但一直沒有得到正式任命。於是柳宗元清理祖宅，祭祀父母與亡妻，收攏散落各處的家傳典籍，拜訪故舊，一個月毫無知覺地溜走。

三月十四日時，朝中的任命毫無徵兆地下來：柳宗元做柳州刺史（今廣西柳州），劉禹錫做播州刺史（今貴州遵義），其他幾個被詔回的「永貞革新」舊人也都通通任命遠州刺史——四千里外北歸人如今要向四千里外更遠而去。

這樣近乎戲耍的任命據說來源於劉禹錫的一首詩。在無所事事的一個月裡，劉禹錫忙著與他年輕時在長安交下的故舊宴飲，遊樂。他們去了以前曾去過的玄都觀，是看花的好時節，劉禹錫終於沒有被十一年的貶謫弄死，反而活蹦亂跳地回來了，得意地寫道：「紫陌紅塵拂面來，無人不道看花回。玄都觀裡桃千樹，盡是劉郎去後栽。」

傳說正當政的武元衡聽說這首詩，想到自己曾經在朝廷議論是否詔回「八司馬」時授意下屬反對。他認為劉禹錫是在嘲諷他們：武元衡就是「劉郎去後」當政的「新貴」。本來朝中對於詔回「八司馬」就議論紛紛，憲宗皇帝對於劉禹錫和柳宗元遠沒有後來的史書中記載的「愛才」：那就繼續貶出去，柳州與播州，遠遠待著，別回來了。

劉禹錫的母親八十多歲了，劉禹錫帶著她去播州，山長路遠；劉禹錫不帶著母親赴任，千里相隔。無論如何，這一去，都是生死兩別。在永州失去了母親的柳宗元聽到這個消息，立刻上表朝廷，請求讓自己去播州，讓劉禹錫去做柳州刺史。朝中可憐柳宗元和劉禹錫的御史中丞裴度也幫著勸皇帝：這是逼迫劉禹錫與母親生離死別，您推崇孝道，這會損傷您的名聲。皇帝憤憤說，劉禹錫知道自己母親年紀大了，就更該謹言慎行，不要給親人惹禍。他現在明知故犯，不重罰已經是對他好。

皇帝終究愛惜自己的名聲，劉禹錫改任連州刺史。柳州刺史柳宗元與連州刺史劉禹錫，這對難兄難弟，再次一道被踢出朝廷，一個去廣西柳州，一個去廣東連縣，在被貶謫的路上甚至還能再結伴走一段。

十一

柳宗元到柳州時是元和十一年（八一六年）夏天。四十三歲，鬢髮皆白。在永州時落下的膝顫、腿疼、腳氣病還沒好，又得毒瘡再患傷寒。

在柳州的柳宗元沒有在永州時那樣絕望。他相信天道無法決定人事，但時間已經逼迫他看清自己的命運。二十歲時他是年輕的進士，三十二歲時，他已經做到了父親一輩子才達到的六品官，沒想到，他領先於同齡人的官祿榮耀從此停止。逝者如斯，增長的只有年歲、白髮、疾病和不斷壓著他的復興家族而無望的愧疚。他不再恐懼將要到來的厄運——厄運已經到來。他這一生將要以這樣的方式浪費，已成定局。家族與父母的期望他都辜負，反而有一種破罐子破摔的豁達。

他沒能為父母盡孝，便力所能及地讓他管理的地方父子骨肉能夠團聚。柳州人口買賣猖獗，賣兒抵債成風，還不起錢，孩子就成為債主的奴隸。柳宗元到任之後，禁絕人口買賣，以工錢還債。修孔廟、興教化，漸漸地，一向被視為化外之地的柳州，變得父慈子孝，兄友弟恭。

他忽然愛上了種樹，戲稱自己是「柳州柳刺史，種柳柳江邊」。種完柳樹，又在柳州城西北種下兩百株柑橘樹。春來新葉婆娑，想起伴隨他一路貶謫，他時時向其訴說卻從沒得到回應的屈原。他仰頭看挺拔向上的樹幹，想起屈原的〈橘頌〉，想他寫下「蘇世獨立，橫而不流兮」「秉德無私，參天地兮」的神態。在柳宗元熟悉的文學傳統裡，有樹的地方，就有人對於時光與命運的傷悼。他在心裡預演了自己成為過去的那天，後人會怎樣記得他。他希望後人看見他種下的樹，會想起種樹的人。

他從箱篋裡翻出草稿與書信，開始編訂自己的文集。柳宗元是個早慧的詩人，惠政當世、復興家族，是他作為河東柳氏後代必須承擔的責任。都做不到的時候，他也還是個詩人。現在，他能夠寄望的也只有當他、他的朋友、他的敵人，還有那個不喜歡他的皇帝一起被時間碾成齏粉，當後世忘記踩在他身上的腳都屬於誰時，他們還能夠記得詩人柳宗元。

十二

長慶二年（八二二年），柳宗元和劉禹錫共同的僧人朋友去連州找劉禹錫。他向劉禹錫細細講起他這一路上經過永州零陵時對柳宗元愚溪故地的探訪。當年柳宗元結茅樹蔬，建在愚溪上的房屋院落，已經找不到了。愚溪彷彿從來沒有人居住，依然是蒹葭茅草、鳧鸛遨遊的荒野。這是柳宗元離開永州的第七年，也是他去世後的第三年。

劉禹錫最後一次見到柳宗元，是元和十年（八一五年）詔回之後，從京城再次貶謫的路上，他們在衡陽分手，一個去往廣西柳州，一個去廣東連州。不知道這一次貶謫又是多久，再有一個十年，他們都會是五十多的老頭兒。分手時，柳宗元寫詩說「皇恩若許歸田去，晚歲當為鄰舍翁」。他想著，到了退休的年齡，皇帝大概也不會在意這兩個廢人，也許可以和劉禹錫一起歸隱田園，比鄰而居，做兩個詩酒唱和的老翁。

四年以後，元和十四年（八一九年），劉禹錫的母親病故。比柳宗元幸運，劉禹錫現在是刺史了，可以從連州扶柩北返。路上經過柳州治所衡陽，劉禹錫的隊伍停了一停。母親病重時，柳宗元三次派人去問候，疲憊悲傷的劉禹錫決定在柳宗元這裡歇歇腳。等待他的，不是柳宗元的盛情接待與安慰，只有素服悲戚的柳家人，還有一封信。信裡說：我病重了，留下遺稿，累你替我編集。柳宗元的書案散亂，有些文稿已經編秩整齊，還有些書信寫了一半還沒有發出去。好像柳宗元與劉禹錫半生的友情，甚至沒有一個慎重的句號。

劉禹錫帶走了柳宗元的遺稿，也帶走他的一個兒子（柳宗元沒有娶到合適的妻子，但終於生了兩個兒子，其中一個還是遺腹子）。他知道，這是柳宗元最擔心的兩件事。

後來，元和十年（八一五年）分手時柳宗元的願望劉禹錫都替他實現了一半：二十多年之後，劉禹錫早從貶謫之地歸來，一路從夔州刺史、和州刺史升官到太子賓客。他不僅熬死了憲宗，還熬死了穆宗、文宗。他從來知道自己必定是這場本質上看誰活得長的競爭的勝利者。從和州北歸，在揚州碰見老友白居易，請他吃飯，席間劉禹錫得意地寫「沉舟側畔千帆過，病樹前頭萬木春」。回到長安，劉禹錫一定又要去玄都觀看花，再次寫了詩：「百畝庭中半是苔，桃花淨盡菜花開。種桃道士歸何處，前度劉郎今又來。」他後來住在東都洛陽，也有錢，真就買了田，蓋了大園子，在最繁華的都市裡享受起田園生活。他本就朋友多，此時老朋友白居易、令狐楚都在洛陽。結伴賞花，結伴出遊，三人唱和來往，甚至攢出《劉白唱和集》《彭陽唱和集》兩本詩集。

唯有柳宗元的故事停留在元和十四年（八一九年）。死亡消磨所有深刻的痕跡，如同水滴石穿。劉禹錫對於人的意志在時間裡一點點被自然抹去從來有清楚的洞見。他寫過「山圍故國周遭在，潮打空城寂寞回」，也寫過「舊時王謝堂前燕，飛入尋常百姓家」。他們年輕時都相信自己會與從前的所有人不同，甚至超越歷史，超越時間，成為偉人。

事實上並不。一年年草長鶯飛終究會掩蓋一圍不再有人活動的房屋院落存在的痕跡，溪水悠悠，春草空綠。劉禹錫的朋友柳宗元也在他的目送下一點點淡去。但作為詩人，劉禹錫還有在無情流過的時間裡留住柳宗元的一項權利：他終於為柳宗元編纂完成《唐故柳州刺史柳君集》。後人不能知道柳宗元一生裡任何的豐功偉業，正如後世已經忘記他的敵人，忘記提攜過他憎恨過他的那些皇帝，甚至不再關心踩在他身上的腳都屬於誰。

他們只記得詩人柳宗元。

白居易和元稹

去他的〈長恨歌〉

一

白居易的母親是個瘋子。時人說是「心疾」，大約是現在說的「精神分裂」。不知道是什麼原因，有人說是因為「悍妒」。後來人提到白居易，多少要說一句，他母親是個瘋子，還要補一句，白居易的父親是他母親的親舅舅。這是門近親亂倫的婚姻，好像要為她的疾病在不合禮法的婚姻裡找到根源。但白居易自己是不提的。相反，他牢牢記得、反覆回憶母親多多少少曾經展現過的慈愛，其他的那些，就不說了。

貧窮和疾病是世上最掩藏不住的兩樣東西。白居易二十二歲的時候，父親在襄州別駕任上去世，跟著父親留在襄陽的一家人立刻失去了經濟來源。白居易帶著一家老小又搬回渭南下邽依靠太祖父的族人，寄人籬下。母親有病，但也有清醒的時候，清醒過來便擔憂幾個孩子的衣食，病卻更重了。白居易只好專門去浮梁，向已經做了浮梁主簿的長兄要錢，跑了兩千五百里，討到的錢卻不多，很快，長兄就打發他帶著勻來的一點兒米回家。從浮梁到洛陽走水路，換船補給的時候，借住在江邊山下的小旅店。山裡長夜綿綿，熄了燈，雷霆風雨就格外清晰。白居易一個人坐在黑暗裡，擔心母親，擔心弟弟，擔心一家人的生計。他寫了一篇〈傷遠行賦〉，講到貧病交加的家裡，斟酌反覆，只說：我出門這麼久了，母親一定日夜擔心我吧。

在白居易以後的人生裡，「貧窮感」一直如影隨形。他是十五歲就寫出「野火燒不盡，春風吹又生」的天才少年，自然要盡力營造一個文人蕭散自在、淡泊名利的自我形象，但另一方面，每一天他都在焦慮「養家餬口」。人生有累，哪怕吃著肉，也常常覺得飢餓。他後來做官，第一份工是校書郎。剛上班，他就夜裡失眠——「薄俸未及親，別家已經時」，憂慮自己在京城瞎忙，既賺不到多少錢，也不能在母親身邊晨昏供奉，工資漲幅跟不上母親的衰老。他寫信給弟弟，擔憂兩個未嫁的妹妹沒有嫁妝怎麼辦。

他後來做天子近官「拾遺」的時候，唐憲宗問他接下來想做什麼官——一個要什麼有什麼的機會。但是他眼盯著那點工資，老實浪費掉了。他說：我家裡窮，工資少，還有老母親要奉養。我看「京兆府判司」[1]很好，錢多離家近。皇帝於是給他做了戶曹掾。他激動地專門寫了一首詩，說新工作一年工資四五萬，又可以早晚照顧母親，人生啊，除了衣食無憂，不飢不寒，還有什麼好奢求的？

他自己辛苦計較量入為出，但別人家「行馬護朱欄」「筠粉撲琅玕」的高門大戶，就坐在城裡最顯赫的地段，每天嘲笑著他的疲於奔命。他忍不住眼熱，吞著口水酸溜溜地寫：這大多是將相高官的別院，這些人豪宅太多，房子建起來，恐怕只看過圖紙，來也沒來過。

但貞元十五年（七九九年），客居洛陽的二十七歲「大齡無業青年」白居易甚至還沒資格擔心他的工資和房子。他需要先考上一個官，到長安去。但做官，是一條千軍萬馬爭過而常有偉大詩人掉下去的獨木橋。

二

傳說裡白居易第一次來長安，向著作郎顧況投稿。顧況聽說面前的少年叫「居易」，笑了笑說道：居易呀，長安米貴，長安居，大不易呢！

白居易決定去考最難的那科——進士。長安城裡最多這樣穿著白麻衣的考生，他們走在一起就像一片一片的雲，熙熙攘攘來了，沒多久就分散寥落沒有蹤跡。

唐代考試分為「常科」與「制科」。常科年年有，考的人最多，其中又分為「進

1 京兆府判司：「判司」是節度使、州刺史的僚屬，掌管判案等司法工作。京兆府與河南府在唐代地位高於其他州縣，京兆府判司的地位也高於一般州郡的判司，雖然是州官，但重要程度可以與一些清要的京官相提並論。因此，白居易得到「京兆府戶曹參軍」（另一種判司的稱呼）時專門寫詩說親友「賀客滿我門」。但白居易就任「京兆府戶曹參軍」也並不真正管理判司分內的工作，升遷京兆府戶曹參軍只是為了讓他在繼續為皇帝「知制誥」草擬詔書時能有一個可以領薪俸的官職。（賴瑞和《唐代基層文官》）

士」與「明經」兩科。明經只考經典背誦記憶，但當時人說「三十老明經，五十少進士」。這一科的考生常作為「庸碌無能之人」，被人鄙視。進士科常常兩三千人應考只取二十人左右。進士科考卷不糊名，考試前考生還可以帶著自己的詩卷去考官和考官的朋友們家裡自我推銷。在這二十人裡還得去掉這些「聲名顯赫」的「紅人」，更不剩幾個名額。

白居易的家世背景不能為他鋪路，又沒有飛黃騰達的朋友，為了考中，只能拚命。他白天研讀賦，晚上研讀儒家經書，以研讀詩歌作為休息，連睡覺的時間都沒有。以至於口舌成瘡，手肘成胝，看東西眼睛裡點點都是飛蠅。二十七歲的白居易無意間照鏡子，看見的是滿頭白髮和臉上的皺紋。

僅僅進士及第，並不能得到一份工作。還需要守選三年，才有資格參加吏部的常調銓選，有做官的可能。哪怕運氣好，被吏部選上了，也都是州府參軍或偏遠州縣的縣尉。家裡兄弟四人，長兄遠在浮梁，生病的母親，一個快要應考的弟弟，另有兩個待嫁的妹妹都要靠他來撫養。為了靠近長安，替母親治病，給弟弟鋪路，他需要一個留在京城的位置。

只能去參加更多的考試。作為已經考上，還在守選期間的「前進士」白居易，得到一個參加吏部主持的「科目選」——「書判拔萃」[2]的機會。書判拔萃與博學宏詞一樣，是當時最受歡迎的兩項得官捷徑：先中了進士，再去參加書判拔萃考試，考上就會被授予校書郎、正字，或者是鄰近首都的縣尉。都是在名聲好、前景佳的清要官位，又能留下一個博學有才能的名聲，將來要升官的時候便有大概率被舉薦為拾遺、監察御史等與皇帝親近的位置。

比起操心家計，白居易大概更喜歡考試。書判拔萃考解決糾紛的判詞。白居

2 書判拔萃：科舉制度之下選拔人才的考試有許多種類，最常見的是一年一考的進士科和明經科。考中進士或明經科之後，並不能立刻做官，需要到吏部再考「關試」，成為吏部的「選人」。由於官員的名額有限，選人總比官位空缺要多，因此，成為選人之後一般要「守選」幾年——等待空出的缺。守選期滿，可以參加吏部在冬季統一進行的銓選。參加吏部冬季銓選的，除去從未做官的選人，還有更多的是官任期滿等待再次授官的前任官員。如果不想經過漫長的守選，也有其他考中就能做官的考試：由天子召集、親自監考選拔的「制科」，由吏部召集為選拔專門人才而設的「科目選」。科目選每年十月由吏部召集，其中最主要的兩科是博學宏詞科和書判拔萃科。博學宏詞科考文章三篇，分別是詩、賦和論。詩為五言排律，十二句六韻，賦限字限韻，有時八韻，有時六韻。書判拔萃科考三條判詞，長度和難度都比較大。所以為準備書判拔萃科考試，白居易需要練習百道判詞。（王勳成《唐代銓選與文學》）

易為自己準備了百來道模擬題，比如說：

乙女許配給了丁男，彩禮已經接了，但是乙後悔，丁憤而告官，乙辯稱：可是都沒有立婚書呢！

甲的老婆在婆婆面前罵狗，甲很生氣，把老婆休了。老婆也很生氣，認為沒犯「七出」，怎能單方面離婚？甲辯稱：這是不敬！

……

這些後來成了在考生中廣泛傳播的「百道判」。

在三十一歲這年，白居易終於如願做了祕書省校書郎。

元和元年（八〇六年），四年校書郎任滿，白居易不願意賦閒等待吏部再次考核，擠進了「才識兼茂，明於體用」考試。考上了，便能立刻授官。

為了省錢，賦閒時的白居易連房租也不想付。他與同樣校書郎任滿，也要參加制科考試的元稹一拍即合，都搬進了華陽觀，結伴溫書。這下連筆墨紙硯的文具錢都有人分攤了。制科考策論，白居易再次展示了他在考試方面的天賦，整理出了一套《策林》，分析策對的每一個部分，還有參考答案，在考生中暢銷一時。

甚至後來皇帝下制詔，也用了白居易的參考答案。

如果白居易一輩子只需要考試，他一定過得很開心。但考試只是一道帷幕，他以勤奮和才智用力把大幕拉開，滿以為會被鮮花掌聲淹沒，沒想到人生最真實的崎嶇黑暗才開始一點點展現在他眼前。

三

輝煌的唐代長安城在清晨五點依然保持著她一貫壯麗的面貌。

一條橫貫南北的朱雀大街把城市分為東、西兩個部分。屬於皇族的宮殿與官衙，以及圍繞著他們的高官顯貴占據著城市的中心與東北部高檔社區。

城中心的鼓樓掌握著城市的生息。每到日落鼓響八百聲，在鼓聲停止前，城裡被分割成方塊的一百多個居住區關門歇業，行人回家，再不許有人在街上行走。直到第二天五更天剛破曉的時候，宮內的曉鼓響起，坊門才能開啟。

在年輕的下級官員白居易眼裡，隱沒在暗昧夜色中那些象徵帝國氣派的寬闊道路，面目並不親切。白居易總是在整個城市熟睡的黑暗裡，穿戴整齊，悄悄打開坊門，騎著馬向北邊宮城出發。他要在宮內曉鼓聲響前，到達城市北邊的宮城，等著黎明時皇宮城門打開，朝拜君主。

長安城北高南低，從白居易家裡進宮，十里北行。在冬天，北風呼嘯，上坡路滑，照路的蠟燭半路就被狂風吹滅，耳朵被呲出凍瘡。哪怕到了宮城門外，宰相們可以去太僕寺車坊暖和暖和，白居易卻還需要在毫無遮擋的風雪中等著開門，一邊盤算著向君主賀雪的句子。等到宮門打開時，等著讚美這場雪的白居易卻已經是「鬚鬢凍生冰，衣裳冷如水」。

白居易在長安住了十多年，搬了五六次家。從長樂里、宣平里，到昭國里、新昌里，卻越搬越往南，做校書郎時租的第一套房在長樂里，反而是他住過離上班最近的一個地方。

但年輕的白居易對未來有一種火熱的信心。

白居易考上「才識兼茂，明於體用」的這一年，也是唐憲宗李純登基的第一年。這一年，王叔文、劉禹錫「永貞革新」失敗，朝廷裡當權的高官大多在這次與宦官的權力鬥爭中失敗，被趕了出去。憲宗需要一些年輕新鮮、對他忠誠不二的面孔。

他看見了白居易的詩。一個光明的未來就這樣掉到了白居易頭上：他先去做了京畿周至縣的縣尉，沒過幾個月就被借調入朝中做了集賢校理。元和二年（八〇七年），白居易以縣尉成為翰林學士，為皇帝起草詔令，做機要祕書。

隔三岔五，皇帝就邀請他參加宴會，他以「內相」的親密姿態坐在皇帝身邊，百官之上。至於宮裡送他茶果梨脯、絹帛，甚至家具、御用車馬更是平常的事情。白居易在日後為自己編訂《白氏長慶集》時，特別收錄了所有他為皇帝寫的任命詔書，成《中書制誥》與《翰林制誥》兩編，以為無上光榮。

轉過年去，白居易被再次提拔，做了左拾遺。雖然官品只有從八品上，卻是不經吏部由皇帝親自考核的近臣。工資自然是漲了不少，他甚至有錢買了兩個健壯的婢女照顧母親，防止她神志不清時自傷自毀。

家庭的負擔一時鬆動，事業一片光明。在無親無靠的京城裡，忽然靠上了那個最大的靠山，心情激動的白居易給皇帝寫了一封信，表達了他受寵若驚，寧願肝腦塗地的心情：

拾遺雖然是小官，但供奉諷諫，天下發生任何不恰當的事情，都該由拾遺提出來，或是上書，或是廷諍。高官們顧慮身分地位不敢說的話，只好由拾遺這樣的小官來說。但這正是我願意去做的事情。您對我這樣好，讓我食不知味，寢不遑安，只能粉身碎骨來報答您。可惜我現在還沒有得到一個粉身碎骨的機會！您放心，但凡天下的官員做事有一點兒不合規矩的，您下的詔令，有任何不妥的，我一定竭盡愚誠，向您密陳！

為了證明自己所言不虛，他寫了《新樂府》五十篇，「為君，為臣，為民，為物，為事」。他拿著放大鏡努力找到了王朝每一個地方的問題：〈賣炭翁〉寫官市欺壓小民，〈陰山道〉寫貪官，〈杏為梁〉寫居住的奢侈，〈紫毫筆〉寫失職，〈官牛〉寫自私的丞相……但同時，他在開篇便寫了〈七德舞〉、〈法曲〉，又寫了〈牡丹芳〉——也沒有忘記歌頌聖人與皇帝——萬方有罪，都是地痞、惡霸、朝臣的錯。

作為諫官，他唯恐自己須臾閒置了手上的諫紙。中唐以後，要想在朝廷上出人頭地，不投靠宦官，就得投靠節度使。但白居易，把兩邊都得罪了。

淮南節度使王鍔很有錢，到處送禮，給皇帝送，給皇帝身邊的宦官送，想做宰相。白居易跳出來對皇帝說：做宰相的人首先要有賢德。這人在節度使任上搜刮您的子民，把搜刮來的財富再送給您，以後人人想當宰相就跟他學，這天下還會好嗎？

平盧淄青節度使李師道拉攏魏徵的玄孫魏稠，想替他把當年唐太宗賜給他太爺爺魏徵的房子贖還。皇帝同意了，讓白居易草擬一個詔書。白居易卻又不同意，說這種激勵勸勉前代功臣後代的好事，當然要公家來做，李師道是什麼東西，能以他自己的名義來做這樣的事情？還是您出錢比較好。

成德節度使王士真死了之後，他的兒子王承宗按著慣例自己繼位為節度使，向朝廷先斬後奏。憲宗生氣節度使不經過朝廷同意，私自搞父子世襲，要打他。朝臣卻沒幾個同意。宦官吐突承璀為了表功，自請領兵。帶著二十萬軍隊去打王承宗，屢戰屢敗。白居易又上書：本來就不該打，現在又打輸了，還不停戰，等什麼呢？

唐代朝官，四年一任，每年考核政績口碑。拾遺是皇帝親自選拔的官員，不參加吏部考核，但被白居易點名批評的官員可是要被考察的。白居易像他在書裡讀到的那樣，為了皇權，做直臣。通往大明宮御座前，白居易渾然不知的黑暗裡，一雙雙仇視的眼睛在窺探一個機會，把他掀翻在地，永遠不要回來。

四

傳說白居易母親的死，成了元和六年（八一一年）長安的一樁大醜聞。京兆府中堂狀到了裴度面前，報的是白居易母親掉落坎井，死了。但哪有正常人會莫名掉進井裡去？據說，白居易曾經有一個叫湘靈的戀人，母親卻反對他們的婚姻，白居易到三十多歲都還沒有結婚。有司便懷疑這是一樁謀殺。

皇帝近官謀殺母親的案子報上來，四座皆驚。

白居易百口莫辯。母親有時發狂自戮，甚至會抓著菜刀在家裡狂奔。白居易專門請了兩個健壯的僕婢，厚給衣食，就是為了照管好母親。但這一次，一個沒看住，母親便跳進了井裡。他又不願把母親的疾病說出來。幸好這時薛存成說，我住白居易隔壁，鄰里左右都常常聽到他母親大喊大叫，聽說是心疾，已經很久了。

案子結了，但白居易的祕密終於眾人皆知：白居易原來有一個瘋狂的母親，常常在家大喊大叫，最終死於墜井。

白居易母親的死從此成為一個把柄。

元和九年（八一四年），白居易守喪結束，做了贊善大夫[3]。轉過年去，宰相武元衡、御史中丞裴度在首都長安的大街上被刺客刺殺。武元衡當場死了，裴度因為戴了厚氈帽掉在陰溝裡逃過一劫。兇手還囂張地在金吾衛辦公室留書：別想逮我，我先殺你！

當天中午，這宗謀殺案就在長安城裡傳遍了，卻沒有任何人上書向皇帝建議處置兇手。武元衡、裴度，都是主張向不聽話的節度使開戰的主戰派，自然人人都懷疑刺客來自李師道、王承宗，卻都不敢說。只有白居易當天就第一個上書，態度強硬急迫，敦促朝廷趕緊逮捕刺客捉拿真兇。

正各執己見沒有頭緒的朝臣此時卻統一了目標：攻擊白居易。——他此時已經不是拾遺。不是諫官，這就不是他該先插嘴的事情。很快就有人說了，白居易別人的事情管得寬，自己卻毫無私德。他的母親是看花墜井死的，他卻在守喪期

3 贊善大夫：太子屬官。太子府一般設有左、右贊善大夫各五人。（《唐六典》卷二十六）

間寫了看花和新井詩。這樣毫無孝道的人，該趕出朝廷去。

朝廷上人人都很喜歡這個藉口，提出要把白居易趕出去做江表刺史。中書舍人王涯又補充說：白居易做了這樣傷風敗俗的事情，根本就不能作為一郡長官，還是做江州司馬吧。

在關鍵時候，唯一能夠救他的憲宗皇帝沒有做出任何保護白居易的努力。實際上憲宗也早就對白居易不耐煩了，他曾經私下不滿地說：白居易這傢伙，是我一手提拔起來的，現在卻屢屢說我這個不對那個不對，真是讓人無奈得很！

官場有一些大家心知肚明的規矩：政見不合，便被找各種理由排擠。禮法是一套隱形的「刑具」，專門伺候異見。它的內容——「孝親」被規定出整齊的面目，哪怕心裡最恨父母，表現出規定的形式就是孝順的，相反，稍微不合「規矩」，不論事實如何，便要被扣上不孝的帽子，踩上一百隻腳。

這一次，他們找上白居易的時候，玩弄的是他母親的死。他在浮梁夜雨裡，反覆說服自己，雖然她不講，但母親一定也在思念他；他為父母寫作墓誌銘，也只願意回憶父親去世之後，年幼的自己與弟弟妹妹圍繞著母親的身邊聽她親講詩書，循循教導。

他在所有的回憶裡裁剪掉母親瘋狂的那一面，堅定相信，哪怕她深陷在不能自控的疾病裡，她心裡也是愛著他的。溫柔慈祥，就是她本來的樣子。為了給她一個安詳的晚年，他掏心掏肺地為朝廷做事，拚命往上爬。

現在，因為政敵充滿惡意的杜撰，人人都知道他有一個瘋狂的母親，為看花墜井而死。而他對此十分快樂，還高高興興地寫詩、看花、詠井。

這也是可以的嗎？

五

白居易還沒有經歷沉淪的時候，對「失敗」就不陌生。他做拾遺，作為皇帝的眼目，繫玉為佩，曳繡為衣。但居高臨下，「朝見寵者辱，暮見安者危」，對命運翻覆看得更清楚。他跟好朋友元稹約好了，等到女兒嫁了，兒子成家了，就退休去過漁樵江渚、歲晚青山的生活。

等到自己真正經歷起伏，又忍不住計算起數十年宦遊的得失。唐代做官，三品之上穿紫袍，佩金魚袋，五品以上才能穿緋袍，配銀魚袋。六品之下著青袍，沒有魚袋。在長安蹉跎十多年，他屢屢望見緋袍銀魚袋，現在又功虧一簣。

年輕時用來拚搏前途的健康也已經抵押給時間，再也拿不回來。白髮多得數不過來，就任它去長。眼睛更壞了，夜裡讀書疼痛難忍，只能熄了燈，暗夜枯坐。

小城市日落而息。江邊清冷的碼頭上，他又聽見繁華長安的琵琶曲。潯陽北風裡楓葉荻花瑟瑟脆響，他又寫了一首流行的詩，娛樂別人，拯救不了自己。他依然陷落在沒有燈火的荒野，再繁複堂皇的曲調，也不過譏誚地一遍遍指出，他一個「天涯淪落人」罷了。

元和十年（八一五年），四十三歲的白居易困在廬山腳下的江州，白髮青衫，江州司馬，他這輩子大概就這樣完了。當年的同事，哪怕是不如他的，卻個個都發達了！他像是赤身裸體落在深井裡，衣冠整齊的昔日同僚在井上來來去去，不看他，難過；低下頭來看看他，更讓他感覺受到羞辱。與他同做拾遺的崔群已經做了宰相，寫信來問。他回信說：您問我近況怎樣，沒什麼好說的，混吃等死而已。您又問我身體怎樣，除去一隻眼睛不好，身體的其他地方也不好。你又問我每個月的錢夠不夠花，我雖然錢不多，計算著花，反正沒凍死。

白居易花錢在廬山上造了一棟別墅，三年江州司馬，他有一半時間住在廬山上。按規矩，守官離開治所，都要請假報備按期歸來，白居易屢屢超期，別人也不敢管他——白居易的詩名天下皆知，哪怕在貶謫的路上，也有學齡少年款款背誦〈長恨歌〉。

委屈、怨恨。說出來小家子氣，給別人添笑話。只好一再強調：我不在乎，我無所謂，我學佛參禪熱愛自然，好得很！

六

只有回信給元稹的時候他感到舒適——他比人人混得都差，最起碼比元稹好一點兒。

元稹，他那個十四歲就明經及第，比誰都聰明，都討女人喜歡，都能折騰的好朋友，就快要死了。

白居易剛到江州，有人帶給他一封信與二十六軸元稹的詩文。是通州司馬元稹寫來的。信裡說：我得了瘧疾，病得很重，怕是要死了。在生死危惙之間，只想到了你，我讓人收拾了幾卷我的文章，封存好。告訴他們，哪天我死了，就把我的文章送給白居易，請他替我寫個序吧。

元稹與白居易的人生經歷相似，卻處處都比白居易更慘一些。元稹七歲喪父，整個少年時代都跟著姊夫住在鳳翔北方邊境的荒殘之地，沒見過繁華，不敢有欲望。十四歲來到長安考試。考上的卻是受鄙視的明經科。甚至有人說，他以新進詩人的熱忱去拜訪當時的名詩人李賀，李賀接了他的名片卻一言不發。直到元稹硬著頭皮進去，熱情表白了半天，李賀才冷冷反問：你考明經科的，有什麼資格來看我？為了甩掉明經及第的「汙點」，元稹不斷考試，直到貞元十九年（八〇三年）平判登科，做校書郎，才算洗刷了明經科的低下，他同年中明經的人卻早已做了兩年多的官。

元稹與白居易一道策試及第，在白居易做拾遺的時候做了監察御史。兩個人都很愛提意見，但白居易只是被皇帝背後吐槽，元稹卻被宦官用馬鞭打傷了臉。

元和四年（八〇九年），元稹以皇帝使者監察御史的身分出使東川，一路上彈劾劍南東川節度使嚴礪違法貪墨朝廷賦稅、田產、奴婢數百萬，因為嚴礪已死，與此案有關的七刺史都被罰俸。元稹得罪了與嚴礪有關的眾多權臣要員，朝廷卻沒為他撐腰——元稹剛回長安就被調去了東都洛陽。沒幾個月，曾經與他野蔬充膳，金釵換酒的妻子韋叢去世，禍不單行的元稹只能在不眠的夜裡默默寫下「惟將終夜長開眼，報答平生未展眉」。下一年，他終於被召回長安。回程路上住在公家旅館「敷水驛」，照著規矩住在上廳。宦官劉士元晚到，卻也要住上廳。元稹睡下了，不讓。劉士元直接抄起馬鞭一腳踹破房門，闖進房間裡追打元稹。元稹從床上驚起，衣服都沒穿整齊，不僅被狼狽地打傷了臉，還被貶江陵府士曹參軍。

在與江州司馬白居易如今一樣的心境裡，他還依然寫信祝賀白居易的高升，白居易喪母停官生活拮据，他還寄錢接濟白居易的家用。元和十年（八一五年），元稹被短暫地召回京城，但結果並不是重新啟用，而是換貶到通州。

元稹跟白居易一樣，快四十的時候貶到險遠，真的相信，這輩子就這樣完了。元稹寫詩說「黃泉便是通州郡，漸入深泥漸到州」。剛到通州沒多久，在濕熱與蚊蟲的攻擊之下，北方人元稹很快就得了瘧疾，病體纏綿，前途慘澹。

但元稹跟白居易又不一樣，他是一定要做宰相的人，一天沒做到，一天不甘心。被趕出朝廷，便想辦法回去，落下來之後，必有東山再起。

元稹在通州病到手腳都不好使了，也要向當時主管選官的吏部尚書權德輿上書，寄送一軸自己的各種作品。等他琢磨清楚軍閥宦官才是他重回朝堂的關鍵，朝臣的品性面子也不能阻擋他獻殷勤。

元稹在江陵的時候，下了大功夫與荊南監軍崔潭峻交好。後來新皇帝穆宗登基，崔潭峻帶著元稹的詩詞給宮娥嬪妃歌唱表演，很快讓穆宗記起早就有詩名的元稹。於是元稹轉祠部郎中，知制誥——為皇帝草擬詔書，做祕書。為了得到在皇帝面前露臉的機會，元稹常常輕車簡從悄悄拜訪宦官魏弘簡，後來果然一舉以工部侍郎本官同中書門下平章事——做了宰相。元稹當宰相的那天，滿朝輕笑——人人都知道他的宰相是怎麼來的，便都有談資恥笑他結交宦官，首鼠兩端，斯文喪盡。

而白居易，按著他做拾遺時的性子，該猛烈抨擊德不配位的元稹。不過，他做不到。

白居易在江州，想念元稹而不能見，便在屏風上寫滿元稹的詩。元稹還在通州，相隔萬里，通信不便，他就在閬州開元寺的牆壁上寫詩遙寄白居易：「憶君無計寫君詩，寫盡千行說向誰。題在閬州東寺壁，幾時知是見君時。」

白居易夢見元稹，寫詩問他：「不知憶我因何事，昨夜三更夢見君。」元稹沉屙難癒，自料是活不過來了，於是回信說：「山水萬重書斷絕，念君憐我夢相聞。我今因病魂顛倒，唯夢閒人不夢君。」但哪怕病得快死了，元稹也沒有忘記給江州司馬白居易寄去京城買來的綠絲巾白輕容。

白居易、元稹，半生蹉跎，眼睛都不好使了，才睜大眼睛看見那個掛在眼前，顯而易見的道理：他們曾經以為做官與考試一樣，靠勤奮與才華。但考試之後的漫長人生，並不遵循任何與公平相關的規則，更不提供任何體面的退路。

元稹被重新起用的時候，白居易也離開江州，升任忠州刺史。刺史可以「借緋」，白居易連忙喜滋滋地脫下青衫換緋袍。但從江州到忠州，是「今來轉深僻，窮峽巔山下。五月斷行舟，灩堆正如馬」。山高路遠人煙稀少，忠州也不是個好地方。

為了把他從江州撈出來，前同事崔群出了大力氣。白居易寫信感謝崔群，最後說：您問我，去忠州我喜不喜歡，我有什麼好選的？鳥能從籠子裡飛出來我還挑揀哪片林子嗎？

元稹決心留在這個決鬥場裡，挫折與輕視只讓他更無畏地往上爬。但白居易，弟弟白行簡做了左拾遺，兩個妹妹嫁了人，母親死了，失去負擔，也失去在這條狹窄而熙攘的官道上悶頭往前擠的動力。

距離他們約定「白首同歸」已經過去十多年，這件事情元稹不再提了。距離白居易滿懷感激與豪情地向憲宗上書也過去十多年。肝腦塗地以身相報這事，白居易也不再提了。

七

後來白居易的官越做越大，主客郎中[4]、再次知制誥[5]、朝散大夫[6]、中書舍人[7]……但他再也沒有肝腦塗地的激情，迫不及待去報答提拔他的皇帝。隔三岔五就要寫詩自嘲：我這麼差勁的人覥著臉賴在這麼顯要的位置上，還不都是為了錢。不是我喜歡做這份工，實在是為了養家餬口，沒辦法。

有時忍不住，還是要提意見，提了依然沒人理。他便眼不見心不煩，申請外

---

4 主客郎中：禮部尚書領導下掌管周邊國家朝貢往來等外交事宜的官員。從五品上。（《唐六典》卷四）

5 知制誥：為皇帝起草詔令。唐代以九品職官等級定薪俸，但是「知制誥」並不是九品職官系統裡的官職，所以沒有專屬於「知制誥」的官職和薪酬。「知制誥」常加綴在本官官名後，相當於拿著本官職的工資做替皇帝起草詔令的工作，比如白居易以主客郎中知制誥，就是白居易拿著從五品上主客郎中的工資待遇，實際上並不管理朝貢往來等事物，而專職為皇帝起草詔令。這種非正式的借調方式在唐代中後期十分普遍，又叫「使職」。

6 朝散大夫：文散官，從五品下。（《唐六典》卷二）唐代文散官有二十八階（一說二十九，或三十階），開府儀同三司為第一階，將仕郎為最末一階。朝散大夫在文散官等級中排第十三階。文散官沒有具體的職事內容，多用來劃分身分級別，類似現在的「職稱」。

7 中書舍人：中書省內負責為皇帝起草詔令的職位。官居中書令、中書侍郎之下，常設六人。正五品上。（《唐六典》卷九）

調蘇杭，一邊工作一邊休假。工作自然做得不出岔子，但跟年輕時，很不一樣了。

喝酒、學佛與寫詩成了白居易往後人生的目標。學佛是在這所剩不多的人生裡不用太痛苦的鎮痛藥，他的眼病到老更重，看朱成碧，眼不經風，只能看特製的「大字書」。寄望僧侶用金篦拔出，但也不知道成功與否。

而寫詩，他還是希望在百千年之後，這麼多讓他憤怒卻不能聲張，讓他狼狽還要裝作不在乎的事情都沒人提了，那時候，有人像元稹一樣喜歡珍重他的詩。

唯一值得高興的是，他有錢了。長慶元年（八二一年），白居易回到長安做主客郎中知制誥，新昌里那棟二手房，終於還是買下來歸自己了。他可以放心在院子裡養竹子，不用擔心哪天搬家了又要重新來過。他一連寫了兩首詩讚美終於有了自己的房子的快樂。不過，母親早就去世，當初他一心想要漲工資買房子的理由卻又不在了。

唐文宗大和三年（八二九年），經歷了憲宗、穆宗、敬宗、文宗的「老臣」白居易做了太子賓客，有錢有閒，決定在洛陽住下。奮鬥半生買得的長安新昌里二手房，說賣也就賣了。在洛陽買了一套更大的園林。他自己說：「吾有第在履道坊，五畝之宅，十畝之園，有水一池，有竹千竿。」養歌姬，宴賓客，甚至還養了一雙白鶴。沒想到自己也成了當年讓他斜著眼看不上的「土豪」。

太子賓客任滿，朝廷本來要派他去做同州刺史。他因病嫌遠不願去，朝廷只好改派他做太子少傅[8]。做了七年不想做，白居易還敢辭職。朋友們擔心他斷了工資家用拮据，他還有積蓄田產規畫退休生活——「囷中殘舊穀，可備歲饑惡。園中多新蔬，未至食藜藿」——有穀倉，有菜園，比起他當初做拾遺時「衣不盈篋，食不滿囷」不能同日而語。

大和五年（八三一年），元稹死在武昌軍節度使任上。元稹的家人求白居易寫一篇祭文，把元稹的駿馬、綾羅、絲帛、銀鞍、玉帶，六七十萬的東西全部送給白居易當潤筆。白居易不肯要，元家人不肯收回，白居易便全部捐了重修洛陽香山寺。他說，修好了，是功德，都是元稹的。但願他多享冥福，也但願來生我可

8　太子少傅：太子屬官。太子府一般設有「太子三師」，即從一品高官太子太師、太傅、太保，和「太子三少」，即從二品高官太子少師、少傅、少保。（《唐六典》卷二十六）「太子三師」和「太子三少」這樣的高官，只授予極少數對皇室有重大貢獻的高官，或者授予失去實權的功臣武將做榮譽職位。

以與元稹再次同遊香山寺。

後來他真的夢見與元稹同遊，還是像年輕時候那樣，郊遊踏青，騎在馬上隨口說個題目便開始聯句，從城外到城裡，聯了幾百句，還意猶未盡。醒來的時候，茫茫夜色裡冷冷清清一點兒光正落在枯黃的草地上。白居易慢慢想起來，元稹去世以後，窗外這片草地青而又黃，是第八個秋天。

君埋泉下泥銷骨，我寄人間雪滿頭。

八

大和九年（八三五年），風雪夜裡，廬山頂上東林寺收到六十卷《白氏長慶集》。寺院的雲皋上人顫顫巍巍打開門，接過隨文集附來的詩信一封。是年逾七十的白居易從洛陽寫來的。他說，他們已經許多年不互相通信，不知雲皋上人近況如何？大家都髮疏齒搖，距來生再會已經相距不遠。講好了，由於他的特別信任，親手編訂的白居易一生的成就將由東林寺雲皋上人保管。送書的家僕得到雲皋和尚一再強調會用心保存才放心離去。

稍後幾年，蘇州南禪院收到《白氏文集》六十七卷，詩文三千四百多首，洛陽勝善寺收到《白氏文集》六十五卷，白居易的侄子龜郎、外孫談閣童也都收到了麻紙謄抄的七十五卷《白氏長慶集》，白居易一再在隨詩書信裡表示：這是比我性命還重要的文集，這就託付給您了。唐代的名詩人這麼多，但詩文散落，保存下來的不足鱗爪，最「萬無一失」的只有白居易。

白居易最後在刑部尚書任上退休，領半薪，每年也有五十多萬錢入帳。當年跟他一道做翰林學士的同事，除了他，都做了宰相。他又忍不住做出滿不在乎的樣子寫道：「同時六學士，五相一漁翁。」——反正我混得最慘。而做過宰相的那些，其中就有王涯——當初說白居易品德低下，只能做江州司馬就是他的功勞。

大和九年（八三五年），白居易在洛陽專心修訂他的文集。這年冬天，七百里外的長安發生了一件大事：朝臣謀畫殺掉宦官仇士良，本來得到了唐文宗的支持，沒想到舉事當天唐文宗反被宦官們挾持，計畫失敗——正是「甘露之變」。一批大臣被殺，其中正有王涯。消息傳到洛陽，只用一個白天。白居易正在香山寺看花，立刻寫了詩：

禍福茫茫不可期，大都早退似先知。
當君白首同歸日，是我青山獨往時。
顧索素琴應不暇，憶牽黃犬定難追。
麒麟作脯龍為醢，何似泥中曳尾龜。

——〈九年十一月二十一日感事而作〉

你們是龍是麒麟，了不起！我不過是泥裡拖著尾巴的烏龜。只是沒想到，你們都被砍成肉醬了啊！

李商隱

最後時過境遷，再回想誰的臉

一

大中二年（八四八年）的重陽節，長安還是記憶中的模樣：高陽越淡，天光越薄，菊花越貴。暗暗淡淡紫，融融冶冶黃。昂貴而應時的花卉茂茂擠在高官貴戚的花圃裡，等待與茱萸廝混，飄入盛滿酒液的杯中，也等待主人家盛大聚會上，一句吟詠重陽節的好詩。令狐楚最愛白菊，他去世十二年，相關的痕跡一點點被時間磨滅，似乎連長安城的白菊都變少了。

十多年前李商隱是為令狐楚寫公文的祕書，令狐楚的兒子令狐綯，是他嬉笑怒罵無話不談的朋友。現在，李商隱依然是為京兆尹寫公文的祕書，令狐綯已經是長安城裡最貴重的宰相。十多年前，李商隱寫得一手好散文，後來令狐楚教他，要為人做祕書必須得寫好駢文，對仗用典。十多年後，艱深的典故，「駢四儷六」已經成為李商隱的風格，甚至學寫公文的年輕人也要去求一冊他的文集來作範文。十多年前，李商隱為令狐綯寫信，說他們之間「一日相從，百年見肺肝」，現在，他想去見令狐綯，但不知道令狐綯想不想見他。

令狐綯這年剛升任，搬了新家在晉昌坊。李商隱硬下頭皮去拜訪，枯坐半天，令狐綯也沒有出來見他。如坐針氈的李商隱再也沒法被令狐家的下人帶著玩味的表情參觀，要了筆，在令狐綯家的屏風上默默寫下他此時的心情：

曾共山翁把酒時，霜天白菊繞階墀。
十年泉下無消息，九日樽前有所思。
不學漢臣栽苜蓿，空教楚客詠江蘺。
郎君官貴施行馬，東閣無因再得窺。

——〈九日〉

晉昌坊中還有名勝大雁塔，從令狐綯家出來，抬眼就能看見。舊俗，考上進士便要在雁塔下石碑上刻上自己的名字。李商隱還記得，大和九年（八三五年），他又一次落第，令狐綯為了帶他散心，一起登上大雁塔，並在塔下石碑上題字。右拾遺令狐綯、前進士李商隱的名字並肩而立。李商隱沒有哥哥，令狐綯比他大十二歲，他一直當其是兄，甚至「當此世生而不同此世」的知己。他以為，他們的緣分可以超過人生壽命的極限，延展前世後生。現在知道，當時年輕，一生一世已經很長，夠變卦很多次。

十多年前，李商隱和令狐綯可以拉著手哭，是親過兄弟夫妻，過去與未來的時間裡獨一份的默契緣分。李商隱對令狐綯寫過：「足下與僕，於天獨何稟，當此世生而不同此世，每一會面一分散，至於慨然相執手，顰然相戚，泫然相泣者，豈於此世有他事哉？」現在，身分懸殊，自然不能再寫這樣沒分寸的傻話。再兩年，令狐綯命令李商隱將令狐楚存在太清宮的舊詩刻寫石上，李商隱一天就寫完了。他給令狐綯寫了〈上兵部相公啟〉，報告這件事情，開頭是「伏奉指命」。十年前他一定不會想到，自己給令狐綯寫信，會用這樣卑微疏遠的語氣。從前的李商隱見到現在的自己，恐怕也看不懂了。

暮鼓響起，是宵禁開始的信號。一間間坊巷臨街的坊門關閉，鼓聲停止時，街上不准再有行人。但百多年來嚴厲的禁令漸漸鬆弛，依然有稀稀落落的行人在街上行走。百無聊賴的李商隱一路向北，不知不覺走到了開化坊令狐楚的舊居。夕陽西下，牆外人跡零落，牆內只有幾隻烏鴉棲息在屋簷上。向晚時的風吹來苦竹與花椒的味道，漸漸荒蕪的花園裡，還有星星點點的白菊花，被時間遺留下來，歸於寒雁與暮蟬。他慢慢走在彎彎曲曲的小道上，細細想起十多年前細碎的往事，彷彿與這些被撇下的菊花溝通了命運——令狐綯搬家時帶走珍貴的花卉，但沒有帶上它們。

二

開成二年（八三七年）李商隱第五次到長安參加進士科考試。放榜以後的流程，他閉著眼睛也能走：正月二十四日禮部放榜，二月七日過吏部關試。關試後，便要拜見座主，參加曲江宴、杏園宴，在慈恩塔下前代進士們的名字後面題寫上自己的名字。

禮部侍郎掌管貢舉。整個長安恐怕沒人比李商隱更精準地歸納大和五年（八三一年）以來歷任禮部侍郎的性情習性：「始為故賈相國所憎，明年病不試。又明年，復為今崔宣州所不取。」他們有個強烈的共同點——不喜歡他。

十九歲落第的時候，可以安慰自己：還年輕，落第不丟人。現在他二十五歲了，好朋友令狐綯因為蔭補被詔去長安做左拾遺，給李商隱寄送葛衣時，李商隱失落地回信說：「爾來足下仕益達，僕困不動，固不能有常合而有常離。」他的朋友飛黃騰達了，只有他，總是困在原地。

也不是他準備得不好，也不是他沒有才能。李商隱的時代，科舉已經由選拔人才變成了比拚人脈靠山的鬥獸場。從前，試卷不糊名給了考生在考試之外用舊佳作打動考官的機會，現在的不糊名，成了赤裸裸的利益交換。穆宗長慶元年（八二一年）曾經爆出過一樁科舉舞弊案：進士科三十三名上榜人中有十四人胸無點墨、不學無術，都是官宦子弟。進士科上榜是他們的父祖輩與考官的一次利益交換。官場震動，皇帝特別要求重考，考官也換成並不主管選舉的主客郎中白居易和中書舍人王起。長慶科舉舞弊案只是科場黑暗的冰山一角。甚至往後，屢屢有長安豪強的後代得到進士科上榜的殊榮，深究起來，都不可說。但一次進士考只取三十多人，「不可說」的多了，沒有背景、沒有靠山的那些，幾乎永無出頭之日。

比如李商隱。

脾氣發過了：李商隱送叔祖去做東川節度使幕僚，寫了一首〈送從翁從東川弘農尚書幕〉。恭賀了叔祖光明的前程，話鋒一轉，講到自己，「鸞皇期一舉，燕雀不相饒」——我是想要高飛的鳳凰，可是禮部侍郎主管考試的賈相國就如同燕雀，不依不饒把我往地上啄。

悶氣也生過了：進士科考試不糊名，考試之前，考生們必得謄抄自己最得意的文章詩篇成卷，投送給高官，以求考官在試卷上看見熟悉名字時，能夠「擇熟錄取」。久而久之，這成了規矩，叫「干謁」。李商隱也抄送過自己的詩文，很久之後，他在給朋友的〈與陶進士書〉裡還清楚記得自己一片心血是怎樣被隨意糟踐：收到他詩卷的大人物有的往角落裡隨手一擱，無暇一讀，有的隨便看兩眼，根本不開口朗讀，還有的終於開始讀了，但是失字壞句，完全理解錯了他的意思。大和七年（八三三年）以後，李商隱乾脆連干謁也免了。除去替人寫信，代擬上皇帝的奏啟表章之外，連文章也不寫了——可以為還人情而寫，可以為錢而寫，但要他陪著附庸風雅的蠢貨糟蹋心血，不行。

但進士，依然年年是要考的。作為家裡的長子，他還有三個弟弟一個妹妹要撫養，他還要攢錢把葬在獲嘉（今河南新鄉）那個嫁給裴家卻早早死了的姊姊和葬在滎陽（今河南滎陽）的父親遷葬回懷州的家族墓地。每年考試季，不成文的規矩是考生要向禮部主持考試的官員「納卷」——謄抄一些得意的舊文，作為考試之外評判考生能力的參考。李商隱不耐煩，從來不交。他一邊咬牙切齒恨考官一邊年年上京應考，這一切被已經升官做左補闕的令狐綯看在眼裡。令狐綯便替李商隱謄抄舊文送去貢院，替他納卷。直到開成二年（八三七年），李商隱第五次到長安參加進士科考試。

三

進士科考試不糊名，考官可以清楚看到哪份答卷來自哪個考生。禮部侍郎高鍇不耐煩一份一份仔細判這幾千份卷子，於是問他的好朋友左補闕令狐綯：「這裡面總有跟你關係好的吧？誰呀？」令狐綯頭也不抬，回道：「李商隱。」高鍇又問：「還有呢？」依然是一樣的答案：李商隱。問了三遍，令狐綯回答了三次「李商隱」，斬釘截鐵，沒有別人。

比起做一身耀眼的新衣服等待可能到來的曲江宴飲，或者打聽一下京城哪家高官的漂亮小姐正待嫁，李商隱更需要面對很可能再次到來的失敗：老恩師令狐楚每年資助他進京趕考，替他準備衣食與行資，是一大筆錢。至於令狐綯每年替他納卷，邀請他一道登大雁塔，遊曲江池，陪他散心，他也時時記在心上。他九歲上父親就去世了，去世之前，父親也僅只做過獲嘉縣令和幾任幕府，家無餘財。作為家裡長子，九歲的李商隱拉著裝有父親靈柩的板車一路從獲嘉走回滎陽，主持葬禮，安頓家人。為了養活弟妹，替人抄書、舂米……只要能夠換來米麵，他什麼都做。什麼都做，也不過勉強維持溫飽。令狐家對他這樣好，但除了一筆好文章，他能夠回報的太少。只有考上進士，得到官做了，才能稍微報答令狐家的恩情。自然從沒有人要他報答，但一年一年，偏偏總是考不上，令狐家的善意便成為籠罩在自尊心之上的陰雲。深恩難報，如同巨債難償。

進士科放榜的時候，四張黃麻紙剛被貼上禮部南院東牆，丈餘高的一堵張榜牆立刻就被圍得水泄不通。李商隱還是跟著人群去看了一眼。自己的名字赫然在列。他那耷拉著的眼角眉梢瞬間活躍起來——高錯的眼光不錯！終於還算有人慧眼識英才！更重要的是，現在，他又可以與令狐綯回到同樣的起點：節度使的兒子與縣令的兒子，終於僅僅是同朝為官，不再是施捨與給予。

進士及第的喜悅只閃了一閃。與李商隱進士及第同時，很快傳開一則「謠言」：令狐綯在高鍇面前三次推薦李商隱，所以這個落第四次的李商隱才終於在第五次參加考試時榜上有名。

很快也傳到李商隱的耳朵裡。這越俎代庖的助力未必不是一種侮辱——他明明可以憑本事，現在人人都知道他是託關係。哪怕他以後做官了，想要堂堂正正地報答令狐楚一家對他的恩情，也不可以：這個官本來就是別人給他的，哪有用別人的東西去報答別人的道理？

後來他在〈與陶進士書〉裡原樣記下這件事，把進士及第完全歸功於令狐綯，而他在七年間五次參加進士考試的努力，他「五年誦經書，七年弄筆硯」的驕傲如同一個笑話，提都不想提。

雖然如此，多年寄人籬下，他還是迅速對此做出了應有的反應：李商隱給令狐楚寫了一封信說自己「才非秀異，文謝清華，幸忝科名，皆由獎飾」，對令狐家感恩戴德。很快得到了回信——令狐楚讓他趕緊回到興元去繼續工作，但李商隱已經決定回家看望母親，不得不再次低聲下氣地回了第二封信，感激他一直以來的提攜：「伏思自依門館，行將十年，久負梯媒，方沾一第。」約定陪母親過了中秋節就去興元看望令狐楚。

「功成名就」的流程走得味同嚼蠟：拜見過考官高鍇，以後李商隱是高鍇「座下」門生，高鍇就是李商隱的「座主」。同門的進士一道該喝的酒喝了，該展現才華的詩也都寫了。曲江宴吃了，倒真有不少高官貴人來選女婿。李商隱的新朋友，同榜進士韓瞻很快就被涇原節度使王茂元看中，成了王家女婿。王茂元家財豐厚，為了嫁女兒，蓋朱樓，飾金彩，萬人矚目。迎娶時李商隱贈給韓瞻一首詩，「一名我漫居先甲，千騎君翻在上頭」——考試的時候我名次明明比你高，現在你做了貴人的乘龍快婿，我還依然是個光棍。

以婚嫁為紐帶，可以把非親非故的陌生人變成堅固的利益共同體。可惜，在令狐家他永沒有與他們真正成為一家人的機會：令狐家只有一個女兒，早早許配了裴十四。他曾經寫詩送別令狐家這個幸運的女婿，有點酸溜溜地用了司馬相如琴挑卓文君的典故：「嗟予久抱臨邛渴，便欲因君問釣磯。」——說自己一個單身漢，也想跟裴十四一樣。他很快知道，除去嫁給韓瞻的姑娘，王茂元家還有另外一個待婚的女兒。而王茂元似乎對選他做女婿也很有興趣。

初夏時，李商隱回到濟源，看望老母親。不管這個進士讓他心裡多彆扭，對母親來說，總是一個好消息。從祖父起，李家的男人盡皆早逝，作為家裡的長男，他承擔起了三代女人對於一個撐起門戶的成年男人的期待。現在，他終於可以給這個家庭帶來穩定的收入、體面的地位，在長久的貧窮裡這個家庭欠下了太多的願望，都需要他一個人去一一實現。

李商隱在家裡沒有住幾天，興元來了急信：令狐楚病危，急招李商隱。

四

唐穆宗長慶年起，後來舉世聞名的「牛李黨爭」從政見之爭變成一場關於人品道德、執政能力、家世背景的全方位「戰爭」。北朝以來擁有經學傳統的大家族自認為高門大族，看不起因為進士考試而做官的新士族。通過進士科考試而做官的新士族認考官為「座主」，認同榜進士為「同年」，在政事上同進同退，看在舊士族眼裡就是「朋黨」。永貞元年（八〇五年）順宗朝的進士李宗閔、牛僧孺由主考官權德輿選拔，結為死黨。元和三年（八〇八年）李宗閔和牛僧孺又參加制舉，在考卷上大肆抨擊時弊，一時人人叫好，惹得當時的宰相李吉甫到皇帝面前哭訴委屈。從此，以李宗閔、牛僧孺為一派，李吉甫為一派的黨爭越演越烈，甚至波及許多無辜。後世史家把令狐楚歸成牛僧孺一派——令狐楚自稱是唐初令狐德棻的後代，其實是為抬高家族背景的偽造，追根究柢，他也不過是一個靠考試做官的「新士族」。李吉甫的兒子李德裕，正宗趙郡李家的名門之後，此時也已經成為政壇一顆明星，作為「李黨」的新首腦，自然對令狐楚不怎麼看得慣。令狐楚做汴宋觀察使，治下亳州傳聞出聖水，飲者痊癒。令狐楚奏上這道祥瑞，原想討個吉利，浙西觀察使李德裕專門上疏痛陳這「吉兆」是妖僧為了賺錢胡說八道。一時間水價飛漲，一斗三貫，老病之人喝了，疾病更重。宰相裴度嚴厲判責了令狐楚，命令令狐楚填塞泉眼。

開成二年（八三七年）的初冬，令狐楚終於快要從這場令人窒息的黨爭裡永遠解脫。令狐楚七十一歲了，他寫信召回兒子們和李商隱。兒子們也明白這次回家的不尋常，請假時都告訴了上司父親預計的歿期，說好要請長假，去職守喪。

李商隱十月到了興元，令狐家籌備喪事，他能幫忙的也有限，更像一個外人。李商隱第一次見到令狐楚的時候，令狐楚六十三歲。李商隱十七歲，已經因為散文寫得好而小有名氣。著名的「大手筆」令狐楚閒居洛陽，每天跟老朋友白居易、劉禹錫寫詩唱和，對忽然冒出來的少年天才愛不釋手。但面前青竹一樣瘦削的年輕人臉上卻有一種急迫，不是為了求人賞識，是求生存的機會。拜見令狐楚之前，什麼樣的工作他都做過了。為了照顧年輕人敏感的內心，令狐楚教他寫駢文，給他錢，作為替他寫公文的報酬。又將兒子們介紹給他，讓他在同齡人間少些拘謹。令狐綯二十八歲，已經進士及第，但並不急著去赴朝廷任命，令狐楚做天平軍節度使，令狐綯正陪伴左右。他們出身不同，成長環境不同，但對李商隱來說，令狐楚像是父親，而令狐綯正是他夢寐以求的兄長。

李商隱早年喪父，他對於父親這個形象更明確的印象來自令狐楚。哪怕病重，令狐楚也沒有讓李商隱失望。他保持著文壇領袖幾十年如一日的從容風雅。甚至過分清閒，管起了閒事：聽說詩人賈島剛進士及第還沒有授官便被人中傷，連忙為他疏通關係，最後賈島得到了一個長江縣主簿的官。到任之後，令狐楚還專門託人贈他寒衣。至死，令狐楚也記得自己是個詩人。卒前五日，令狐楚給老友劉禹錫寄去一首詩，詞調淒切，算是一個慎重的告別。

令狐楚去世前一天，李商隱被單獨召見。令狐楚終於告訴他，一定要把他從母親身邊叫來的原因：這件事情我本該自己來做，但我病得重了，怕胡言亂語招人討厭，還是請你來幫我吧。於是李商隱為令狐楚起草了誠懇的遺表，上報朝廷。

而後令狐楚召集幾個兒子，留下遺命，要他們兄弟友善，為國家竭盡全力。令狐楚死去的這天晚上，有大星落於寢室之上，光如燭焰，令狐楚端坐與家人告訣。儘管有資助，有親自輔導文學，但李商隱終究不是令狐楚的兒子。孺慕之情與寄人籬下的卑怯糾纏成李商隱對令狐家複雜的感情。他在令狐楚的祭文裡寫：「將軍樽旁，一人衣白……公高如天，愚卑如地。」

現在，令狐楚死了，連同他為李商隱營造的虛假的「家庭」也一併消失。開成二年（八三七年）十二月，李商隱跟隨令狐綯兄弟護送令狐楚靈柩回到長安萬年縣鳳棲原祖墳安葬。李商隱一直在令狐家幫忙到夏天，發揮他寫作上的長處。按照令狐楚的遺願，他撰寫了〈令狐墓誌〉，之後又寫了〈奠相國令狐公文〉。文宗皇帝遣人到令狐家祭奠，又是李商隱負責替令狐緒、令狐綯兄弟寫作〈謝宣祭表〉。

令狐楚對他有十多年的恩情，李商隱想要報答，除了寫文章，並沒有更多的能力。而他迫在眉睫的難處，此時並不能對令狐家的人啟齒——他已經一年多沒有收入了。令狐楚去世，幕府隨即解散，幕僚們也必須自謀生路。上有老母親，下有一個正需要花錢考試的弟弟，兩個待嫁的妹妹，他不能停止賺錢。哪怕進士及第，在正式授官之前，也不會有分文收入。在這個冷漠到「四海無可歸之地，九族無可倚之親」的世界，他沒有資格選擇成為清高傲岸符合世人對一個詩人一切想像的李商隱，他必須抓住一切機會攀援而上。繼續留在令狐家越來越低矮的屋簷下，他永遠只能是個尷尬的附屬品。李商隱還有比沉淪在失勢的令狐家更光明的選擇。

送君千里，終於到了告別的時候。

五

守喪中的令狐綯很快聽說了李商隱進入王茂元幕府工作的消息，差不多同時也聽說了他娶親的消息：李商隱與他的同年進士韓瞻一樣，娶了王茂元的女兒為妻。令狐綯知道，這是「樹倒猢猻散」的人之常情——驟然失去頂梁柱的令狐家對於李商隱，就像穿舊的鞋，隨手丟在過去。但人又總愚蠢地期望，能夠碰見例外。父親視李商隱如親子，教他寫文章，資助他考試，為他提供工作，給他一切支援，甚至在他屢屢進士落榜時替他向考官說好話。可惜，李商隱並不是那個例外。他迫不及待地另攀高枝去了。

開成三年（八三八年），進士及第卻沒有等到授官機會的李商隱參加了博學宏詞科考試。原以為像這一科其他考生一樣，可以走一條考中即授官的捷徑，沒想到，他雖然通過了考試，卻沒有通過政治審查——他的名字已經被報上中書堂，卻被某一個宰相黜落了，理由是「此人不堪」。不具名的這個宰相想來知道了李商隱在令狐楚喪期投奔王茂元的事，做出了他認為最有正義感的判罰。李商隱被後世戳著脊梁骨罵「背恩無行」，從此開始。甚至《新唐書》的主編宋祁為了炫耀文采，不肯照抄《舊唐書》，在「背恩無行」四個字上又發展出「放利偷合」。哪裡有利呢？兩位《唐書》作者腦袋一拍：不是正有所謂「牛李黨爭」嗎？令狐楚是牛僧孺一派，王茂元是李德裕一派，他竄來竄去，是哪一派的好處都不想丟下的小人。

李商隱不愛為自己解釋。已經舉世嘲諷他「不堪」，還解釋什麼呢？但面對令狐綯，他總忍不住想要解釋一番。兩年之後，他給令狐綯寫過一首詩，小心翼翼地寫道，「錦段知無報，青萍肯見疑」。他是最擅長玩弄文字的天才，一首渲染可憐的詩並不能顯示特別的真誠，事情已經發生，再多的解釋都是一種掩飾。令狐綯把這封信如常地收在一邊。原諒是容易的，但情感上的鐵幕落下，要想再打開，哪怕是他自己，也不是隨心所欲就能做到的事。他們依然通信，詩詞唱和，彷彿還是從小到大一起玩的朋友，但兩人心裡都知道，都不同了。

李商隱不想失去令狐綯這個朋友，令狐綯的朋友們不想放過李商隱這個「罪人」。開成四年（八三九年），李商隱一邊為王茂元工作，一邊依然沒有放棄考試。他又參加了一次考中就能立刻授官的科目考：書判拔萃。這一次運氣不錯，成了祕書省校書郎。很快，李商隱就被調出中央去做弘農尉，負責司法。沒想到，他不願意草率判犯人死刑的努力觸怒了上司陝虢觀察使[1]孫簡，差點把工作給丟了。孫簡這不分青紅皂白的怒氣卻並不是就事論事：孫簡的女兒嫁給了令狐綯的哥哥。與黜落李商隱的宰相一樣，找李商隱的麻煩是孫簡替令狐家鳴不平。

一邊是令狐家的親朋故友對他的懲罰，另一邊是老丈人對他文筆近乎自私的索取。李商隱做弘農尉沒兩年，正在陳許節度使任上的王茂元便招李商隱為自己做掌書記，李商隱沒法拒絕。朝廷離開容易，回去難。從此，李商隱又開始輾轉幕府，他能做的，只有再次參加考試，獲得回朝的機會。兩年之後的會昌二年（八四二

1　觀察使：唐代的御史台獨立於行政機關，負責監察。唐中宗後，御史台分左右御史，左御史監察朝廷中央政府，右御史監察州縣地方政府，此即所謂「分巡」「分察」。監察中央的謂之「分察」，監察地方的謂之「分巡」。「分巡」分全國為十道，派去監察之御史，稱為監察使，最後稱為觀察使，意即觀察地方行政。觀察使雖然名義上是中央官，派到各地區活動巡視觀察，實際上常駐停留地方，成為地方更高一級之長官。（錢穆《中國歷代政治得失》）桂管觀察使下轄廣西境內桂州（今廣西桂林），梧州，賀州，柳州等地。陝虢觀察使下轄陝州（今河南三門峽），虢州（今河南靈寶）等地。

年），李商隱再次參加了書判拔萃的考試，鍥而不捨地回到了祕書省做正字。

在命運一次次的磋磨裡，他已經足夠堅強，但一次又一次的跌倒再爬起來並不能交換任何一點兒喘息的機會。春天授官，冬天傳來母親病故的消息，做祕書省正字才半年的李商隱不得不遞上辭呈，回家守喪。在與冬天一樣蕭條的心情裡，無所事事的李商隱目之所及，都是家庭的殘破。哪怕他背負舉世罵名，放棄最愛的朋友，放棄矜持與尊嚴努力與命運對抗，他還是不夠快，來不及給母親一個想像裡衣食不愁、兒孫滿堂的安穩晚年。他還能夠做到的只有把幾個姊姊改葬，遷回懷州家族墓地，這是從祖母那時起就一直惦記也一直無法實現的願望。

沒想到，改葬是在戰爭中進行的。會昌三年（八四三年），昭義節度使劉從諫去世，他的侄子劉稹祕不發喪，要求朝廷任命自己為節度使留後。節度使留後常常在節度使不在轄區時代理工作，久而久之，便成了下一任節度使候選人。對朝廷任命不屑一顧的河朔三鎮節度使，常常任命自己的親信兒子做節度使留後，朝廷只有點頭應諾的份兒。這是效仿河朔三鎮的故事，要把昭義節度使從朝廷命官變成劉家父死子繼的囊中之物。朝廷對此有相反的意見，一邊認為朝廷已經姑息河朔三鎮如此多年，現在多一個昭義不多，少一個也並不能挽回多少臉面。但主持朝政的李德裕態度堅決：昭義與河朔三鎮不同，首府路州（今山西長治）靠近長安，如果昭義也如同河朔三鎮一樣失去控制，對於朝廷是迫在眉睫的威脅。最終，皇帝聽從了李德裕的意見。五月，朝廷下令削奪劉從諫、劉稹官爵。朝廷對昭義的戰鼓由此擂響。

下一年，朝廷派宣諭使[2]出巡河朔三鎮，宣諭皇帝的詔令：想要保持現狀，就不准幫助劉稹作亂。宣諭使的工作完成得很好，河朔三鎮中的成德節度使與魏博節度使同意率兵攻打昭義與他們接壤的邢州、洺州與磁州。河東節度使、河中節度使等也受命合力進攻，形成了對昭義的包圍。正做忠武軍節度使的老丈人王茂元被調為河陽節度使，切斷昭義軍進攻洛陽的可能。

李商隱家的祖墳在懷州雍店東原，正要穿過戰場。李商隱帶著母親和姊姊們的靈柩從鄭州回到懷州時，烽火朝然，鼓鼙夜動。王茂元的軍隊與劉稹在懷州短

2　宣諭使：一種使職，並非正式職官系統中的官職，負責從中央到各地傳遞中央的決定，考察軍政狀況。詩僧皎然有一首〈陪顏使君餞宣諭蕭常侍〉，其中提到宣諭使的工作內容。

兵相接。李商隱被阻攔在戰場之外，無進無退，只能暫時寄放靈車，回到王茂元的幕府，一邊為他起草公文，一邊等待著這場戰爭不知道何時的終結。會昌四年（八四四年）八月，昭義叛亂平定。四散多年的李商隱至親的靈魂終於在他的努力下團聚在懷州祖墳。

李商隱為這次改葬寫下一批祭文，最有名的是〈祭裴氏姊文〉、〈祭徐氏姊文〉。幾個姊姊比他年長許多，她們去世時他還年幼，生離死別的痛苦其實遙遠，但「失去」本身卻是一種一天一天都在強調的切膚之痛——「內無強近，外乏因依」，「四海無可歸之地，九族無可倚之親」。這個家庭，失去了經濟來源，失去了社會地位，失去了親戚朋友，失去了一切來自外部的幫助，有的只有冷眼與拒絕，窮且困。

李商隱的上一輩人柳宗元曾經寫過：「吾觀古豪賢士，能知生人艱饑羸寒、蒙難抵暴、捽抑無告，以吁而憐者，皆飽窮厄，恆孤危，訑訑忡忡，東西南北無所歸，然後至於此也。」艱苦、飢餓、羸憊、寒困，他都經歷過，也算是「飽窮厄，恆孤危」，他沒有被窮厄壓死。現在，他是朝廷命官祕書省正字，有一個封疆大吏老丈人，正該成為豪賢。但是王茂元死於昭義叛亂的戰場，李商隱通往政治中心的社交網路轟然摧塌。

他再仔細檢查，尷尬地發現，只剩下令狐綯。這些年，令狐綯一路從左補闕兼史館修撰升到從六品的庫部員外郎、戶部員外郎。令狐綯的官運不亨通，但也一步一個腳印。比起一次兩次反反覆覆從九品下祕書省正字重新開始的李商隱，已經好太多。只是中間隔著「背叛」這樣大的障礙，哪怕李商隱反覆解釋了，交情也維持得不鹹不淡。在覥著臉吹捧令狐綯獲得推薦與殘存的自尊心間，李商隱搖擺了一會兒，但他的猶豫並沒有維持太久：

會昌六年（八四六年），唐武宗去世。唐宣宗即位，改元大中。令狐綯的官運時來運轉。

六

大中元年（八四七年），令狐綯四十五歲。令狐楚遺留下的政治經驗與前半生對官場的耳濡目染讓令狐綯迅速成為唐宣宗最寵愛的大臣。他很快以考功郎中本官做翰林學士，知制誥。為皇帝草擬詔書，成了名副其實的「內相」。唐宣宗曾經在宵禁之後詔令狐綯夜談，談完，又命令內侍用皇帝專用的金蓮花燈蠟為令狐綯開道送他回家。

風光正好的令狐綯檢索他的朋友圈最危險最會牽連他的因數，不意外地看見李商隱一如既往地顯現著他不會讀空氣的傻相：他為被宦官迫害含冤而死的劉蕡一連寫了四首詩，說他：「平生風義兼師友，不敢同君哭寢門」——認他為師為友。「上帝深宮閉九閽，巫咸不下問銜冤」——控訴皇帝的不作為默許了忠臣的冤死。李商隱替李德裕的文集《會昌一品集》寫序，說他「成萬古之良相，為一代之高士」。哪怕只是場面話，也實在一個巴掌打在正打壓李德裕的一黨人——令狐綯的臉上。

李商隱像一個刺蝟，偏愛吹捧這一類人，彷彿他們都「同是天涯淪落人」。他的好惡正與潮流為敵，吹捧罪人既能滿足他的同情心，又長了弱者的勢，是正義。他一個光腳的，沒什麼可以失去的。但令狐綯眼前的世界，遠比他複雜。大中元年（八四七年）至大中二年（八四八年），令狐綯與朝中不滿李德裕的大臣們聯手翻起李德裕執政時的舊案，李德裕從宰相一貶再貶到崖州司戶參軍。那道嚴厲貶斥他「專權生事，嫉賢害忠，造朋黨之名打擊異己，任人唯親」的制書，還是令狐綯草擬的。李商隱現在是桂管觀察使鄭亞的祕書。鄭亞與李德裕關係密切，李商隱在令狐綯正專心打擊李德裕時進入鄭亞的幕府，替鄭亞寫信慰問李德裕，替鄭亞給李德裕的文集寫序。向來對李商隱放任不管的令狐綯終於氣得跳了起來，給李商隱寫了一封信，罵他給自己添亂。李商隱又一次陳情告哀：

望郎臨古郡，佳句灑丹青。
應自丘遲宅，仍過柳惲汀。
封來江渺渺，信去雨冥冥。
句曲聞仙訣，臨川得佛經。

朝吟支客枕，夜讀漱僧瓶。
不見銜蘆雁，空流腐草螢。
土宜悲坎井，天怒識雷霆。
象卉分疆近，蛟涎浸岸腥。
補羸貪紫桂，負氣托青萍。
萬里懸離抱，危于訟閣鈴。

——〈酬令狐郎中見寄〉

說他收到了他的信和他的雷霆之怒，但他為鄭亞工作，不過是貪一點兒微薄薪水可以養家。從前李商隱給令狐綯寫信，幾乎也是同樣的說辭，「錦段知無報，青萍肯見疑」，「彈冠如不問，又到掃門時」。每次都言辭懇切，每次都讓人哭笑不得。彷彿他窮他卑微，他不管做出怎樣的事情，心裡都懷有對令狐家的感恩，令狐綯就不能氣他。

大中二年（八四八年），李商隱在桂林服務的府主鄭亞被貶，李商隱也離開桂林北歸。他現在不過是一個從鄭亞幕府解職的白衣，令狐綯已經是階官中大夫，動官上柱國，爵位彭陽縣開國男，食邑三百戶，翰林學士，知制誥——風光無限，人人羡慕。他心裡很明白令狐綯現在並不希望跟他扯上密切的關係，甚至很不待見他。

可是在長安這座城市裡，他最熟悉、最能夠幫助他，也最想見面的還是令狐綯。李商隱只能硬下頭皮繼續向他寫信、寄詩，言語之間見縫插針地求他提攜。從桂林北歸的旅途中，李商隱試探著給令狐綯寄了一首詩，語焉不詳地自我表白：「曉飲豈知金掌迥，夜吟應訝玉繩低。鈞天雖許人間聽，閶闔門多夢自迷。」

途中下了雪，山裡的雪夜只有雪花落在雪地的聲音，淺眠的李商隱做了迷迷糊糊的夢，夢見令狐綯踏著雪走出右銀台門翰林院結束一夜的工作：

山驛荒涼白竹扉，殘燈向曉夢清暉。
右銀台路雪三尺，鳳詔裁成當直歸。

——〈夢令狐學士〉

他想像裡作為翰林學士的令狐綯有多得意，來自李商隱的聲音就有多微弱，不可接近。從前他們「慨然相執手，顰然相戚，泫然相泣」，日日相從。現在，正應了李商隱很久前帶著玩笑的一句斷語：足下仕益達，僕困，不動。

大中二年（西元八四八年）的重陽節，長安還是記憶中的模樣：高陽越淡，天光越薄，菊花越貴。暗暗淡淡紫，融融冶冶黃。

回到長安的李商隱硬著頭皮決定去晉昌坊拜訪令狐綯。隔著十二年的沉淪起落，卸任的桂管觀察使幕僚李商隱沒有等到翰林學士令狐綯的接見。他只能默默在令狐綯家的屏風上寫下他此刻的心情：「郎君官貴施行馬，東閣無因再得窺。」

七

「十年泉下無消息，九日樽前有所思」，墨跡未乾地題在客廳屏風上，令狐綯不可能永遠躲著假裝看不見。《北夢瑣言》說，令狐綯看見這首題在客廳屏風上的詩，憤恨還在，更多的是慚愧和惆悵，他於是關閉客廳，終生不再踏進一步。

《唐詩紀事》說，一心深恨李商隱為鄭亞做幕府給他添亂的令狐綯看見這首詩，一時心軟，為李商隱推薦了太學博士的職位。但這都是後世小說家帶著同情的猜測。更可能，李商隱寫〈九日〉也是一種幻想，大中二年（八四八年）的重陽節，他明明還在從桂林回到長安的路途中。對令狐綯家的這次拜訪，也許只是他一個淒涼的夢境。甚至李商隱在大中二年回到長安以後，依然來往於晉昌坊令狐綯的新家，他寫過〈晉昌晚歸馬上贈〉、〈宿晉昌亭聞驚禽〉。赴宴，和詩，甚至喝多了也可以在令狐綯家住一晚。

閉門不見這樣戲劇化的情節小說家最喜歡。但令狐綯，作為翰林學士，作為久經陣仗的高官，不願意在任何時候成為同僚茶餘飯後的笑話，也不想給政敵遞上刻薄寡恩的素材。令狐綯不缺一餐飯，不缺一間睡覺的房間，給誰都行，也未必不能給李商隱。但是「一日相從，百年見肺肝」所需要的勇氣和信任，失去了就再補不回來。

又過了一年多，大中三年（八四九年），李商隱再次離開長安，為徐州節度使盧弘止做節度判官，臨近臘月，李商隱想等過了年再走，可是盧弘止一封接一封來信催促，送他路費，又為他向朝廷申請侍御史的六品頭銜。李商隱不得已，只好在寒冬風雪裡離開長安行向徐州。離開時他並沒有意識到，自己這樁不被祝福的婚姻很快也會走到盡頭。在這十四年裡，他承受非議，也得到溫柔與體貼。在他因為婚姻「大不堪」被黜落時，妻子寫詩安慰他，明明是委屈難過的事情，卻讓他看到「錦長書鄭重，眉細恨分明」的可愛。他為節度使做祕書，常常不在家。山水萬重的遙遠才夠一首好詩在季節流轉裡慢慢生長：「君問歸期未有期，巴山夜雨漲秋池。何當共剪西窗燭，卻話巴山夜雨時。」大中五年（八五一年）當他因為妻子重病的消息趕回家時，王氏已經病死。簾幕空垂，久無人用的床席落了厚厚灰塵。萬里西風長夜，雨一直下。他曾經得到的東西正在一件一件失去。

同一年，令狐綯與他的兄弟令狐緘、令狐緘再次登上大雁塔。唐武宗會昌年間，李德裕當政，以防止結黨為名打擊進士科舉，甚至連從前進士的雁塔題名碑也一道磨滅。現在，題名碑上密密麻麻的題字已經被毀滅了大半，但令狐綯依然幸運地找到了十六年前登塔時自己的題名——「侍御史令狐緒，右拾遺令狐綯，前進士蔡京、前進士令狐緯、前進士李商隱。大和九年四月一日」。李商隱題名時另起一列，他的名字排在令狐綯邊上，謹慎又親密地矮了半頭。大和九年到大中四年，中間只隔了一行字，倏忽十六年飛馬而去。十六年夠令狐綯從右拾遺做到宰相，夠他在大雁塔腳下買房，也夠他選擇離開一段曾經「一日相從，百年見肺肝」的友誼。令狐綯望著十六年前的李商隱與自己，寫下對〈九日〉的回應：「後十六年，與緘、綯同登。忽見前題，黯然悽愴。」

八

在他又一次為了生計奔波離開之前，李商隱在長安住了一陣子。從大中二年（八四八年）到大中三年（八四九年）年底，李商隱在長安為京兆尹做祕書，一份不喜歡又不得不做的工作。他依然隔三岔五尋找由頭給令狐綯寫詩，混臉熟，探聽升遷的機會。他也收到令狐綯的詩，譬如說他昨夜在左省值夜，望見一輪明亮的月亮，便寫下這首詩如何如何。詩寫得不怎麼好，李商隱當然是不能說的。他還想趁著令狐綯依然願意跟他講話的時候，再求他幫幫忙。於是硬著頭皮回了一首，先寫「昨夜玉輪明，傳聞近太清。涼波沖碧瓦，曉暈落金莖」，是他信手拈來的狀景，但寫著寫著，忍不住心心念念要提醒令狐綯「幾時綿竹頌，擬薦子虛名」——問他，是否可以像楚人楊得意當年向漢武帝推薦司馬相如一樣向皇帝推薦他？幾乎是赤裸裸地要求令狐綯為他求官，今天讀來也很尷尬。當然，詩寄出去就再無音信。

李商隱住在樊川，風雨淒淒的春日裡登上高樓，城市籠罩在雨霧中，如同這個國家和他自己的命運，晦暗不明。飛鳥成群遠飛，而他就像是短翼的異類，從不能與眾鳥為群。他能認出一些熟悉的建築，比如司勳員外郎[3]、史館修撰杜牧的家。李商隱為杜牧寫過一首詩：「高樓風雨感斯文，短翼差池不及群。刻意傷春復傷別，人間唯有杜司勳。」——他總在這樣的時刻想起杜牧的一篇名文章，在這篇文章裡，他反覆回到大和五年（八三一年）十月的一個夜晚。

那天夜半，忽然有人拍著杜牧家門大聲呼喝，驚起輾轉未眠的杜牧。大半夜的，哪裡會是怎樣的好事？杜牧急急忙叫人取了火燭來，就著光拆開，不想卻是一封一點兒也不緊急的信，來自集賢學士沈述師。沈述師說：我有位好朋友叫李賀，去世之前曾經把自己的詩集託付給我。這些年輾轉各處，總以為已經散佚了。沒想到，今天晚上醉而復醒，睡不著了，翻箱倒櫃，居然找了出來。一時間，李賀的音容笑貌，如在眼前。我曾經與李賀一道吃飯、喝酒。去過的地方，經過的季節，竟然一點兒都沒有忘，不覺淚下。李賀沒有妻子兒女，沒有人能讓我撫恤問候。我常遺憾地想，竟然沒有人能夠繼承他的詩與志。求您為他的詩集寫個序，也算了卻我一樁心願吧。

杜牧向來是個眼睛朝天、性格高傲的人，最不愛摻和這些互相吹捧的「圈子」。他的墓誌銘是自己寫的，他的文集序是專門囑咐外甥寫的。為李賀詩集作序這件事情，本來不願意，但沈述師半夜拍門的熱情與真心，他再三推辭而不得，終於寫下〈李長吉歌詩敘〉，並在這篇序文裡錄下了這封信。

序文與李賀詩集一道很快被傳抄散播開來。讀到這篇序文的李商隱恐怕非常不甘心——放眼當世，他才是最有資格來寫這篇序文的人。李商隱從來是李賀最癡心的模仿者，他可以模仿李賀「斬龍足，嚼龍肉。使之朝不得回，夜不得伏」

---

3 司勳員外郎：司勳，管理選舉、勳封、考察官員政績的尚書省吏部下屬四司之一。人員設置有司勳郎中一人，從五品上；下屬司勳員外郎兩人，從六品上。（《唐六典》卷二）

的奇詭寫「從來繫日乏長繩，水去雲回恨不勝。欲就麻姑買滄海，一杯春露冷如冰」，他寫過「十番紅桐一行死」，如同李賀「南山桂樹為君死」的翻版。更何況，李賀的姊姊嫁給了李商隱老丈人王茂元的弟弟王參元，他們勉強還沾親帶故。

但杜牧在〈李長吉歌詩敘〉裡精確地點評了李賀的詩風：源出屈原，兼有樂府的音樂感，更有南朝宮體對於步韻的細膩追求。唯有不足，是情過而理未及。但他才二十七歲，二十七歲就死了的年輕人，誰又能要求他更多？

理緻情密。就算換李商隱來寫，也不能更好。但他放不下那點不甘心，也許還有點嫉妒：杜牧的詩風與李賀迥異，但杜牧能夠這樣深入細緻地理解李賀，幾乎是知己了。他又在誰那裡被理解呢？

不服氣的李商隱隨即寫了一篇〈李賀小傳〉。按照史傳的傳統標準，這是一篇不及格的傳記：既沒有寫李賀生年籍貫，也沒有寫祖上世系，更沒有寫李賀因為父親名諱一輩子也無法參加考試，滿腹才華，都浪費了。相反，李商隱忍不住，開篇便說，杜牧為李賀寫了〈李長吉歌詩敘〉，把李賀詩歌的奇特說盡，舉世傳揚。但我依然有幾件事情要補充，是從李賀那個嫁給王氏的姊姊那兒聽來的：李賀細瘦，通眉，長指爪。總是騎著一頭驢，揹一古破錦囊，想到詩句，就寫下來，投進錦囊裡。他的母親悄悄讓奴婢把他的錦囊拿去看，看見他嘔心瀝血的句子裝滿那只織錦袋子，心疼地說：我這個兒子是要為寫詩嘔出心才能停了。

他快死的那個白天，忽然看見一個紅衣人，拿著一塊寫著上古篆文的雲板，笑著說：天帝造白玉樓，召君為記。天上當差快樂，不苦。李商隱寫道，這不再受苦的承諾反而讓李賀哭了起來——母親老且病，他寧願留在人間窮瘦苦吟，再好的天上，也是不願去的。譬如李商隱十二歲時替人抄書、替人舂米也不願意放棄養活弟弟妹妹；不願意吹捧考官，不願意去禮部「納卷」，但弟弟義叟進士及第時他依然為弟弟向禮部侍郎寫洋洋灑灑的感謝信；不願意仰人鼻息，為了將去世的家人遷回家族墓園，不得不輾轉在太原、許州、桂林，替人寫公文、做祕書，沒有自己的意志，早出晚歸，朝不保夕。

他一面感同身受李賀的哭泣，一面又隱約嫉妒傳說裡李賀得到的來自上天的體察：李賀在人間不過做到太常，時人多在背後詆毀排斥，為什麼上天看重他，人間卻不？為什麼李商隱以驚才絕豔的才華，考了四次進士，屢屢失敗，最後因為他是令狐綯的朋友而進士及第？為什麼終於憑本事考上博學宏詞科的那年，又因為所謂「背叛令狐綯」被黜落？為什麼他的婚姻要被以「背叛」解讀，以至於他不得不屢屢解釋，說自己娶妻之後，穿衣服沒有花紋和色彩，沒有住過華麗的房屋，沒有享受過奢侈的飲食？在〈上李尚書狀〉裡，他憤恨地指天發誓：自從開始考進士，我李商隱從來不曾巴結權貴，鑽營人脈，也不曾脅肩諂笑，競媚取容。但沒有人聽他的，人們只關心符合他們價值判斷的「真相」，至於事實如何，並不重要。李商隱對他這不公平的一生多少冷暖自知的感慨，全部流進他筆下的李賀被命運捉弄的人生終了時的一聲哭泣。

李商隱甚至找不到一個杜牧來為自己鳴不平，他已經放棄向世人澄清。他也有不甘心的時刻。譬如往來幕府的旅途裡，檢索自己身邊以往的文章，火燒墨汙，零落殘缺。他曾經是天下皆知的才子，人人誇獎他「聲勢物景，能感動人」。當時他也想過，世人都稱讚韓愈的文章，杜牧的詩篇，令狐楚的章表檄文，那麼他們會怎樣評價李商隱呢？現在他知道，「韓文、杜詩，彭陽章檄，樊南窮凍」——世人記得的，只有他的窮困與窘迫。

大中元年（八四七年）十月十二日，是個有月亮的夜晚，李商隱替自己的文集寫下序言。後七年，妻子去世，家道喪失。他放棄了精神世界裡的高蹈從容所換來的一切，也還是崩塌了。他甚至想，也許應該去信佛。這夜裡，他又續編了自己的文集。十一月的夜晚與七年前十分相似。燈光暗去，黑夜熄滅燭燼裡最後的紅色光點。四十出頭的李商隱一直坐在黑暗裡，直到永夜過去，琉璃一樣純淨的亮光再次升起在江面。

再四年，李商隱就死了。他一生做了很多努力讓別人理解他，到頭來幾乎通通失敗了。而他不願寫明白，也無法寫明白的語焉不詳，倒成為代表作，如同最後這首〈錦瑟〉：

錦瑟無端五十弦，一弦一柱思華年。
莊生曉夢迷蝴蝶，望帝春心托杜鵑。
滄海月明珠有淚，藍田日暖玉生煙。
此情可待成追憶，只是當時已惘然。

圓仁

最後的旅行

一

圓仁和他的兩個弟子及一個僕人從通化門進入長安的時候，是開成五年（八四〇年）的八月二十日，夏天快要過去。長安城依然保有一座宏大城市的氣派，但在通化門內距離政治中心最近的永嘉坊、安興坊間，瀰漫著一種微妙的不安。人生地不熟的日本僧人圓仁不知道更多的內情。他只知道，這是新皇帝登基的第一年，那一種不安，也許出自新帝繼位的慣性。

長安城由貫通南北的朱雀大街一分為二，左邊是長安縣，右邊是萬年縣。從唐憲宗元和二年（八〇七年）起，兩縣僧尼分別由左街巡院和右街巡院管理。按規定，在圓仁於長安安頓下來之前，還需要去左街功德巡院處交納狀文，報備身分，說明居留理由，並由左街功德巡院驗明簽證——公驗。

進城之後，圓仁並沒有馬上向功德使報備。磨磨蹭蹭，似乎心虛，一直到第三天才來到左街功德巡院面見知巡押衙[1]，請求獲得居留許可。他在隨身的狀文裡介紹了自己：圓仁，日本國來的請益僧，與本國朝貢使者一道於年前來到揚州。

之後去過登州（大約在今山東文登一帶）、青州（今山東青州市），後來拿到了通行大唐國土的公驗，得以巡禮五台山佛跡。今年八月二十三日來到長安城，隨身攜帶的除了銅碗、銅瓶、文書、衣裳和鐵缽一口，再無他物。想在城裡寄住寺廟，尋師聽學，然後回國。請允許。

功德巡院未必會批准他的請求：為了留在唐土，圓仁曾經有過一段時間的無證非法旅行。在搞到旅行所需的公驗之前，他在大唐的旅行請求，已經被拒絕過許多次了。

三十多年前，圓仁的師祖天台宗最澄與真言宗留學僧空海同船來到大唐。為了學習更精深的教義，最澄去了天台山國清寺學習教旨，離去時特別承諾，回日本之後將會派遣一名留學僧、一名請益僧再次回到國清寺學習更精深的密教體系，尤其是傳法灌頂的儀式。為了履行諾言，三十年後，最澄選擇了天性聰敏、

1 知巡押衙：押衙是唐中葉之後普遍出現的一種武職，又叫牙將。左右街功德使下設有押衙一職，為左右街功德使的貼身護衛。（劉安志《唐五代押牙（衙）考略》）

風貌溫雅又出身貴族家庭的請益僧圓仁與留學僧圓載一道去大唐求法。

帶著天台宗上下託付的三十多條疑問和一件獻給國清寺的僧衣，圓仁航向中國，那時候他不知道自己將要面對的是數倍於他的前輩們的艱難，他也不知道，他將親身攪入昏沉的唐王朝皇帝與宦官的爭鬥。他唯一確知的是，他將巨細靡遺地記下自己的一路見聞。他的日記——《入唐求法巡禮行記》會成為後人看見這個時代的眼睛。

開成三年（八三八年）七月二日，經過一個多月的航行，載著圓仁和他的弟子們的船隻最終擱淺在揚州如東的淺灘上，船體受損，所有人必須棄船從淤泥裡跋涉上岸。在他見識揚州這座大都市來往的日本、朝鮮、波斯僧人與商人之前，蚊子又多又大，是圓仁對大唐的第一印象。無休止的蚊子叮咬和拉肚子並沒有影響圓仁的熱情：他要在揚州府獲得一張通行中國的公驗，去天台山國清寺完成他的使命。

外國人在唐土，沒有公驗，寸步難行。不允許自由旅行，也不允許擅自進入寺院。甚至圓仁帶來的畫師想進寺院臨摹菩薩四王像，也由於外國人不許擅入寺院的禁令而被禁止。圓仁一連向揚州府寫了好幾封狀子，請求去往台州，請求能夠允許他的畫師進寺裡描摹畫像，請求盡快發給他一張通行公驗。

他不認為這會有任何問題。從第一批留學僧來到唐帝國起，一直享受著優厚的待遇：官家提供食宿，被安置在皇家寺院學習，官方統一賜給四季服裝，每年贈絹二十五匹（絹可以作為貨幣流通，等同零花錢），時不時有賞賜。到各州縣寺院巡禮，官方更是提前發給身分證明，甚至於進入宮廷得到皇家供養。更何況，他聽說，這時主政揚州的揚州大都督府長史、淮南節度使[2]李德裕對僧人十分友好：李德裕曾經捐資修建鎮江甘露寺，邀請瓦官寺僧住在甘露寺學習《易經》，為高僧向朝廷請諡號，與詩僧寫詩往還。

沒幾天，李德裕果然開了特例允許畫師進開元寺臨摹畫像。這位地方長官五十出頭，態度親切，專門到圓仁等僧人暫住的開元寺慰問了遠道而來的和尚們，與他們閒話家常，問：日本也有寒冬嗎？也有僧寺嗎？京城方圓多少？還贈

2　揚州大都督府長史、淮南節度使：揚州大都督府是全國四大都督府之一。揚州大都督一般由皇親遙領，真正負責地方行政事務的為揚州大都督府長史。淮南節度使管轄江蘇、安徽一帶長江以北、淮河以南的地區。由於節度使是使職，不在正規的職官系統，一般以揚州大都督府長史為本官。

送了一碗蜜。只是絕口不提公驗的事情。只說圓仁的狀子已經送到長安，只要允許的消息傳來就立刻准許他們去台州。圓仁提議先出發，等朝廷敕令下來再追上隊伍。但李德裕拒絕了他的提議，只說讓他們住在開元寺等待。十一月時，李德裕又來開元寺慰問了圓仁一行人，依然殷勤探問，依然沒有任何關於公驗的消息。

圓仁懷疑，也許是因為自己沒有摸清唐士官場的「規則」。過幾天，圓仁尋了個由頭向長史府寫了一封信，催問公驗的事情。隨信又附贈了一些禮物：水晶念珠兩串、銀裝刀子六柄、筆二十管、螺子三口。很快，長史府傳來回信：李德裕只象徵性地收取了一口螺子，其餘的禮物一概退回，作為回禮，又贈給圓仁白絹二匹、白綾三匹。

圓仁第一次領受到唐帝國浮沉宦海三十年的資深政客的老道。他每每問起公驗的事情，李德裕便回道，已經報告過了，請他們稍安毋躁。事情拖得久了，更像是哪裡出了誰也不知道的差錯。

李德裕一邊心不在焉地安慰著圓仁，一邊有更重要的事情需要關心：京城裡此時正一片混亂，皇家再次上演父子相殘的慘劇。不知道哪天才有人得空管一管一個遠道而來的和尚去天台山的申請，而李德裕回到京城的機會，也許就在此時。

二

開成三年（八三八年）秋冬之交，京城西面延平門內大街上的豐邑坊不正常地熱鬧。這座西市邊上的坊巷以專營喪葬物品聞名，街東街西的兩座凶肆包攬長安城裡喪葬所需的棺槨、隨葬明器，甚至送葬服務。除去朝廷有敕令送葬的高官能夠享受左校署[3]製造的棺槨，其他無論官民都要在豐邑坊找到安放自己的最終容器。死亡是豐邑坊裡最被期盼的事件，這個封閉街道的悲喜總與整個人類背道而馳。

不久之前，文宗皇帝李昂因為太子荒廢學業殺了太子身邊服侍他的親近侍從，把太子軟禁在少陽院[4]，叫他改過自新。朝中人多少知道太子被罰實際上是

3 左校署：官方掌管製造樂器、儀仗器械、喪葬用品的機構。（《唐六典》卷二十三）

4 少陽院：《舊唐書·玄宗諸子傳》：太子不居於東宮，但居別院。開元二十六年（七三八年）唐玄宗立李亨為太子後，太子不再居於東宮。此後，凡立太子皆令居於少陽院。置少陽院使一到二人，由宦官擔任，專門監護太子。（杜文玉《唐代內諸司使考略》）

因為皇帝寵愛楊妃，而太子的母親王妃早已失寵，無能幫他申辯。太子被關在少陽院，由宦官監視著，不解釋，也不改正。不久，莫名暴斃。人人都知道太子的死與監視他的宦官脫不了干係。但是，沒有人敢為太子喊冤，太子屬官溫庭筠只敢含混不清地寫了兩首輓詩，其中有「塵陌都人恨，霜郊賵馬悲。唯餘埋璧地，煙草近丹墀」四句。曖昧不清的句子暗示太子死於非命，連同情都不能有具體的聲音。

文宗也知道這其中一定有蹊蹺，唯一的兒子死了，想查，也不敢。宦官勢眾，掌管著禁衛皇宮安全的神策軍。從唐太宗的「玄武門之變」到唐玄宗的「唐隆政變」，掌握北軍，也就掌握了皇宮。從唐德宗起，北軍主要的作戰部隊神策軍由宦官掌握，從此，皇宮的安全、皇帝的廢立一併掌握在掌管神策軍的宦官手裡。

文宗李昂登基十一年，做皇帝，已經算盡職盡責：不穿綢緞，也不許內官、親戚穿華貴的布料。剛即位，立刻下詔放出冗餘宮女三千，五坊豢養的鷹犬，除打獵練兵需要，全部放出。伺候皇帝歌舞娛樂陪聊天講故事的教坊與翰林，也放出冗員一千二百多。

但祖宗留給他的家業是一個爛攤子：改變整個李唐王朝命運的安史之亂的平

息並不來源於中央政府壓倒性的軍事勝利。相反，朝廷對於河北地區反覆的叛亂焦頭爛額，為了讓叛軍投降，玄宗的兒孫肅宗與代宗一邊以昂貴的代價請求回紇出兵，一邊大力地封賞願意投降的叛軍。許多安祿山與史思明的部下與親戚因此口頭投降，改換名頭，在河北畫地為王。從此，河北的河朔三鎮（魏博、成德、幽州）就成了中央政府胸口拔不動的一把匕首。

之後，所有李唐皇朝的皇帝們面前都擺著同樣內容的考題：怎樣處置擁兵自重畫地為王的河朔三鎮節度使？怎樣處置不斷想模仿河朔三鎮的其他節度使？怎樣處置因為唐朝內亂不斷入侵的周圍少數民族？打仗需要錢，議和需要錢，想要做任何事情都需要錢，但是，錢從哪裡來？

文宗的祖輩對於「賺錢」各出招法，幾乎竭澤而漁，已經沒有留下多少空間由他騰挪輾轉。

安史之亂中，肅宗皇帝靠出賣僧人和道士的度牒、官爵與空白告身籌到第一筆錢。而後，向江南與四川的富商徵收額外的稅。再後來，鑄造含銅量不夠的錢幣，靠通貨膨脹聚斂財富。另外，向鹽、鐵與酒的消費徵收附加稅。

肅宗的孫子德宗皇帝，變著法兒改革稅制，絞盡腦汁要從民間徵得更多的財富。德宗在建中元年（七八〇年）開始實行「兩稅法」[5]，而後，又陸續實施了借商[6]、僦質[7]、稅間架[8]、算除陌[9]等一系列財稅徵收政策。結果是建中三年（七八二年）長安工商戶集體罷市，千萬百姓攔住下朝的宰相訴苦，宰相不堪百姓的憤怒快馬加鞭地逃跑；下一年，涇原兵將叛變，一路闖進長安皇宮，一向忠誠於朝廷的百姓袖手旁觀——叛軍說了，他們不征商。

德宗的孫子憲宗二十七歲繼位，咬著牙要與河朔三鎮掰手腕，從元和元年到元和十四年（八〇六—八一九年）對六個藩鎮發動了七次戰爭。天下戶口三百三十多萬需要供養八十餘萬軍隊的開支。能夠納稅的戶口多集中在四川與江南，大半稅物需要依靠運河由南方轉運。在艱難的運輸過程中，損耗嚴重，有百分之七十到八十的漕米從來沒有被運達。

憲宗以十四年漫長戰爭的代價獲得歷史「中興」的評價。憲宗死後，留給他的兒子穆宗的除了收復河朔三鎮的光榮，還有源源不斷地需要用錢餵飽的大規模

---

5 兩稅法：唐德宗時代宰相楊炎主持實行的稅制改革，因為一年在夏、秋兩次徵稅，所以叫「兩稅法」。兩稅

法改變了原先的稅收體系，一是實行「量出制入」，根據財政預算決定徵稅額度；二是取消了租庸調和其他的雜項稅，只保留戶稅和地稅。戶稅是根據每戶的財產狀況繳納稅款，地稅則是通過全國耕地面積算出總應稅額，再按比例分攤到各州縣。兩稅收入分為三個部分：「上供」，上交京師，作為中央的財賦；「留州」，直接留在所在州縣，作為本地財政支出使用；「送使」，上交各道節度使（唐代在州縣之上的又一級行政單位，原為軍事行動設立，後來成為一級單獨的行政劃分）。（劉德成《中國財稅史綱》）

6 借商：唐德宗時期，為了籌集戰爭經費，除去兩稅法之外還增加了一些稅目。「借商」規定，財產超過萬貫的富商大賈，萬貫以上的部分都要被「借」作軍費。在強徵過程中，因督責頗峻，搜校甚急，京城如同盜賊過境，被強行徵稅的家庭有「自縊而死者」。（兩《唐書》之《盧杞傳》、寧欣《唐德宗財稅新舉措析論》）

7 僦質：針對從事商業經營的主體，對商賈放在市場「櫃窖」（保管箱）中用來做生意的財貨強行分割四分之一由國家「借」去，並且封了錢櫃，長安商人為此罷市。（兩《唐書》之《盧杞傳》、寧欣《唐德宗財稅新舉措析論》）

8 稅間架：相當於房產稅，因當時條件所限，僅在京師地區推行，針對所有房屋所有者，規定「凡屋兩架為一間，分為三等：上等每間納稅二千，中等納稅一千，下等納稅五百」。吏員入戶核查，鼓勵揭發，發現隱瞞的，杖六十，揭發的舉報人賞錢五十貫。（兩《唐書》之《盧杞傳》、寧欣《唐德宗財稅新舉措析論》）

9 算除陌：屬於交易稅，涉及所有的商品買賣。所有的交易，從前徵收百分之二十的交易稅，如今增加到百分之五十。為了監督繳納，禁止私下交易，鼓勵舉報。所有交易必須經過持有官府印紙的「市牙」（牙商），由市牙進行登記，核算稅額。結果因為市牙隱瞞收入，朝廷最終徵收到的稅額比計畫少了一半。徵斂所得，遠遠低於預期值。（寧欣《唐德宗財稅新舉措析論》、劉德成《中國財稅史綱》）

軍隊。為了減少軍費開支，穆宗實行了「銷兵」的政策。被切斷財富來源的方鎮大大小小的軍閥因此兵變，河朔三鎮再次脫離了中央的控制。而皇帝們再也沒有錢像憲宗時一樣強硬地發起統一戰爭。

穆宗之後繼位的唐敬宗是文宗的大哥，愛玩，放肆，用盡做皇帝的便利。丟下一個幾乎毫無修補的爛攤子給弟弟。

唐文宗像是一個大家庭的主婦，捉襟見肘了，卻依然想要維持該有的體面。史書裡總是充滿同情地記下這樣無奈的場景：江淮水災旱災相繼，屢屢在皇帝過生日的時候，關中平原豐收，因為沉重的賦稅，日子依然很難過。年輕的皇帝愛寫詩，他常常登上已經衰敗的曲江池，念起杜甫的詩句：「江頭宮殿鎖千門，細柳新蒲為誰綠。」在杜甫的詩裡，曲江四岸有行宮台殿、百司官署，杜甫在冷清的宮殿尋找昔日的繁華。到了文宗這裡，承載杜甫對昔日曲江池懷念的那些宮殿台閣甚至都已經不在，唐文宗想做一個繁華的舊夢，但距離太遠，夢也不成。

大和七年（八三三年）年底，二十八歲的文宗皇帝忽然中風。從此身體時好時壞，不復當初。大和九年（八三五年），感到時不我待的文宗皇帝終於鼓起勇氣，決定向掌神策軍權的宦官群體開刀。他信任的人，一個叫鄭注，一個叫李訓。

三

大和九年（八三五年）十月，李訓與鄭注首先策畫毒殺了擁立文宗的宦官王守澄。鄭注對皇帝說：請讓我負責王守澄的葬禮，到時候我帶著壯士數百，手拿大棒，懷裡藏斧，召集中尉以下所有的宦官一起去給王守澄送葬，把他們一網打盡全部殺掉。

李訓為了與鄭注搶功勞，與他的黨羽一道策畫了另外一出除掉所有宦官的計謀。十一月，文宗在紫宸殿聽政。百官站定後，負責警衛的左金吾衛大將軍韓約沒有按規定報平安，反而對著文宗奏報：左金吾衙門院子裡有石榴樹，夜裡凝結有甘露。這是吉兆，我來祝賀陛下。奏報之後，又鄭重其事跳起拜舞，彷彿天降祥瑞。李訓的黨羽乘機幫腔，煽動群臣一起去看看真假，然後再來向皇帝確認。皇帝按照事先練習好的台本說：哪裡需要你們去呢？於是轉頭對身邊的神策軍左右中尉仇士良、魚志弘說：麻煩兩位先去確認。仇士良到達左金吾仗院，看見韓約神色驚慌，大冷天額上卻流汗，已經感覺異常。他一面問將軍怎麼了，一面仔細觀察：一陣風吹起簾幕，簾幕下露出了士兵重甲帶刀的腳。仇士良一驚，轉頭，卻已經有人要關上大門。他連聲驚呼，帶著宦官破門而出，回到紫宸殿抬起皇帝就往北邊宣政門裡跑，一邊還喊著：李訓宮變了！李訓一把抓住抬著皇帝的肩輿，大叫：臣奏事還沒完！仇士良指揮宦官抬起皇帝就走。一路上朝臣拉著宦官，拳打腳踢搶奪皇帝，依然沒有能夠把皇帝從宦官手裡搶下。

控制了唐文宗的仇士良立刻發動神策軍五百人在皇城裡提刀追索參加謀畫的朝官。宰相王涯等人正在吃飯，忽然有人大喊，宮裡來了軍隊，逢人就殺。兩省官員、金吾衛和僕役爭相逃跑。很快神策軍關閉宮門，各司辦公室的印章、圖籍、帷幕、器皿都被一通亂翻，橫屍流血，狼藉塗地。沒有逃出的六百餘人都被殺死。

這年冬天，長安的天氣特別冷。敏感於天意的朝臣提醒皇帝，這都是因為過多的殺戮。皇帝卻不敢要求宦官不要再殺人。這是後來提起唐文宗最常被提起的「甘露之變」。

從此，文宗作為皇帝進入了垃圾時間。文宗皇帝的名字在之後的歷史中成了一個懦弱的記號，他所有振興朝政的努力都淹沒在這次事變裡。千百年後的人們提起他最常記起的不是他的勤儉、憂慮，而是他成為李唐皇室一個被「家奴」控制的傀儡皇帝。

唐文宗對自己失敗的不滿全部變成對兒子的期待，彷彿只要他頭懸梁錐刺股就可以了結這個籠罩李唐王朝七代人的噩夢。但開成三年（八三八年）秋冬之交，他的這個兒子，在宦官、寵妃以及他自己的逼迫下，甚至沒有命來答這個題。

文宗失去了唯一的兒子，年幼的陳王李成美被立為太子。不過，掌握著神策軍的宦官仇士良認為潁王李瀍是更合適的人選。太子的人選是朝臣定下的，這是朝臣與宦官的又一輪對權力的角鬥。宦官甚至沒興趣參與——仇士良選擇放棄「太子」這個雞肋一般的儲君，他要把李瀍直接推上皇位。從文宗的爺爺唐憲宗時起，不論太子是誰，最終成為皇帝的人選一定由掌握神策軍的宦官決定。氣定神閒的仇士良只等待皇帝的死亡。

開成五年（八四〇年）文宗暴疾而亡。文宗寵妃與宰相想另立安王，在太子與安王鷸蚌相爭時，仇士良矯詔廢太子，順利立潁王李瀍為帝，就是後來所謂「唐武宗」。

為了掃清未來的政敵，仇士良在混亂裡殺掉了支持太子與安王的政敵、文宗時代親近皇帝的舊臣，他們的妻兒、僕從，一夜間四千人從長安城裡消失。這些都成了豐邑坊的業務。西肆和東肆這兩間從來競爭激烈的凶肆甚至無法包攬業務，往來租借運送棺槨明器的車輿、翣扇、結絡、彩帛的各色人等摩肩接踵，長安城裡政局翻覆，不變的是豐邑坊的業務一直紅火。

現在，從文宗那裡傳來的問題輪到武宗來答。

二十六歲的年輕人李瀍沉毅有斷，喜慍不形於色，他情感的波瀾遠遠大於那張從來古井無波的面孔。他目睹過大和九年（八三五年）甘露之變時仇士良帶兵劫持皇帝的狠辣，他還記得哥哥作為一個皇帝敗在「家奴」手下的屈辱。文宗慶祝新太子冊立的宴會上，有一個插曲，被後代史官以及李瀍牢牢記在心裡：宴會上有雜技表演，演員是一對父子，兒子爬上高聳的桅杆，父親掩飾著驚怕在桅杆下走來走去保護著他。文宗終於忍不住，哭著說：朕有天下，但也不能保全自己的兒子。這個畫面，對李瀍來說意味複雜：太子的死亡給了李瀍做皇帝的機會，但是，如今他在文宗曾經坐過的位置上，絕不想要流下文宗曾經流過的懦弱悔恨的眼淚。

年輕的武宗皇帝知道他必須除掉仇士良，他的恩人，也是他最大的敵人。為此，他需要一個幫手。他的目光落在揚州大都督府長史李德裕的頭頂上。

四

開成四年（八三九年）二月，依然滯留揚州的圓仁收到日本使團判官從長安寄來的信：面見天子的時候，我也替你表達了你想去國清寺的請求，天子不允許，為你感到憂悵。圓仁聽說，他的師弟圓載被允許前往天台山國清寺學習。對於他，是一個冰冷的「不行」。

在許多對朝廷拒絕圓仁請求之理由的猜測中，有一個最滑稽：圓仁不是求法僧（相當於本科生），而是請益僧（相當於留學生）。按照慣例，官方一旦同意外國僧人在各地巡禮就要供給衣食，口袋裡已經十分不寬裕的朝廷認為，資助一個請益僧不划算——竟然要在一個外國和尚嘴裡省錢。

只能無功而返。隨著遣唐使一道回國的圓仁在回程的路途連連遭遇電閃雷鳴、狂風暴雨，受損的船體停在赤山縣修理。圓仁與他的徒弟們下船去拜訪山中的法華院。不出意外，這就是他在中國短暫旅行的最後一站。圓仁參觀過揚州龍興寺，裡頭有一張鑒真和尚的畫像。作為日本天台宗的開山祖師，鑒真六次東渡的故事圓仁早就熟知在心。他或許也知道，兩百多年前，玄奘法師因為沒有「過所」，混在人群裡偷偷離開唐都長安的故事。

他懷抱與他們同樣的熱忱，便生發出與他們一樣的勇氣：在寺裡住了幾天，圓仁決定不走了。赤山縣法華院的新羅和尚們便聽到了這個故事：七月二十三日，圓仁做完早課到海邊一看，停船修理的九艘大船完全沒了蹤影——它們在夜裡啟程，把這幾個住在山上寺院裡的和尚給丟下了。

赤山縣的和尚們沒有在意它們這漏洞百出的故事，他們反而體貼地讚許這三個日本和尚為了朝聖天台山而做出的犧牲。赤山縣的和尚們很快給圓仁出了主意——天台座主玄素和尚的弟子正在五台山修法華三昧，傳天台教義，不如去五台山巡禮求法，除了天台宗還可以入普賢道場。去了五台山，再去長安。

圓仁準備按此計畫，先在山院過冬，等一開春便去五台山。但沒有公驗滯留唐土並不容易——縣裡的公文很快到了：船上下來的三名日本僧人為何非法滯留本縣？按規定，非法滯留當天報備，為什麼從滯留到今十五天還沒有到村保板頭（村委會）報備？縣裡語氣嚴厲地訓誡了收留圓仁的法華院，勒令他們立刻把事實呈報上去。

圓仁再一次講述了編好的故事：日本僧人為求佛法渡海而來，到了唐境卻未能成行。現在依然想尋師學法。因為日本遣唐使早歸，沒趕上船，所以在赤山院住下，準備等夏天過去不太熱的時候啟程去巡禮名山，訪道修行。隨身之物只有鐵鉢一口、銅碗二具、銅瓶一口、文書二十卷、避寒衣裳幾件。法華院的和尚也寫了一份狀子，附在圓仁答狀之後，對圓仁的說辭滿口附和並願意作保。

九月，赤山開始下雪，天氣漸冷下來。山野無青草，澗泉有凍氣。等待中的圓仁既沒有朝廷的資助，也不再是外國使團的一員，他必須與赤山院的僧人一起收蔓菁、蘿蔔，上山去擔柴。在等待中聽到一些消息，似乎有機會獲得一張公驗。他必須關心一些之前從沒有考慮過的問題：路線、花銷、民情。赤山院和尚告訴他，從赤山去五台山再去京城，他將要經過的中原大地連續蝗災五年：稷山縣以西蝗蟲滿路，吃粟穀盡，無地下腳。登州年年蟲災，沒有糧吃，只有吃橡子為飯。因為災荒，糧價飛漲。玄宗開元年間，青州斗米五錢，現在，青州粟米一斗八十文，粳米一斗一百文。靠化緣乞食的和尚恐怕要不到飯吃。

開成五年（八四〇年）二月十九日，圓仁終於獲得一張公驗。再沒有什麼能阻止他開始盼望已久的旅行，飢餓、蟲災都不行。圓仁每天上午做過早課出發，走二十里，而後找地方討午飯，下午再走二十到二十五里。他親眼看見遭受蝗災第五年的中原，傳說與想像裡強大富足的唐帝國像是生了病，虛弱匱乏：和尚經過的村莊，有時家家有病人，不許客住宿，有時平原遼遠，人家稀絕。哪怕已經從五台山渡過洛河，往西離長安已經很近的州縣新發的黃苗依然被蝗蟲吃盡，村裡百姓見到和尚來了，爭著向他傾訴生活艱難。和尚的飯量很大，四個人每人一頓都能吃下四碗粉粥，飯很難討。和尚在日記裡寫下：主人極小氣，討一盤菜，討了三次才給；找不到過夜的地方，有時要闖進別人家住一晚。

千里之外的長安城裡，武宗登上皇位，李唐皇室的命運輪盤再一次開始旋轉。新皇帝的敕書一道道傳來，供奉在官署庭院中央厚厚的紫色帷幕上。每到一處，圓仁都需要到官署報備，他一次次跟在州判官、錄事、縣令、主簿、兵馬使、軍將、百姓、道士後面，跪拜在地，聆聽新皇帝的聖意。

圓仁以為自己只是這急弦促柱般的改朝換代的一個旁觀者，渾然不知，隨著他踏入帝國心臟的腳步，他也在一步一步走近權力角鬥場的血腥。圓仁到達長安的前幾天，平緩的關中平原上忽然隆起連綿不斷的山陵，是十三座唐代帝王的陵墓。在他望見第十四座山陵——唐文宗的章陵時，出了事。

在京兆府府界櫟陽縣（今陝西臨潼）南，圓仁遇到了大隊的軍兵。在驛路兩旁對面而立，延綿五里。圓仁與兩個弟子在夾道士兵間穿過，聽說這就是葬唐文宗的山陵使。圓仁微妙地感知到儀仗如此排列裡的緊張。他不知道，一場政變正籠罩著這支軍隊：護送陵駕的知樞密是文宗時代得皇帝寵信的近臣，厭惡正掌權的宦官仇士良，打算在帶兵出城埋葬文宗時發動政變。但他們的謀畫被仇士良的親信察覺，被搶先一步殺死。

開成五年（八四〇年）八月二十日，圓仁到達灞橋。灞水和滻水從終南山發源匯入渭河，向北流去，渭水清，涇水濁，所以「涇渭分明」。夕陽沉入寬闊的河水，長安城遙遙在望。曾經輝煌的唐王朝，此時也如同一輪將沉未沉的落日，搖搖晃晃掛在渭水上。

幾乎同時，五十三歲的李德裕從揚州被調回京城，做吏部尚書，同中書門下平章事——他終於又做了宰相。武宗很喜歡李德裕，他們要一起做一些大事。在這場君臣兩歡的遇合裡，他們把「籌錢」作為第一重要的論題。在已經被前代皇帝們幾乎竭澤而漁的各項生錢之道以外，武宗和他的宰相找到了一個富礦——佛寺和僧侶。

五

二十多年前的元和十四年（八一九年），李德裕還年輕，在京城做監察御史。這年城裡發生了大事：鳳翔法門寺開護國真身塔，展示塔中收藏的釋迦牟尼指骨舍利。唐憲宗李純的身體不太好，不知道從哪年開始，忽然迷戀上求神煉丹，性情越發暴躁。身邊的宦官討好他：「鳳翔法門寺塔有佛指骨，相傳三十年一開，開則歲豐人安。」

十四年針對藩鎮的戰爭給了憲宗一個「中興之主」的好名聲。它帶來的，除了自尊心的滿足，還有更連綿不斷的焦灼。憲宗才四十出頭，他依然維持著強硬的治國方針——國家必須恢復到安史之亂前的局面，中央對藩鎮的分裂行為絕不姑息。但他心裡明白，藩鎮的臣服取決於他有多少軍隊去討伐，有多少好處去安撫，這都需要錢。而他終於病下來，水裡拖稻草一般沉重的國政讓他過早感受到了老年人般的無力。

他半截身子陷進泥潭了，忽然一截許願成真的釋迦牟尼手指送了上來，他沒有不抓住的道理。這截釋迦牟尼佛的指骨被隆重地從法門寺迎進長安，一路送進了大明宮，而後又巡行長安城各大寺院，王公士民瞻奉施捨，唯恐輪不到自己，甚至有燃香臂頂的供奉人。

武宗皇帝李瀍這年五歲。他親眼見到大明宮裡檀香煙氣繚繞，鎏金銀的鳥雀團花紋祕色瓷碗，金絲錦帳，紫紅繡金拜墊，色如寒水的琉璃。供奉佛骨舍利的長生殿在年幼的李瀍眼裡是口耳相傳的西方極樂世界最具體的顯現。

但他很快長大了。他的祖宗皇帝們越到年老，越迷戀求神拜佛，虔誠的供養背後是他的祖輩們對自己事業與人生越深重的無可奈何。

武宗往前五代祖唐代宗原是不信佛的。安史之亂中，日後的代宗皇帝被任命為兵馬元帥，收復長安、洛陽。那時候他艱難卻堅定地站在一地廢墟前，預備肩負一個龐大的國家。但這責任的重量很快變得超出想像。代宗登基，吐蕃入侵，一路打到長安，沒有救兵的代宗只能再次出逃。這時有人告訴他：你要信佛，《仁王經》可以退敵。從此，代宗如同抓住救命稻草一般在大明宮內道場諷唄齋薰，翻譯佛經，供養僧侶，持續了十四年。

代宗的兒子德宗皇帝剛一即位，立刻撤掉宮內道場。他想著開源節流，改革稅制，籌錢。但很快，兵亂、外患頻繁上演，疲憊的德宗與他父親一樣走上了求神拜佛的老路，大明宮內重開內道場。武宗的大哥敬宗皇帝即位之後，先求神拜佛，再加倍玩樂。半夜裡在大明宮裡打狐狸，打不到就打宦官，最後被宦官合謀害死。

大明宮內道場與天下佛寺被皇帝們的恐懼與失望養大，日漸膨脹。京城長安寺廟林立，僧尼數萬，寺院的資產不在國家稅收之列，許多富豪人家為了逃避服役將田地、資產寄託在寺院，或者非法買賣僧侶的身分證——「度牒」。自從管理長安佛寺僧侶的兩街功德使職由宦官兼領，做兩街功德使職成了宦官裡有功之臣才能做的「肥缺」，大量的賄賂與財富就此源源不斷從寺院到了宦官手裡。

銅錢是政府規定的唯一合法貨幣。但寺院裡造佛像金身消耗了國家大量的銅、鐵、金。五台山有金閣寺，鑄銅為瓦，塗金瓦上，旭日初照，金碧輝煌。寺內有高十七米的觀音銅像，耗費銅至少幾十噸。宮內還經常出金、銅在長安城裡的寺廟造等身佛像。銅流進寺廟越多，留在市場上就越少。當政府的銅儲存量不夠時，只能用鐵、鉛、錫等其他金屬混合銅發行含銅量不夠的劣幣。於是銅錢的購買力不斷下跌，通貨膨脹時有發生。甚至還有人偷盜銷毀錢幣鑄造佛像，無可奈何的朝廷對鑄造佛像的行為屢有禁止，但總是不了了之。

憲宗皇帝迎佛骨的同時，一篇〈論佛骨表〉開始在京城文化圈裡流傳。作者韓愈對憲宗說：

佛教沒有傳入中國之前，黃帝在位百年，年百一十歲；少昊在位八十年，年百歲；顓頊在位七十九年，年九十八歲；帝嚳在位七十年，年百五歲；帝堯在位九十八年，年百一十八歲；帝舜及禹，年皆百歲。此時天下太平，百姓安樂壽考。佛教在漢明帝時傳入中國，漢明帝在位十八年。之後國家動亂，改朝換代頻繁。宋、齊、梁、陳的皇帝都篤信佛教，那些皇帝在位時間尤其短。最迷戀佛教的皇帝梁武帝，在位四十八年，前後三次捨身佛寺，最後被叛臣侯景軟禁，活活餓死。

聽說陛下您現在也準備迎佛骨入大內供養，我知道您不信佛，只為了祈福祥。不過百姓愚蠢，看您這麼迷戀佛教一定會爭相仿效，如果不加禁止，恐怕會傷風敗俗，傳笑四方。

佛本來是夷狄人，與中國語言不通。口不言先王之法言，身不服先王之法服，不知君臣之義，父子之情。他要是活著，來朝拜，您也不過是見一下，宴一下，賜一件衣服，把他客客氣氣送走。現在他都死了，枯朽之骨，凶穢不吉利，怎麼能迎入宮禁？

孔子說，敬鬼神而遠之。現在無緣無故把這種朽穢之物迎進宮內，群臣不言其非，御史不舉其失，臣實恥之。我請求您還是把這截骨頭燒了吧！

這篇暗示皇帝信佛早死的奏表在京城不脛而走，成了爭相傳誦的名文章。憲宗很生氣，喊著要殺了韓愈。但他一向喜歡韓愈的文采，又有當時的宰相裴度求情，於是韓愈帶著滿朝崇拜欽佩的眼神被遠貶潮州。他在被貶路上依然反覆回味自己這封尖銳奏表發酵出的戲劇效果。他寫了詩，想像自己因為這篇精彩的文章被貶的結局是客死他鄉——浪漫又悲壯：

一封朝奏九重天，夕貶潮陽路八千。
欲為聖明除弊事，肯將衰朽惜殘年。
雲橫秦嶺家何在，雪擁藍關馬不前。
知汝遠來應有意，好收吾骨瘴江邊。

——〈左遷至藍關示侄孫湘〉

不巧，他被貶潮州的下一年憲宗就死了，韓愈對自己未來的悲壯預言一件也沒有成真。他很快被召回長安，在崇拜者敬畏的目光裡，又找到了新的咒罵對象。

李德裕並不喜歡韓愈。實際上，李德裕不喜歡所有出身貧寒靠考試得官的第一代。他有一個曾經做過宰相的父親，他寧願給父親做祕書也不肯與這些家裡沒有背景的人一起參加進士考試。

但是，在限制佛教，尤其是限制皇家繼續贊助佛寺與僧團的擴張這點上，韓愈說到了武宗皇帝的心裡：一切不是源出中國的宗教，都應該禁絕。而這個冠冕堂皇的理由，正可以成為從寺院裡掏出錢來的最佳突破口。

武宗自以為有超越前代的勇氣，別人不敢觸碰的寺院佛像，他敢——比起佛教，武宗更相信道教。他十分信任太清宮道士趙歸真。趙歸真在皇帝面前談論起佛教與道教的不同：佛教的涅槃還是死，但道教叫人服食仙丹而後羽化成仙，是長生。成仙，是廣列神府，利益無疆。有尊嚴，有財富，有武宗和他的哥哥文宗在人間應該得到卻不能得到的一切。

在他毀滅佛寺與僧尼之前，先要解決左街功德使，向來喜歡做寺院僧侶保護傘的仇士良。

六

李德裕被調入長安做宰相的這個秋天，曾經困在他治下的揚州久久等待一張通行公驗的日本僧人圓仁終於在長安城裡迎來了自己的好運氣。左街功德使仇士良不僅是熱情的佛教徒，還身兼數職，是長安城裡最有權勢的人。理所應當地，左街功德巡院大方地准許了圓仁的居留申請，並把他安排在資聖寺。資聖寺靠近東市與皇城，在長安的中心地帶，去哪裡都方便。

圓仁因為這忽然到來的好運驚喜異常。向長安七大寺的高僧大德們學習研討的未來就這樣輕易地展現在他面前。得到居留許可的那個夜裡，心情難平的圓仁向毗沙門[10]求告，乞求他能夠保佑他在長安城裡求法的旅途。

左街功德巡院對圓仁的請求幾乎有求必應。圓仁得到准許在長安城裡自由行動，拜訪寺院，到晚上回到資聖寺住宿即可。日常吃青菜和粥的圓仁在長安吃到了餃子、水果，甚至皇帝御賜的胡餅。

開成六年（八四一年）正月，唐武宗改元。這年正月，皇帝命左右街共七間寺院開俗講，圓仁參加了《法華經》的俗講。稍晚，在長安的四顆佛牙舍利也在過年期間由供奉的寺院展出。圓仁也隨著瞻仰佛牙舍利的人群登上薦福寺院內小雁塔，塔下有源源不斷的供養人獻上百種藥食、珍妙花果、精貴香料，繞塔巡行，供奉佛牙。

他在大慈恩寺接受了師父最澄和尚一心想要學會的密教儀式：傳法灌頂。接受過灌頂的圓仁心情開朗，登上大慈恩寺有名的大雁塔，槐樹與楊樹高大枝幹間佛塔金頂熠熠發光。他在大慈恩寺以及其他著名的寺院搜集抄寫到幾千卷最新翻譯的經文，臨摹了無數珍貴的壁畫與曼荼羅。

會昌元年（八四一年）四月九日，抄經歸來的圓仁碰見了迎接仇士良的德政碑進城的馬隊。石碑上鐫刻著仇士良的功名德政、豐功偉績，由左神策軍出動軍馬護衛從大安國寺抬進大明宮望仙門。儀式熱鬧而隆重。圓仁站在街邊，看著佛

10 毗沙門：毗沙門天王即四大天王中的多聞天王。

教熱情的贊助人仇士良受到皇家如此禮遇，對未來更充滿無限光明的設想。

圓仁特別在日記裡寫下，唐武宗也出席了儀式。皇帝站在望仙門神策軍修葺好的城樓上望著簇擁仇士良豐功偉績的軍馬熱熱鬧鬧從樓下行過。皇帝臉上平靜如水。只有後代的史官明白，皇帝此時正極力忍耐著內心混雜著的恐懼、厭惡和仇恨，他在耐心等待一個萬無一失的時機，徹底扳倒仇士良。

會昌元年（八四一年）的冬天，大雪下了一日一夜，樹木摧折。

七

城裡氣氛的變化似乎有跡可循，但針對佛教與僧人，卻從回紇的又一次入侵開始。回紇的國教是摩尼教。因為回紇人幫助平定安史之亂有功，安史之亂後長安城出現許多摩尼教寺院和僧侶。現在，武宗皇帝決定不再容忍。他要去除一切不是源出中國的宗教。會昌二年（八四二年）三月，回紇軍兵入侵唐境，皇帝下敕殺死長安城裡數百名回紇居民，在州府的回紇人比照處理。會昌三年（八四三年）四月，回紇滅國，武宗下詔廢除了所有摩尼寺，寺院莊宅、錢物，全部沒收充公。四月中旬，皇帝再次下敕，命令殺死天下摩尼僧。殺摩尼僧的方式卻很詭異：剃髮，套上袈裟，假裝成佛教僧侶的樣子殺掉。

對摩尼教開刀只是皇帝計畫裡消滅佛教的一個步驟。在殺死回紇人和摩尼教徒幾乎同時，會昌二年（八四二年）的三月，李德裕向皇帝奏報，長安城裡的外地客僧太多，應該讓他們回到戶籍地。皇帝立刻下敕，驅逐籍貫不在長安的客僧。圓仁也在此列。幾乎同時，圓仁收到了押衙知巡的公文，城裡保外客僧[11]一律遣發出寺。

圓仁有些不安，向仇士良求助。仇士良安慰了圓仁，再三表示這次驅逐跟他

11　保外客僧：唐代平民每三年編一次戶口，身分在寺院的僧尼也需要登記俗家姓名、籍貫、所在寺院人數、修習的經業等內容。僧尼的戶口編造成「僧尼籍帳」抄寫兩份，一份留在所在州縣，一份報給中央。「保外客僧」無當地僧籍。（孟憲實《論唐朝的佛教管理：以僧籍的編造為中心》）

們沒有關係，讓他們依然住在資聖寺，一切照舊。仇士良的安慰沒有太大效用。五月二十六日，圓仁再次收到查戶口的要求，要他報告從哪國來，什麼時候進城，在城裡資聖寺住了幾年，平時都做點什麼。

到十月，更大規模的打擊隨著一道敕書下發：天下所有僧尼會巫術、練禁氣、有文身，或者在寺院外養有妻小不戒修行的，全部勒令還俗。僧尼的財產田莊，一律收歸國有。如果還俗，則財產田莊依然歸私有，不過要按照兩稅法納稅，服徭役。管理僧尼的兩街功德使向各寺廟發帖：命令長閉寺門，不准放出僧尼。這年晚一些皇帝又一次下敕，規定天下僧尼的數量配額，不准私自削髮剃度。

會昌三年（八四三年）正月一日，百般不情願的功德使在皇帝的壓力下又向各寺發公文：督促去年十月敕下的僧尼還俗工作。會昌三年正月，左右街沒有像往年一樣擠滿善男信女圍觀高台上和尚們繪聲繪色的俗講。正月裡，左街被迫還俗僧尼一千二百三十二人，右街還俗僧尼二千二百五十九人。

作為一個外國客僧，圓仁惴惴不安。好像知道他的心思，月底仇士良召見了青龍寺南天竺僧人，興善寺北天竺僧，各寺新羅、天竺僧人，獅子國（斯里蘭卡）僧人，還有圓仁一行三人，請他們去左神策軍軍容衙院吃茶，又是一番安慰。

圓仁稍稍放下心來。會昌二年（八四二年），武宗加仇士良觀軍容使，知天下軍事。仇士良位高權重，有他的庇佑，他們至少還是安全的。但時局的變化超過他的想像。會昌三年（八四三年）六月，仇士良辭官回家。他已經辭官兩次，皇帝卻沒有允許。這一次，皇帝的允許像是他已經做好準備除去仇士良的信號：當日，仇士良曾經的職位立刻被人接替。六月二十三日，仇士良去世，皇帝敕送孝衣。兩天之後，皇帝再次下敕，斬殺仇士良身邊的親信、家人甚至男女奴婢。

目睹了這場殺戮的圓仁對自己的命運產生了懷疑。

八

圓仁的預感很快得到了驗證。宮裡長生殿常年供奉佛像，慣例，每天抽調長安城左右街各寺僧侶輪流進宮念經，日夜不絕。很快，長生殿的佛像與供奉被拆毀焚燒。

慣例，每年皇帝的生日都會在麟德殿宴請僧人與道士。在宴會上，僧人講經，道士講道，不同宗教彼此切磋。皇帝會向進宮的道士與僧侶賜下表示尊重與地位的紫衣。會昌元年（八四一年）六月十一日，武宗生日，道士與僧人一道入大內辯論，只有道士得賜紫袍，僧人沒有。會昌二年（八四二年）六月，武宗的生日，道士與僧人再次入大內辯論，依然只有道士得賜紫袍，僧人沒有。

會昌三年（八四三年）皇帝的生日，遲鈍的太子詹事韋宗卿按照慣例進獻了自己為佛經作的注疏《涅槃經疏》和《大圓伊字鏡略》，獲得了皇帝一頓大罵：韋宗卿一個朝廷大臣，本該好好學習儒家經典，卻沉溺邪說，到處傳播妖風。皇帝在斥責韋宗卿的敕書裡幾乎引用了韓愈二十四年前一樣的邏輯：佛本西戎之人，教張不生之說。孔子是中土聖人，經聞利益之言。韋宗卿是儒生，衣冠望族，不能宣揚孔教，反而沉溺浮屠，妄撰胡書。現在聚集妖惑，胡言亂語，位列朝班，應該自愧。皇帝甚至還讓中書門下官員去韋宗卿家裡把他的草稿和原本追索焚燒，不得傳播。

皇帝的生日宴是一顆投向湖面的石子，皇帝對佛教的仇視如漣漪漫開，最先波及的就是京城的寺院。剛開始不允許僧人午後出寺院，後來不允許僧人在別寺借宿，不允許僧人犯鐘聲。限制寺院和僧人的命令如同一張大網，鋪天蓋地而來。不久，皇帝再次下敕：不許供養佛牙。五台山、終南山五台寺、鳳翔法門寺等供養著佛指舍利的寺院，不許制供，不許巡禮。有人送錢，打二十板，寺院裡敢收一枚銅錢，同樣打二十板。如果有敢就此勸諫的朝臣，誅身滅族。

依然滯留長安城的圓仁成了一個囚徒：他現在不能回國，也不能出資聖寺。形同囚禁的日常並不能阻止他時刻關注著長安城裡瞬息萬變的風向，作為一個無權無勢的外國僧人，他以記下民間廣泛流傳的「都市傳說」，來表達對皇帝的不滿：會昌四年（八四四年）八月，唐憲宗皇后郭太后莫名去世。這位老太太在圓仁眼裡信佛法，有道心。每當皇帝要對僧尼下手都會力諫。長安城裡流傳著一條關於郭太后死因的小道消息，圓仁深信不疑地記了下來：文宗的生母、穆宗的皇后蕭氏美貌，武宗繼位之後覬覦這位庶母的美貌，想要納她為妃。郭太后不許。於是武宗拿起不知從哪裡出現的弓，一箭射殺郭太后。

會昌五年（八四五年）四月初，武宗與李德裕的計畫進行到了關鍵步驟：逼迫宦官交出神策軍軍權。下敕向左右軍中尉索要神策軍軍印。左右軍拒絕交印。

皇帝再三下敕，最後說，這是把軍印放在中書門下，由宰相監管，有需要用時由宰相與諸將協商。左軍中尉這才交印，但右軍中尉依然摁住不交。流言在京城流傳，禁閉中的圓仁也聽說了這件事情：右軍中尉上奏說：當年我們迎接軍印，是帶著兵迎接的，現在要交，我們也要帶著兵交。京城裡的好事者眉飛色舞地傳播著這條小道消息，並心領神會地加以解釋：右軍中尉的意思是：如果您真的要奪回軍印，我們就只好兵戎相見了！神策軍中有不少忠誠的佛教徒，圓仁在「囚禁」中聽到這則小道消息，爽快地把武宗的失敗寫進日記：「人君怕，且縱不索。」——由著右軍中尉去了。

九

苦中作樂的小道消息並不能緩解圓仁的困境。一道又一道嚴苛的敕令不斷下發，為了離開長安城回國，圓仁終於積極奔走起來。

會昌五年（八四五年）五月，圓仁擔心已久的敕令下發：要求外國僧人還俗。不遵從還俗敕令的，當即決殺。為了離開長安，圓仁同意還俗。一向對僧尼佛寺十分照顧的左神策軍押衙李元佐暗中幫圓仁搞到一張離開長安的通關文牒。五月十四日，圓仁將要離開這座他生活了五年的都市。頭髮已經長出了一些，他戴上一頂氊帽，穿著平民的褐衫，這讓他看上去就像是一個普通的旅客。

圓仁心情忐忑，時刻擔心著身後牽著的三頭驢。驢背上的箱籠裡有他在唐土七年所有珍貴的收藏：四籠經文與畫像。從開成三年（八三八年）到達揚州起，圓仁把日本朝廷與唐土朋友們接濟的金錢全部用在了購買和抄寫經書、描繪大師像與曼荼羅上。除此之外，還有白居易與杜甫的詩篇。但城裡剿滅佛教的禁令嚴厲，圓仁時刻擔心一路上收集的經文與在佛寺臨寫的畫像能否在重重關卡的檢查下安然離開長安。

在這樣風聲鶴唳的時候，依然有一些朋友前來相送。大理寺卿楊敬之為他寫了幾封信，託他在洛陽的朋友照顧圓仁。左神策軍押衙李元佐為他置辦了氊帽，綾布，檀香，一雙軟鞋，一些錢和一卷銀字《金剛經》等許多禮物。臨行，李元佐請求他留下袈裟，他將每日燒香供奉。

還有一首專門寫給他的詩，來自他的一個朋友，詩僧棲白和尚：

家山臨晚日，海路信歸橈。
樹滅渾無岸，風生只有潮。
歲窮程未盡，天末國仍遙。
已入閩王夢，香花境外邀。

——〈送圓仁三藏歸本國〉

歸心似箭的圓仁走水路，經過洛陽、鄭州、汴州、泗州，回到揚州。會昌六年（八四六年）四月，武宗皇帝駕崩的消息傳到揚州。不久，新皇帝登基，嚴厲的滅佛政策隨著皇帝的去世一起鬆動，被禁錮的佛教活動又昌盛起來。圓仁終於可以重新公開他和尚的身分。

圓仁沿著海岸線一路北上，經過楚州、海州，最後回到登州赤山，他巡禮中國的旅程真正開始的地方。唐宣宗大中元年（八四七年）九月，圓仁登船回到日本博多。返國這年，圓仁五十四歲，後十七年，圓仁在日本國傳法，成為日本天台宗的「慈覺大師」。

武宗在位七年，他的年號「會昌」因為發生在這六年中的殘酷的對僧尼寺院的迫害而成為後世最屢屢提起的名字。武宗的死因與他的爺爺憲宗一樣成謎：服食丹藥，喜怒失常，甚至神志不清，口不能言。死前連宰相李德裕想見他，也被宦官攔在門外。他並沒有比自己的前輩們更加堅強。

會昌年間，天下拆寺院四千六百餘所，還俗僧尼二十六萬零五百人，按兩稅法交稅。「會昌毀佛」之後，國家的戶口增加了一倍多，成為日後收稅的稅基。寺院和僧侶中有武藝、有醫術、有建築機械手藝的僧侶多半被派上了會昌三年至四年間征討回紇與藩鎮叛亂的戰場。從寺院繳獲的銅像與鐘鑼被命令用來鑄錢，但是鑄造成本極高，每鑄造一千文錢所耗費的人力物料與運輸成本就有七百五十文左右。

從佛教寺院擠壓出的土地、財富與人口並沒有能夠改變李唐王朝沉沒的軌跡。武宗之後繼位的宣宗晚年落入了與他的前輩們一樣的怪圈：求神煉丹，中毒而死。唐昭宗光化三年（九〇〇年），侍中崔胤借宣武軍節度使朱全忠之力把宦官手上的左右神策軍、監軍和參與樞密政治的權力一切罷停，殺死宦官數百人。朝官與宦官的「南衙北司」之爭終於以朝官的勝利告終。但慘勝如敗，勝利的代價是南方一次又一次的兵變與民變。

昭宗解決了宦官，卻讓藩鎮漁翁得利，朱全忠從此再也不受控制，伸出了終結李唐王朝的那隻手，不久，自立為帝，改國號為「大梁」。

時間是西元九七〇年，唐哀帝天祐四年。

後記：向確知走得足夠遠，未知才顯現她的身影

作為一個通俗歷史的寫作者，「有趣」如同達摩克利斯之劍高懸，一不小心就會陷入「賣不動」的可怕陷阱，被市場淘汰出局。在我的同行們紛紛卯足了勁兒「講段子」與「說書」逗讀者們開心時，我深深抱歉於自己欠奉的搞笑能力。我一邊十分刻苦然而並無成效地滿足市場的需求，一邊總想起錢穆在《國史大綱》裡寫下的那句廣為流傳的名言：「任何一國之國民，尤其是自稱知識在水平線以上之國民，對其本國以往歷史，應該略有所知。所謂對其本國以往歷史略有所知者，尤必附隨一種對其本國以往歷史之溫情與敬意。」我想並不是任何時候，搞笑都是合適的表情。司馬遷寫作《史記》時必然未曾把「搞笑」作為目的，但幽默、嘲諷、憐憫與可讀性，無一不缺地出現在《史記》的文本裡。

所以我想，如果讀者的情感沒有被麻痺到只剩下接收「搞笑」的刺激，那麼在閱讀過往歷史時，作者應該可以向他們呈現更複雜的人格與情感，而不是不同名字的「笑星」。通俗歷史的敘事要有可讀性也並不只有「逗樂」這一條窄道。所

以我決定在這本書裡做出一次嘗試。這本書裡的每一篇文章都有一萬多字，有些甚至兩萬，比起讀者們習慣的三五千字講完一個故事的「公眾號」篇幅，它更具體、更完整，也包含更多的線索與角度。在編排上，開頭與結尾一篇講「時代」，中間六篇講詩人的心靈旅程。當我開始創作這一系列文章時，自認為沒有任何難度——從識字開始，他們就是一再出現的、最顯赫的名字。但真正開始寫作，我才發現，我不了解這個時代，也並不了解他們中任何一個人的人生。感謝一年半的寫作「強制」我補上這一課，也希望我的讀者們受惠於此。

這本書裡提及的人物與事件不論是在他們所處的時代，還是在之後，都足夠有名。它本應該像蘋果樹上掉下來的就是蘋果一樣，具有足夠的確定性。事實正相反，哪怕在這些聲名顯赫的人物這裡，檢索過的材料越多，不確定也越多：不確定李白究竟去過幾次長安，不確定馬嵬驛上太子究竟是不是祕密策畫了針對老皇帝的兵變。至於這些詩人們的生平大事年月，更是聚訟紛紛，成了許多文學史專家一輩子的課題。在這本書裡，我們不斷出入《資治通鑑》、《新唐書》、《舊唐書》及相關筆記小說對於同一個場景相關材料出發自不同立場的不同解釋，彷彿在這個時間點，空間展開成不同的平行宇宙。

過往優秀的歷史學家們在考據之後，給出了他們的選擇。「拾人牙慧」的我並不打算判斷他們選擇的對錯，但是我希望藉由他們的不同選擇提出這個問題：我們究竟應該怎樣認識「歷史」？從希羅多德落筆《歷史》時的「傳說」，到左丘明在《左傳》裡一再提到的夢境與占卜，歷史學家們在嚴肅的思考之後呈現的並不總是我們想像裡可以輕鬆證實或證偽的「事實」，甚至不是同一套事實。他們致力於闡述歷史的規律與教訓，而難以連貫解釋甚至互相牴牾的事實的空隙，必須以想像和角度填滿。

歷史學自然將「真實」作為一種美德。但自從十九世紀歷史成為一門學科，歷史學家們慢慢發現，「歷史」與科學語境裡可以被反覆證明的「事實」總有漸近而不能至的距離。

更晚近的歷史學家們開始反思這種「漸近而不能至」。無法從敘述語氣、角度和手段中剝離出的「事實」，同樣事件多種敘事的並存是「缺陷」「錯誤」，還是歷史作為一門有關人類思考與活動的學科的一種本質特徵？更晚近些的歷史學家（比如羅蘭．巴特、海頓．懷特）甚至認為，比起科學，歷史更接近文學，脫胎於對語言的操弄的歷史比起客觀存在，更是一種敘事技術。

爬梳史料尋找史實是歷史學家的手藝，但挑選甄別史實的標準，除去「手藝」之外，還有觀念。在歷史成為一門學科之後，歷史學家們也開始反思檢視自己達到歷史事實的角度與心態。人類每一次觀念的變革都伴隨著對過去歷史的重新認識。中世紀的歷史學家強調神的意志，文藝復興的歷史學家將他們觀察的視角挪向人的尊嚴、欲望與智慧。再後來，馬克思主義者相信經濟與生產關係的變革決定歷史。更晚近些，歷史學家的目光不斷放低，他們的焦點由政治與文化精英轉向平常人的日常生活。每一次觀念的變化，都給同樣一個歷史事件帶來新的角度與敘述。在某種程度上，這也是歷史的詩意所在。

在通俗歷史的領域，對再現歷史、戲說歷史、趣說歷史的努力從未停止，但更多的關注停留在「歷史上發生了什麼」，於是人人以「權威」、「正史」、「真正發生」作為吸引讀者的「賣點」。而我希望這本書（以及在未來的書寫中）能夠呈現不同角度更多的可能性。一段對歷史的敘述被評價為「小說」，對於我來講並不是什麼令人沮喪的事情。

作為今天圖書市場的作者，我當然以伺候讀者為最重要的任務。如果作為作者我還敢對讀者提出一些要求，那麼我希望讀者們在讀到「歷史」時，比起堅定不移地相信某一種記錄如同科學一樣準確客觀，更能夠去思考誰記錄下這段歷史，它為什麼被如此講述。當發現對同一個事件截然不同的記述時，比起快速地判斷真偽，更關心為什麼。

歌德說過，懷疑隨著知識的增長而增長。我並不指望我的讀者們全然同意我對這一段歷史的裁剪與重述，也不保證我還原的現場一定是實際存在過的那一個（誰能夠保證呢），它更合適的定位也許是「幾個故事」。假設讀者在閱讀完以上故事之後，想要知道這些事件的材料來源或者過往學者對於它們的研究，歡迎在後面附列的參考資料裡按圖索驥。假設你們依然對歷史這一門學科本身感興趣，我推薦伊格爾斯的《二十世紀歷史學》，一本足夠短，也足夠提綱挈領的小書。

在這本書裡，我當然想要避免任何的錯誤，但錯誤總是難免。甚至，我也採納了一些少有人持有的觀點，使得對有些事件的敘述與傳統說法不盡相同。我不會為了安全而放棄我的角度，但是歡迎指正錯誤、發送意見與建議到我的個人公眾號「北溟魚」，或者電郵：yizhou2011@foxmail.com。謝謝你們看到這裡。

二〇一九年五月於密西根湖邊

參考文獻

[1] （後晉）劉昫等撰，《舊唐書》，北京：中華書局，1975。
[2] （宋）歐陽修、宋祁撰，《新唐書》，北京：中華書局，1975。
[3] （宋）司馬光編著，《資治通鑑》，北京：中華書局，2009。
[4] （宋）王溥撰，《唐會要》，上海：上海古籍出版社，2006。
[5] （唐）李林甫等撰，陳仲夫點校，《唐六典》，北京：中華書局，2014。
[6] （五代）王定保著，《唐摭言》，上海：古典文學出版社，1957。
[7] （清）徐松撰，李健超增訂，《增訂唐兩京城坊考》，西安：三秦出版社，2005。
[8] （唐）段成式等著，《寺塔記》；《益州名畫錄》；《元代畫塑記》，北京：人民美術出版社，1964。
[9] （唐）張彥遠撰，俞劍華注釋，《歷代名畫記》，南京：江蘇美術出版社，2007。
[10] （五代）王仁裕、（唐）姚汝能撰，曾貽芬點校，《開元天寶遺事》；《安祿山事蹟》，北京：中華

書局，2006。
[11]（宋）孫光憲撰，林青、賈二強點校，《北夢瑣言》，北京：中華書局，2002。
[12]（唐）崔令欽等撰，《教坊記》，北京：中華書局，2012。
[13]（唐）杜甫撰，（清）仇兆鰲詳注，《杜詩詳注》，上海：上海古籍出版社，1992。
[14]（唐）杜甫著，（清）楊倫箋注，《杜詩鏡銓》，上海：上海古籍出版社，1981。
[15]（唐）蕭嵩等著，《大唐開元禮》，北京：民族出版社，2000。
[16]（唐）孟棨等著，《本事詩》；《本事詞》，北京：中華書局，1959。
[17]（唐）柳宗元著，《柳宗元集》，北京：中華書局，1979。
[18]（唐）白居易著，朱金城箋注，《白居易集箋注》，上海：上海古籍出版社，1988。
[19]（唐）白居易著，丁如明、聶世美校點，《白居易全集》，上海：上海古籍出版社，1999。
[20]（唐）元稹著，《元稹集》，北京：中華書局，2010。
[21]（唐）元稹撰，《元氏長慶集》，上海：上海古籍出版社，1994。
[22]（唐）劉禹錫著，瞿蛻園箋證，《劉禹錫集箋證》，上海：上海古籍出版社，1989。

[23]（唐）王維著，（清）趙殿成箋注，《王右丞集箋注》，上海：上海古籍出版社，1998。
[24]（唐）李商隱著，（清）馮浩箋注，《玉溪生詩集箋注》，上海：上海古籍出版社，1979。
[25]（宋）宋敏求、李好文著，《長安志》；《長安志圖》，西安：三秦出版社，2013。
[26]（唐）李商隱著，《樊南文集》，上海：上海古籍出版社，1988。
[27]瞿蛻園、朱金城著，《李白集校注》，上海：上海古籍出版社，2011。
[28]（唐）韓愈著，馬其昶校點，馬茂元整理，《韓昌黎文集校注》，上海：上海古籍出版社，2014。
[29]王克讓著，《河岳英靈集注》，成都：巴蜀書社，2006。
[30]（日）圓仁著，（日）小野勝年校注，白化文等修訂校注，周一良審閱，《入唐求法巡禮行記》，石家莊：花山文藝出版社，2007。
[31]劉思怡、楊希義，〈唐大明宮含元殿與外朝聽政〉，《陝西師範大學學報》（哲學社會科學版），2009（01）。
[32]李碧妍著，《危機與重構》，北京：北京師範大學出版社，2015。
[33]任士英著，《玄宗肅宗之際的中樞政局》，北京：社會科學文獻出版社，2003。

[34] 鄧小軍，〈永王璘案真相：並釋李白《永王東巡歌十一首》〉，《文學遺產》，2010 (5)。

[35] 楊程程、鄭張盈、張琪，〈中國古典園林景觀營設秩序探析——以興慶宮、大明宮為例分析〉，《美與時代．城市》，2017 (8)。

[36] 高原著，《唐代馬球運動考——兼述敦煌文獻馬球資料》，蘭州：蘭州大學，2006。

[37] 王琪著，《唐都長安的禮儀空間》，西安：陝西師範大學，2007。

[38] 陳磊，〈唐玄宗遷居西內考〉，《傳統中國研究集刊》（第六輯），2009。

[39] 許會娟，〈唐代氣候變遷的研究簡述〉，《蘭台世界》，2013 (23)。

[40] 孫英剛，〈無年號與改正朔：安史之亂中肅宗重塑正統的努力——兼論曆法與中古政治之關係〉，《人文雜誌》，2013 (02)。

[41] 左從現、潘孝偉、王樹明，〈唐代馬球運動發展分析〉，《體育科學》，2001 (03)。

[42] 藍勇，〈唐代氣候變化與唐代歷史興衰〉，《中國歷史地理論叢》，2001 (01)。

[43] （英）杜希德著，丁俊譯，《唐代財政》，上海：中西書局，2016。

[44] 楊吉，〈王維被謫濟州到再擢拾遺的研究之研究〉，《南京理工大學學報》（社會科學版），2009 (04)。

[45] 張寧，〈王維貶官新論〉，《廣西師範大學學報》（哲學社會科學版），2013 (06)。

[46] 胡可先，〈新出土〈苑咸墓誌〉及相關問題研究〉，《清華大學學報》（哲學社會科學版），2009 (04)。

[47]（日）妹尾達彥著，高兵兵譯，《長安的都市規畫》，西安：三秦出版社，2012。

[48] 王輝斌著，《王維新考論》，合肥：黃山書社，2008。

[49] 王勛成，〈王維進士及第之年及生年新考〉，《華中師範大學學報》（人文社會科學版），2001 (01)。

[50] 宿白著，《張彥遠和《歷代名畫記》》，北京：文物出版社，2008。

[51] 丁俊著，《李林甫研究》，南京：鳳凰出版社，2014。

[52] 王勛成著，《唐代銓選與文學》，北京：中華書局，2001。

[53] 程千帆撰，《唐代進士行卷與文學古詩考索》，《程千帆全集：第八卷》，石家莊：河北教育出版社，2000。

[54] 唐長孺等編，《汪籛隋唐史論稿》，北京：中國社會科學出版社，1981。

[55] 張清華著，《王維年譜》，上海：學林出版社，1988。

[56] 陳鐵民著，《王維新論》，北京：北京師範學院出版社，1990。

[57] 胡可先、王慶顯，〈王維與安史之亂〉，《淮陰師範學院學報》（哲學社會科學版），2002（02）。
[58] 丁放，〈張説、張九齡集團與開元詩風〉，《文學評論》，2002（02）。
[59] 李子龍，〈李白與高適的政治得失芻議〉，《中國李白研究》，1989。
[60] 莫礪鋒著，《杜甫詩歌講演錄》，桂林：廣西師範大學出版社，2007。
[61] 聞一多著，《唐詩雜論》，長沙：嶽麓書社，2010。
[62] 胡小石著，《胡小石論文集》，上海：上海古籍出版社，1982。
[63] 錢謙益著，《唐杜少陵先生甫年譜》，台北：臺灣商務印書館，1978。
[64] （美）洪業著，曾祥波譯，《杜甫——中國最偉大的詩人》，上海：上海古籍出版社，2011。
[65] 王仲犖著，《金泥玉屑叢考》，北京：中華書局，1998。
[66] 王晚霞、丁錫賢、鄭瑛中主編，《鄭虔傳略》，合肥：黃山書社，1998。
[67] 曾祥波，〈論杜詩系年的版本依據與標準〉，《北京大學學報》，（哲學社會科學版），2014（01）。
[68] 杜曉勤，〈論中唐詩人對杜詩的接受問題〉，《社會科學輯刊》，1995（01）。
[69] 徐海容，〈元稹〈唐故工部員外郎杜君墓系銘並序〉考論〉，《南京師範大學文學院學報》，2017

(02)。

[70] 辛曉娟，〈杜甫與高適蜀中關係新論〉，《中國典籍與文化》，2014（02）。

[71] 李天石著，《唐憲宗傳》，北京：人民出版社，2017。

[72] （日）松浦友久著，孫昌武、鄭天剛譯，《中國詩歌原理》，瀋陽：遼寧教育出版社，1990。

[73] 劉俊文點校，《唐律疏議箋解》，北京：中華書局，1996。

[74] 金瀅坤，〈中晚唐制舉對策與政局變化——以藩鎮問題為中心〉，《學術月刊》，2012（07）。

[75] 朱金城著，《白居易年譜》，上海：上海古籍出版社，1982。

[76] 陳寅恪著，《元白詩箋證稿》，北京：商務印書館，2015。

[77] 陳寅恪著，《隋唐制度淵源略論稿唐代政治史述論稿》，北京：生活・讀書・新知三聯書店，2004。

[78] 卞孝萱著，《元稹年譜》，濟南：齊魯書社，1980。

[79] 王雲五主編，張達人編，《唐元微之先生稹年譜》，《新編中國名人年譜集成：第七輯》，台北：臺灣商務印書館，1980。

[80] 傅璇琮主編，《唐才子傳校箋》，北京：中華書局，1987。

[81] 傅璇琮著，《唐代科舉與文學》，西安：陝西人民出版社，2007。

[82] 賴瑞和著，《唐代中層文官》，台北：聯經出版事業股份有限公司，2008。

[83] 賴瑞和著，《唐代基層文官》，台北：聯經出版事業股份有限公司，2004。

[84] 賴瑞和著，《唐代高層文官》，台北：聯經出版事業股份有限公司，2016。

[85] 嚴壽澂，〈永貞革新與韓柳——思想淵源和社會背景的分析〉，《重慶師院學報》（哲學社會科學版），1984（01）。

[86] 渡邊孝，〈牛李黨爭研究的現狀與展望〉，《中國史研究動態》，1997（05）。

[87] 曾祥波，〈現存五種宋人「杜甫年譜」平議〉，《文學遺產》，2016（04）。

[88] 朱紅霞著，《唐代制誥研究》，上海：復旦大學，2007。

[89] 李向菲著，《甘露之變及其對晚唐文人的影響》，上海：復旦大學，2010。

[90] 施子愉，〈柳宗元年譜〉，《武漢大學學報》（人文科學學報），1957（01）。

[91] 劉秀梅，〈白居易與「永貞革新」主要成員的關係研究〉，《重慶第二師範學院學報》，2014（01）。

[92] 沈茂彰，〈玉溪生詩管窺〉，《之江中國文學會集刊》，1936（03）。

[93] 劉智鋒著，《論唐玄宗天寶五載七月六日敕——以唐代流、貶相關問題為中心》，南京：南京師範大學，2009。

[94] 李裕民，〈雁塔題名研究〉，《長安大學學報》，2010（02）。

[95] 胡可先，〈新出文獻與李白研究述論〉，《浙江大學學報》，2015（05）。

[96] 齊東方、申秦雁主編，陝西歷史博物館等編著，《花舞大唐春何家村遺寶精粹》，北京：文物出版社，2003。

[97] 寧欣，〈街：城市社會的舞台——以唐長安城為中心〉，《文史哲》，2006（04）。

[98] 尚永亮，〈論元和君權與政治興衰〉，《文史哲》，1995（04）。

[99] 王東春，〈論韓愈和中唐文士的思想特徵〉，《復旦學報》（社會科學版），1995（01）。

[100] 陳鐵民，〈輞川別業遺址與王維輞川詩〉，《中國典籍與文化》，1997（04）。

[101] 莫礪鋒，〈重論杜甫卒於大曆五年冬：與傅光先生商榷〉，《杜甫研究學刊》，1998（02）。

[102] 楊波著，《長安的春天：唐代科舉與進士生活》，北京：中華書局，2007。

[103] 徐俊纂輯，《敦煌詩集殘卷輯考》，北京：中華書局，2000。

[104] 杜曉勤，〈從「盛唐之音」到盛世悲鳴——開天詩壇風貌的另一考察維度〉，《文學評論》，2016(03)。

[105] 黃新亞著，《消逝的太陽——唐代城市生活長卷》，長沙：湖南出版社，1996。

[106] 張勃著，《唐代節日研究》，北京：中國社會科學出版社，2013。

[107] 王勇，〈最後一次遣唐使的特殊使命——以佚存日本的唐代文獻為例〉，《甘肅社會科學》，2010(05)。

[108] (日)阿南史代著，雷格、潘嶽譯，《追尋圓仁的足跡》，北京：五洲傳播出版社，2007。

[109] 楊發鵬，〈論李德裕在會昌滅佛中的作用〉，《宗教學研究》，2011(01)。

[110] 尚永亮，〈逐臣與唐詩〉，《古典文學知識》，2001(01)。

[111] 尚永亮、鄒運月，〈唐五代貶官規律與特點綜論〉，《華中師範大學學報》(人文社會科學版)，2008(01)。

[112] 吳文治編，《柳宗元資料彙編》，北京：中華書局，1964。

[113] 吳調公著，《李商隱研究》，上海：上海古籍出版社，1982。
[114] 尹楚兵著，《令狐楚年譜令狐綯年譜》，上海：上海古籍出版社，2008。
[115] 岑仲勉，〈玉溪生年譜會箋平質〉，《中央研究院歷史語言研究所集刊》，1948（15）。
[116] 董乃斌著，《李商隱傳》，西安：陝西人民出版社，1985。
[117] 羅小紅，王勇，〈唐「雁塔題名」考述〉，《文博》，2002（06）。
[118] 劉學鍇、余恕誠著，《李商隱詩歌集解》，北京：中華書局，2004。
[119] 李長之著，《道教徒的詩人李白及其痛苦》，瀋陽：遼寧教育出版社，1998。
[120] 張飄，〈出土文書所見唐代公驗制度〉，《史學月刊》，2017（07）。
[121] 劉學鍇，〈本世紀中國李商隱研究述略〉，《文學評論》，1998（01）。
[122] 李斌城主編，《唐代文化》，北京：中國社會科學出版社，2002。
[123] 孫俊著，《唐代特恩蔭探析》，雲南社會科學，2013（02）。
[124] 黃正建著，《唐代衣食住行研究》，北京：首都師範大學出版社，1998。
[125] 史念海，〈唐代長安外郭城街道及里坊的變遷〉，《中國歷史地理論叢》，1994（01）。

[126] 丁俊，〈論《唐六典》與開元二十三年機構改革〉，《中國典籍與文化》，2014 (01)。
[127] 黃壽成，〈唐玄宗開元二十四年張九齡罷相之謎〉，《唐詩論叢》，2015 (01)。
[128] 李永展，〈從土地使用的觀點看唐代長安城的空間結構〉，《台灣大學建築城鄉研究學報》，1983 (02)。
[129] 史念海，〈唐代的地理學和歷史地理學〉，《史學史研究》，1989 (02)。
[130] 王卓，〈唐朝前期俸祿制度的演變〉，《社科縱橫》，2017 (02)。
[131] 張晉光著，《安史之亂對唐代經濟發展影響研究》，北京：中國財政經濟出版社，2008。
[132] 張進、侯雅文、董就雄編，《古典文學研究資料彙編：王維資料彙編》，北京：中華書局，2014。
[133] (日) 氣賀澤保規著，石曉軍譯，《絢爛的世界帝國隋唐時代》，桂林：廣西師範大學出版社，2014。
[134] 嚴耕望撰，《河隴磧西區》，《唐代交通圖考：第二卷》，上海：上海古籍出版社，2007。
[135] 嚴耕望撰，《河南淮南區》，《唐代交通圖考：第六卷》，上海：上海古籍出版社，2007。
[136] 嚴耕望撰，《山劍滇黔區》，《唐代交通圖考：第四卷》，上海：上海古籍出版社，2007。

[137] 嚴耕望撰，《秦嶺仇池區》，《唐代交通圖考：第三卷》，上海：上海古籍出版社，2007。
[138] 嚴耕望撰，《京都關內區》，《唐代交通圖考：第一卷》，上海：上海古籍出版社，2007。
[139] 嚴耕望撰，《河東河北區》，《唐代交通圖考：第五卷》，上海：上海古籍出版社，2007。
[140] 許家銘，〈近二十年來兩岸唐代翰林學士研究回顧〉，《史耘》，2005（11）。
[141] 周勛初著，《李白評傳》，南京：南京大學出版社，2005。
[142] 郁賢皓著，《李白論稿》，《李白與唐代文史考論：第二卷》，南京：南京師範大學出版社，2008。
[143] 郁賢皓著，《李白叢考》，《李白與唐代文史考論：第一卷》，南京：南京師範大學出版社，2008。
[144] 郁賢皓著，《唐代文史考論》，《李白與唐代文史考論：第三卷》，南京：南京師範大學出版社，2008。
[145] 呂華明、程安庸、劉金平著，《李太白年譜補正》，北京：中華書局，2012。
[146] 安旗，〈李白兩入長安始末〉，《人文雜誌》，1981（03）。

[147] 孫易君著，《王琦《李太白全集》研究》，石家莊：河北師範大學，2015。

[148] 安旗著，《李白東魯寓家地考》，《中國李白研究（1994 年集）》，合肥：安徽文藝出版社，1996。

[149] 喬長阜著，《李白不預科舉原因淺探》，《中國李白研究（1994-1995 年集）》，合肥：安徽文藝出版社，1997。

[150] 傅紹良，〈李白不入科場原因新探〉，《陝西師範大學學報》（哲學社會科學版），1994（03）。

[151] （日）松浦友久著，劉維治譯，《李白詩歌抒情藝術研究》，上海：上海古籍出版社，1996。

國家圖書館出版品預行編目 (CIP) 資料

長安客 / 北溟魚作 . -- 初版 . -- 臺北市 : 麥田出版 : 英屬蓋曼群島商家庭傳媒股份有限公司城邦分公司發行 , 2022.01
面；　公分 . -- (人文 ; 24)
ISBN 978-626-310-152-4(平裝)

1. 傳記 2. 人物志 3. 唐代

782.244　　110019358

人文 24

長安客

作　　者　北溟魚
責任編輯　林秀梅

版　　權　吳玲緯
行　　銷　何維民 吳宇軒 陳欣岑 林欣平
業　　務　李再星　陳紫晴　陳美燕　葉晉源
副總編輯　林秀梅
編輯總監　劉麗真
總 經 理　陳逸瑛
發 行 人　涂玉雲
出　　版　麥田出版
104 台北市民生東路二段 141 號 5 樓
電話：(886) 2-2500-7696 傳真：(886) 2-2500-1967
發　　行　英屬蓋曼群島商家庭傳媒股份有限公司城邦分公司
104 台北市民生東路二段 141 號 11 樓
書虫客服服務專線：(886) 2-2500-7718、2500-7719
24 小時傳真服務：(886) 2-2500-1990、2500-1991
服務時間：週一至週五 09:30-12:00 · 13:30-17:00
郵撥帳號：19863813　戶名：書虫股份有限公司
讀者服務信箱 E-mail：service@readingclub.com.tw
麥田部落格：http://blog.pixnet.net/rye¬eld
麥田出版 Facebook：https://www.facebook.com/RyeField.Cite/

香港發行所　城邦 (香港) 出版集團有限公司
香港灣仔駱克道 193 號東超商業中心 1/F
電話：852-2508 6231　傳真：852-2578 9337

馬新發行所　城邦 (馬新) 出版集團〔 Cite (M) Sdn Bhd. 〕
41-3, Jalan Radin Anum, Bandar Baru Sri Petaling, 57000 Kuala Lumpur, Malaysia.
電話 : (603) 9056 3833　傳真 : (603) 9057 6622
E-mail：services@cite.my

封面設計　莊謹銘
內頁排版　海流設計
印　　刷　沐春行銷創意有限公司

2022 年 1 月 22 日 初版一刷
定 價 450 元
ISBN 978-626-310-152-4
9786263101531(EPUB)